Hans-Peter Hempel

# Natur und Geschichte. Der Jahrhundertdialog zwischen Heidegger und Heisenberg

**athenäum^s monografien**

Philosophie

Band 261

Das vorliegende Werk stellt den ersten Versuch dar, den Dialog zwischen Heidegger und Heisenberg wissenschaftlich aufzuarbeiten. Dialogpartner für ein Durchdenken der praktischen Folgen seiner Philosophie war unter anderen noch zu Heideggers Lebzeiten Werner Heisenberg, der mit seiner »Jahrhundertphysik« in der Nachfolge Einsteins das Paradigma der klassischen Physik in wesentlichen Punkten einer totalen Revision unterworfen hat. Die Frage lautet nun, ob Heisenbergs Versuch, diese Revision durch Rückgriff auf die Ontologie Platons abzusichern, schon ausgereicht hat, daß in der Folge von einer wirklich neuen Physik gesprochen werden konnte. Der Verfasser zeigt, daß und warum dies von Heidegger verneint wurde. Insistierte Heisenberg etwa auf dem für seine Physik bedeutsamen Fundament einer von Platon inaugurierten Ontologie, so versuchte Heidegger seinerseits, die inzwischen durch das Wechselbad der Kritik Nietzsches gegangene Ontologie Platons für seine Philosophie hinter sich zu bringen, indem er ihre bislang verschwiegenen oder verdrängten Voraussetzungen offenlegte. Für Heisenberg hätte das aber bedeutet, sich auf den Dialog Heideggers mit Platon einzulassen; umgekehrt für Heidegger, auf Heisenbergs Problemsituation intensiver einzugehen, als er dies getan hat. So blieb es bei kritischen Anmerkungen Heideggers zu Schwachpunkten von Heisenbergs Philosophie, die von diesem jedoch nicht verstanden werden konnten, da ihm gar nicht bewußt war, in welchen Dimensionen Heidegger im Blick auf die Heisenbergsche Physik zu argumentieren versuchte.

*Hans-Peter Hempel,* Jahrgang 1934, ist u. a. Lehrbeauftragter für Politische Wissenschaft an der Technischen Universität Berlin und Dozent für Philosophie, Psychologie und Literaturwissenschaft an der Lessing-Hochschule, Berlin. Als Band 236 dieser Reihe ist von ihm erschienen: *Heidegger und Zen* (1987).

Hans-Peter Hempel

# Natur und Geschichte. Der Jahrhundertdialog zwischen Heidegger und Heisenberg

ANTON HAIN

CIP-Titelaufnahme der Deutschen Bibliothek

Natur und Geschichte : Der Jahrhundertdialog
zwischen Heidegger und Heisenberg / Hans Peter Hempel. –
Frankfurt am Main : Hain, 1990
(Athenäums Monografien Philosophie; Bd. 261)
ISBN 3-445-09242-7
NE: Athenäums Monografien / Philosophie


Satz: Alphabet Text und Satz, Frankfurt am Main
Druck und Bindung: Poeschel & Schulz-Schomburgk, Eschwege
Printed in West-Germany
ISBN 3-445-09242-7

DER TECHNISCHEN UNIVERSITÄT BERLIN
meiner alma mater

– in Dankbarkeit –

# Inhalt

# Einleitung

*1.*

Die hier vorgelegte Untersuchung über den Dialog Heideggers mit Heisenberg ist ein genauso heikles Unterfangen, wie die über 'Heidegger und Zen', da das Heidegger-Archiv für die uneingeschränkte Forschung heute noch nicht zugänglich und der unzweifelbar vorhandene Briefwechsel zwischen Heisenberg und Heidegger noch nicht publiziert worden ist[1]. Trotzdem bin ich von meinem eingeschlagenen Weg überzeugt, in Einzeluntersuchungen jenen zentralen Themen Heideggers nachzugehen, die für unsere unmittelbare Gegenwart von unübersehbarer praktischer Bedeutung sind, um über die, wenn auch verdienstvolle bloße philologische Nachbuchstabierung einiger 'Aspekte' des Heideggerschen 'Weges' endlich herauszukommen. Nach Otto Pöggelers 1963 vorgelegtem vorzüglichem Werk: *Der Denkweg Martin Heideggers*[2] liegt jetzt in dem Werk von Emil Kettering: *Nähe. Das Denken Martin Heideggers*[3] eine Gesamtwürdigung des Heideggerschen Denkweges vor, die für die nächsten Jahre nicht so leicht übertroffen werden dürfte. Eine einzige Ausnahme stellt unter der Fülle der Heidegger-Literatur die Studie von Günter Seubold: *Heideggers Analyse der neuzeitlichen Technik*[4] dar, die in gleichfalls bisher unübertroffener Weise ein bestimmtes Thema philologisch genau behandelt, ohne der Gefahr zu verfallen, nur wieder einen Aspekt aus dem philosophischen Werk Heidegger mehr oder weniger willkürlich herauszugreifen, um den Rest, vor allem die praktisch zu ziehenden, möglicherweise provokativen Schlußfolgerungen dann wieder untergehen zu lassen. Ich bedauere, diese Studie von Seubold erst nach der Fertigstellung des Rohmanuskriptes meiner Untersuchung kennengelernt zu haben; ich habe aber trotzdem noch eine große Anzahl von Anregungen aus dieser Studie für meine eigene Arbeit gewonnen. Ich bin überzeugt davon, daß mit Kettering und Seubold heute Standards speziell in der Heidegger-Forschung gesetzt worden sind, die, wenn sie relevant sein sollen, in Zukunft nicht mehr unterschritten werden können.

*2.*

Daß zwischen Heidegger und Heisenberg ein intensiver Dialog geführt wurde, steht eindeutig fest. Er fand seinen Ausdruck einmal in einem durch Carl Friedrich von Weizsäcker dokumentierten Gespräch zwischen Heidegger, Heisenberg, Victor von Weizsäcker und ihm selbst im Herbst 1935 in Todtnauberg[5]; dann in der 1935/36 gehaltenen Freiburger Vorlesung unter dem Titel 'Grundfragen der Metaphysik', veröffentlicht 1962 als Buch unter dem Titel: *'Die Frage nach dem Ding'. Zu Kants Lehre von den transzendentalen Grundsätzen*[6], in dem Heidegger immer wieder auf Heisenberg Bezug nimmt. Heisenberg seinerseits 'antwortet' Heidegger in seinem, von Heidegger selbst mir gegenüber als bedeutend bezeichneten Beitrag zur Festschrift anläßlich seines 70. Geburtstages zu dem Thema: 'Grundlegende Voraussetzungen in der Physik der Elementarteilchen'[7] und schließlich in einem Brief zu Heideggers 80. Geburtstag, in dem Heisenberg in aller feinfühlig geäußerten Kritik an Heideggers Nietzsche-Platon-Sicht Heidegger versichert, daß er sich durchaus der Tatsache bewußt sei, wieviel er, Heidegger, den Physikern »zu tun und zu denken (auf)gegeben« habe[8]. Dieses Programm kann man praktisch im gesamten jetzt schon vorliegenden Werk Heideggers verfolgen. Die letzten Äußerungen dazu finden sich in den 1987 veröffentlichten *'Zollikoner Seminaren'*[9], wo er ohne Umschweife immer wieder auf Heisenbergs 'Jahrhundertphysik', um mich einer Bezeichnung des Wissenschaftshistorikers Armin Herrmann zu bedienen[10], zu sprechen kommt. Ich vermute, daß nicht nur im Hinblick auf Zen, sondern auch auf den hier wenigstens in Umrissen beleuchteten Dialog Heideggers mit Heisenberg der unveröffentlichte Nachlaß noch einige Überraschungen bescheren wird. Bis dahin wird man auch weiterhin Mut, 'Holzwege' zu beschreiten, aufbringen müssen. Trotzdem bin ich der festen Überzeugung, mich mit meiner hier publizierten Untersuchung nicht allzuweit von der Wahrheit der Sache, um die es in diesem Dialog zwischen Heidegger und Heisenberg ging, zu bewegen.

*3.*

Heidegger: »Im Unterschied zur 'Welt' Heraklits, nach deren Maßgabe sich dem Bewohner dieser Welt *die Fülle der Natur* darbietet, herrscht heute eine Welt, in der die entscheidende Frage lautet: wie habe ich mir die Natur in der Abfolge ihrer Erscheinungen vorzustellen, damit ich imstande bin, über alles und jedes gesicherte Voraussagen machen (zu können)? Die Antwort auf diese Frage lautet, daß es [...] zwingend ist, sich die Natur als ein Ganzes aus Energieteilchen bestehender Massen vorzustellen, deren wechselseitige Bewegungen mathematisch berechenbar sein sollen.«[11]

Auch die Geschichte soll in diesem Sinne, d.h. der neuzeitlichen Logik, 'berechenbar', 'verfügbar' und für die jeweiligen Interessen und Zwecke 'nutzbar', d.h. 'besorgbar' oder 'entsorgbar' sein (Wehler).

Nicht anders als die moderne Naturwissenschaft kann sich heute die Geschichts- bzw. Sozialwissenschaft dem Sog der 'Berechenbarkeit' und 'Verwertbarkeit' ihrer Forschungsergebnisse nicht entziehen, ganz im Gegenteil: auf sie hin wird überhaupt erst der industriell-wissenschaftlich-technische Fortschritt der Neuzeit sinnvoll.

An dieser Tatsache konnte auch Heisenberg nichts ändern. Auch die von ihm inaugurierte neue Physik ist und bleibt in ihren Grundbahnen der neuzeitlichen Logik verpflichtet. Heidegger: »Am Parametercharakter von Raum und Zeit haben auch die neuen Theorien, d.h. Methoden der Raum- und Zeitmessung, Relativitäts- und Quantentheorie und Kernphysik nichts geändert [...] Könnten sie dies, dann müßte das ganze Gerüst der modernen technischen Naturwissenschaft in sich zusammenbrechen. Nichts (aber) spricht heute für die Möglichkeit eines solchen Falles. Alles spricht dagegen, allem voran die Jagd nach der mathematisch-theoretischen physikalischen Weltformel.«[12] Und Heidegger betont auch hier: »Allein, der Antrieb zu dieser Jagd entstammt nicht erst der persönlichen Leidenschaft der Forscher. Deren Wesensart ist (vielmehr) selber schon das Getriebene einer Herausforderung, in die das moderne Denken im Ganzen gestellt ist. 'Physik und Verantwortung', – das ist gut und für die heutige Notlage wichtig. Aber es bleibt eine doppelte Buchführung, hinter der sich ein *Bruch* verbirgt, der weder von Seiten der Wissenschaft noch von Seiten der Moral heilbar ist – wenn er es überhaupt ist«[13].

Die in dieser Passage genannte »Herausforderung, in die das moderne Denken im Ganzen gestellt ist«, bewegt sich, wie diese Untersuchung aufzeigt, bei aller Faszination des mathematisch-physikalischen Weltbildes, das auch der Physik unseres Jahrhunderts eigen ist, in jenen von Nietzsche erstmals nachdrücklich erörterten metaphysischen Bahnen des Willens zur Macht, so daß es notwendig war, von Anfang an in diesen Jahrhundertdialog und damit in unsere Untersuchung Nietzsche einzubeziehen.

Anläßlich eines Altenberger Gesprächs äußerte Karl R. Popper, sicher ein, was Heisenberg und Heidegger anbelangt, unbelasteter Zeuge: »Das wissenschaftliche 'Wissen' ist kein Wissen: Es ist nur *Vermutungswissen*«, wobei die Wissenschaft »[...] nicht die Verdauung der Sinnesdaten, die in uns durch unsere Augen und Ohren usw. einfließen und die wir irgendwie zusammenbrauen, durch Assoziationen verknüpfen und dann zu Theorien machen,« darstellt. Popper: »Die Wissenschaft besteht (vielmehr) aus Theorien, *die unser Werk sind*«, d.h. »*wir machen* die Theorien, *wir* gehen mit den Theorien in die Welt, *wir* untersuchen die Welt aktiv und schauen, *was wir aus der Welt* an Information *herausziehen*, (ja) *herausreißen können*«. Wenig später heißt es: »Unser Gehirn *greift aus* nach neuem Material, es *saugt* neue Informationen von der Umgebung ein [...] (und) beschäftigt sich nicht damit, was es tut, sondern es tut etwas«[14] – und ich ergänze jetzt mit Nietzsche und Heidegger: in den bereits vorgezeichneten Bahnen einer *Willensmetaphysik*, die in der Tat alles *an sich reißt* und *alles in sich aufzusaugen versucht*, was sie nur greifen kann, um sich ihres eigenen Wollens ständig, d.h. in der ewigen Wiederkehr, zu vergewissern. Popper: »Wir (Menschen) sind alle als Entdecker angelegt, aber wir beschäftigen uns nicht damit, daß wir Entdecker sind«[15], d.h., um mit Heidegger zu sprechen: daß wir für das Sein, genauer noch für die Sprache des Seins *offen*, ja überhaupt *ansprechbar sind*, so daß wir uns *innerhalb* dieser Offenständigkeit, dieses *Da*-seins stellen und uns überhaupt die Natur und die Geschichte vorstellen können.

Bezogen auf das Thema dieser Untersuchung geht Heidegger noch einen Schritt weiter, wenn er schreibt: »daß die heutige Naturwissenschaft (und hier nimmt er Heisenberg nachdrücklich aus!) im Unterschied zu den Forschern vom Range Galileis und Newtons die lebendige philosophische Besinnung preisgegeben hat und nichts mehr von dem weiß, was die großen Denker (u.a.) über die Zeit gedacht haben. Zu diesen gehört auch zum Beispiel Hegel, von dem man erzählt, er habe von der Naturwissenschaft nicht viel verstanden. Wenn die Physik über die Metaphysik urteilt, was in sich schon ein Widersinn ist, dann muß von ihr verlangt werden, daß sie zuvor die metaphysischen Gedanken, zum Beispiel diejenigen über die Zeit, nach-denkt, was sie freilich nur kann, wenn sie bereit ist, über die ihr, der Physik, zugrundeliegenden Suppositionen zurückzugehen zu dem, was in diesem Bereich als Akzeption maßgebend bleibt, dies unablässig bleibt, auch wenn der Physiker davon keine Kenntnis nimmt.« Heidegger ergänzend: »Daß jedoch heute eine in einem strengen Sinne verstandene Selbstkritik der modernen Wissenschaft fehlt, ist kein Zufall und beruht nicht auf einer Nachlässigkeit und Bequemlichkeit der einzelnen Forscher. Es ist eine Verblendung, die durch das

Geschick des gegenwärtigen Zeitalters bestimmt wird«[16], das Heidegger unter Auslegung des Nietzscheschen Grundgedankens hinsichtlich Europas wiederum *im Willen zur Macht* erblickt. Aufgrund dieser Tatsache hinkt heute auch die Philosophie, »sofern es sie (überhaupt) noch gibt«, nicht nur hinter den Wissenschaften, sondern auch hinter ihrer eigenen Überlieferung hinterher, so daß es nicht Wunder nimmt, daß sie kaum selbst in der Lage ist, »in einem fragenden Gespräch über die Sache des Denkens dieses selbst in Frage zu stellen.«[17]

Wenn Popper in dem genannten Zitat den »Entdecker« anspricht, dann spricht er in der Tat das merkwürdige neuzeitliche Erkenntnissubjekt, nämlich jenen Erkennenden an, der, wenn wir jetzt wieder Nietzsche folgen, vom Willen zur Macht bereits durchdrungen ist, wobei die von ihm hervorgebrachte und von ihm betriebene Natur- wie Geschichts- bzw. Sozialwissenschaft jetzt folgerichtig als Ausdrucks- und Gestaltungsformen eben dieses Willens angesehen werden müssen. Demzufolge ist anders herumgesehen jener neugierig erkennende Mensch, dieser Entdecker und Forscher, wiederum jener von Nietzsche charakterisierte *Über*-Mensch, der *über* den bisherigen antiquierten Menschen hinausgeht, um so das Ganze von Natur und Geschichte durch alle dabei auftretenden Krisen doch noch unter seine Verfügungsgewalt zu bekommen. Wenn wir Heidegger weiter folgen, dann kommt in diesem *Über*-Menschen folgerichtig jene Grundbewegung der Subjektivität des neuzeitlichen Seins- und Selbstverständnisses zum Ausdruck, nach dem alles das, was geschieht, allein in der 'Vorstellung' bzw. der 'Vorgestelltheit' dessen geschieht, was sich der 'Berechnung', der 'Sicherstellung', der 'Herausforderung', der, wie wir im Zitat von Popper gesehen haben, 'nachstellenden Betrachtung', der 'Vergegenständlichung' und schließlich der 'Begründung' fügt. Intendiert ist in jedem Fall die 'unbedingte Herrschaft' *über* das Ganze der Welt, einschließlich des Menschen selbst, und dies offensichtlich heute auch auf die Gefahr hin, daß eben dieses 'vorstellende', alles 'berechnende' und 'sicherstellende' und über alles 'verfügen wollende', sich 'gegenüber der Welt durchsetzende' Denken den Menschen – aber, wie wir inzwischen wissen, nicht nur den Menschen – zugrunde richtet.

In diesem Zusammenhang wird die Jahrhundertphysik Heisenbergs häufig als Ausbruchsversuch aus diesem cartesianischen Grundschema verstanden und namentlich von den New-Age-Philosophen, vor allem durch Capra, interpretiert.[18] Angeführt wird dabei u.a., daß diese Physik aufgrund des Heisenbergschen Unbestimmtheitstheorems nicht mehr auf Kausalsätzen beruhe. »Wäre dem (aber) so«, argumentiert Heidegger zu Recht gegen diese Interpretation, »dann hätte es niemals zur Konstruktion und zum Bau der Atombombe, überhaupt zu keiner Atomtechnik kommen können.« Wahr ist lediglich, daß die von Heisenberg so bezeichnete Unbestimmtheits- bzw. Unschärferelation darauf gründet, daß es für uns jetzt unmöglich ist, noch eine »eindeutig und vollständig genaue Vorausberechnung« vornehmen zu können. Gleichwohl bleibt aber – und das darf nicht unterschlagen werden! – in der Kernphysik »das erhalten, was sie *als Physik* (nach wie vor) kennzeichnet (und) was sie demgemäß (auch heute noch) mit der klassischen Physik gemeinsam hat.«[19]

Ich will diesen Einwand in dieser Einleitung im Hinblick auf die schon genannte 'Gegenstands'-diskussion der neuen Physik unterstreichen. Wenn es danach auch richtig ist, daß der 'Gegenstand' der neuen Physik, der 'Jahrhundertphysik' Heisenbergs, nach der klassischen Newtonschen Physik inzwischen verschwunden ist, dann ist und bleibt doch Heideggers Gegenargument unbestreitbar, daß der Gegenstand in der Heisenbergschen Physik jetzt als das *Ungegenständliche* wiederkehrt, – und zwar *bezogen* wiederum *auf die Gegenständlichkeit des Gegenstandes*, auf die die Ungegenständlichkeit dieser Physik selbstverständlich nach wie vor bezogen bleibt. So bleiben, um die Sache, um die es geht, gleich noch beim Namen zu nennen, die sogenannten ungegenständlichen Elementarteilchen quanten-physikalisch gesehen nach wie vor selbstverständlich Bestandteil einer Berechnung, und zwar nach wie vor alles dessen, was mathematisch-physikalisch überhaupt errechnet werden kann und auch weiter berechnet werden muß, um so in die Bestandssicherung durch eben diese Physik eingerechnet werden zu können.

Hinzu kommt, daß selbstverständlich auch die neue Physik daran gehalten ist, mittels des rationalen Verstandes und der ihn hoffentlich auch weiter leitenden rationalen Vernunft alle nur denkbaren 'Gründe' beizubringen, die nun einmal, nach dem neuzeitlichen Rationalitätskonzept, auf dem ohne jeden Zweifel auch diese Physik gründet, zur quantenphysikalischen Erkenntnis der von ihr zur Vorstellung gebrachten Wirklichkeit notwendig, wenn nicht gar unumgänglich sind, um von einer 'Einheit' bzw. von einem quantenphysikalischen Systemganzen überhaupt sinnvoll sprechen zu können. Auch hier behält Heidegger Recht, wenn er davon spricht, daß "die ausdrückliche und eigentliche Systembildung [...] im Abendland als Wille zum *mathematischen Vernunftssystem*«, ich ergänze: nicht nur »beginnt«,[20] sondern auch in unsere unmittelbare Gegenwart hinein ihre Fortsetzung gefunden hat.

### *4.*

Ich sagte, daß es in der Jahrhundertphysik Heisenbergs u.a. darum gehe, es nicht mehr mit Gegenständen im eigentlichen Sinne des Wortes zu tun zu haben, dafür mit 'Ungegenständlichkeiten', und ich ergänze jetzt: die – und das ist das entscheidende – schließlich jetzt zu 'Beständen' werden, die zu jeder Zeit für die unterschiedlichsten Zwecke 'herstellbar', 'lieferbar' und gegebenenfalls auch 'ersetzbar' werden. Exakt an diesem Schnittpunkt des Dialogs Heideggers mit Heisenberg muß Marx als Gesprächspartner mit in die Diskussion einbezogen werden, wobei sowohl für Marx als auch für Heidegger der Bezugspunkt die neuzeitliche kapitalistische Produktionsweise ist, durch die sowohl die Natur als auch die Geschichte zu einem zu jeder Zeit bestellbaren Bestand verdinglicht wird, ohne daß das schon dem Produzenten selbst, um noch einmal auf das Argument Karl Poppers anzuspielen, notwendigerweise bewußt werden muß.

In der kapitalistischen Produktionsweise, aber auch in der heutigen realsozialistischen, wird alles das, was ist, einschließlich wiederum der Mensch, 'berechenbar' und 'bestellbar' ge-*macht*, so daß auch er am Ende zum Sklaven jener Macht herabgewürdigt wird, die das industriell-wissenschaftlich-technische Produktions- und Reproduktionssystem mit einer ungeheueren Dynamik durchherrscht. Auch von dieser eher geschichts- bzw. sozialphilosophischen Perspektive aus gesehen, läßt das real-kapitalistische und real-sozialistische Produktions- und Reproduktionssystem nur das gelten, was die Machbarkeit des Seienden durch die Allmacht des Menschen über die Wirklichkeit ermöglicht und was dann insbesondere bei Hegel und Marx und später dann auch bei Nietzsche zu einer maß-losen Selbstvergötterung des Menschen bis in die unmittelbare Gegenwart hinein führte. In der Hochblüte dieses Seinsverständnisses wurde der Mensch für die Eigenart der Natur blind, ja er erlitt mit ihr notwendig eine Bewußtseinseinengung, einschließlich eines ungeheueren Ausmaßes an seelischer Verstümmelung und Zerrüttung.

Das beherrschende Motiv dieser seinsgeschicklichen Entwicklung ist, um die Generalthese dieser Untersuchung noch einmal zu unterstreichen, jener von Nietzsche erörterte Machtwille, der in der ewigen Wiederkehr des Gleichen, jetzt als Heilswille, den Menschen glücklich machen zu wollen, dieses Glückversprechen offensichtlich aber nicht einlösen kann, »wiederkehrt«. Auch Marx glaubte wie Hegel an die Allmacht des menschlichen Gestaltens, genauer gesagt: an die Allmacht des menschlichen Gestaltungswillens von Natur und Geschichte, dem das Ganze der darin angesprochenen Wirklichkeit nur der Stoff für die über alles verfügende Macht ist. Dieser Machtwille steigert sich heute bis ins Absurde einer Bürokratie, die den Menschen in der Unmündigkeit hält und den heute angebeteten industriell-wissenschaftlich-technischen Fortschritt in ein ungeheueres Aggressionspotential verwandelt. Gerade der letztere Gesichtspunkt reicht aber offensichtlich immer noch nicht aus, um innezuhalten und eine 'grundlegende' Besinnung auf den Charakter dieses Fortschritts vorzunehmen. Denn in dem Maße, indem wir die Voraussetzungen und stillschweigenden Implikationen dieses *ein*-dimensionalen industriell-wissenschaftlich-technischen Fortschritts in Frage stellen, und das nicht zuletzt durch die fast täglich bekanntwerdenden Umweltkatastrophen, in dem Maße sind wir schon dabei, die *Ein*-dimensionalität dieses Fortschritts in Frage zu stellen, um uns damit aus der heute viel zitierten »Fortschrittsfalle« herauszubegeben; eine neue Achtung, eine neue Ehrfurcht vor dem Leben, wie sie Albert Schweitzer und Mahatma Gandhi gelehrt haben, bekäme eine Chance.

Schon Husserl wies auf die Gefahren einer seinsverfügenden und damit tödlichen Logik hin. B. Russel nannte eine wahre Erkenntnis nicht ein Besitzergreifen, sondern eine »Erkenntnis aus Liebe«; er sprach bezüglich der Teilhabe von uns Menschen an der Natur von einer unio mystica; weitere Belege wären in beliebiger Weise beizubringen. Entscheidend bleibt: Das Denken nicht mehr in den Kategorien des ausschließlichen Machtwillens zu praktizieren, ja darüber hinaus sich von jener von Nietzsche zu Bewußtsein gebrachten Machtperspektive zu lösen, um sich so erstmals wieder der Erfahrung der N-Dimensionalität alles Seins auszusetzen und diesen Erdplaneten zu hüten, statt ihn in grenzenloser Seinsvergessenheit ständig noch weiter zu verwüsten.

## *5.*

Wenn ich in der hier vorgelegten Untersuchung davon spreche, daß der Wissenschaftler und Philosoph angesichts des Resultats des *ein*-dimensional verfolgten industriell-wissenschaftlich-technischen Fortschritts heute auf sich selbst zurückgeworfen sei, so ist das keine bloße Metapher, sondern insoweit durchaus wörtlich gemeint, als damit u.a. auch das Verhältnis des Wissenschaftlers und Philosophen zu seinem eigenen Körper als Erkenntnisproblem ausgesprochen ist.

Wenn ich richtig sehe, hat erstmals Werner Kutschmann unter dem Thema: *'Der Naturwissenschaftler und sein Körper'* das 'Geschick' des Körpers unter den Bedingungen seiner wissenschaftlichen Objektivierung und Indienstnahme systematisch untersucht.[21] Seine Arbeit rekonstruiert das Auseinandertreten von Leib und Körper dabei vorrangig als Entstehungsbedingung der neuzeitlichen Wissenschaft und verfolgt damit die Ambivalenz eines Prozesses, »der den 'Körper' als Gegenstand der neuzeitlichen Wissenschaft ins Licht, den 'Leib' aber als deren unabweisbare apriorische Voraussetzung in den Schatten rückt.«[22]

Das hat Gründe, wie Kutschmann am Privileg bestimmter Beobachtungsformen aufzeigt, u.a. für die Sinne, die die relevanten Daten für die Erkenntnis schließlich liefern sollen: »Durchgängig gilt der Seh-Sinn als der herausragende, überlegene Sinn, der für die Zwecke der Wissenschaft allein in Frage kommt und für die Theoriebildung, für Intuition und Imagination unerläßlich scheint.«[23] Denn »der Gesichtssinn ist allein in der Lage, jene Distanz zum Gegenstand zu ermöglichen, die dem beobachtenden Subjekt eine irgend geartete Mitleidenschaft [...] erspart.«[24]

Die Vorrangigkeit des Sehens, auf die auch Joachim-Ernst Berendt in seinen großangelegten Werken *'Nada Brahma'*[25] und *'Das Dritte Ohr'*[26] immer wieder zu sprechen kommt, ziele damit auf die Favorisierung eines gewissen Erkenntnistyps, eines Typs aneignender, herrschaftlicher Erkenntnis, die ihrem Gegenstand gegenüber auf Distanz und Unbeteiligtheit verharrt.

Die Mentalität von Machern und Meistern – Bacon und Descartes sprechen das noch offen aus – sei in unseren angeblich neutralen Beobachtungsformen bereits angelegt. Kutschmann versucht daher auch, im Verlauf solcher Prioritätsentwicklungen bzw. -setzungen die entsprechenden Verschiebungen im Persönlichkeitsprofil der Wissenschaftler nachzuweisen. Kutschmann: »Während Cardano launenhaft, zufällig und arbiträr beliebige Zacken aus der Krone der Wissenschaftswerte, des Wissensschatzes bricht, während Kepler immerhin noch sein Dasein als Ganzes unter das Dach eines vollbrachten Werkes einzubringen vermag, ist Newton schon der typische Repräsentant des nur noch 'beteiligten' Kollaborateurs des Unternehmens Wissenschaft.«[27] Vom neugierigen Kind über den weltbildbedürftigen Jüngling zum reifen 'organization man' verlaufe hier die Entwicklung, die es weiter zu verfolgen gelte.

Dem Kutschmannschen Argument kommt Max Webers Argument über das wissenschaftsfördernde protestantische Berufsethos entgegen. Und schließlich: Für den Fall des puritanischen England des 17. Jahrhunderts »hat R. K. Merton [...] einen deutlichen Beweis für den Zusammenhang von puritanischer Lebensauffassung und szientifischen Berufsethos geliefert.«[28] Ich bin der Überzeugung, daß diese Untersuchungen, die die Neigung zu Abstraktionen aufgrund einer tief nicht nur im Wissenschaftler, sondern in uns allen angelegten, sage ich genauer: *uns einprogrammierten Körperfeindlichkeit* zum Gegenstand haben, jetzt konsequent weiter verfolgt werden müssen, um hinter den selbstzerstörerischen Mechanismus des uns allen zum Schicksal gewordenen *ein*-dimensionalen industriell-wissenschaftlich-technischen Fortschritts zu kommen. In diesem Zusammenhang sei ausdrücklich auf die Studie: *Das Andere der Vernunft* von Hartmut und Gernot Böhme hingewiesen.[29]

## *6.*

Ich bin über fast zwanzig Jahre in der Technischen Universität Berlin sowohl in der Lehre (Politikwissenschaft) als auch im Management (Präsidialamt) tätig.

Von meiner geistigen Herkunft und Ausbildung her gesehen ging es mir vom ersten Tag meiner Tätigkeit darum, mir selbst verständlich zu machen, welche Aufgaben sich eine Technische Universität, die mit Ausnahme der Klinischen Medizin, der Rechtswissenschaft und Theologie alle Disziplinen unter ihrem Dach beherbergt, in einer modernen demokratischen Gesellschaft heute zu stellen hat. Schon nach kurzer Zeit war ich davon überzeugt, daß das ohne ein tieferes Verständnis vor allem der Natur- und Ingenieurwissenschaft und der Geschichts- bzw. Sozialwissenschaft nicht möglich ist. Die hier vorgelegte Untersuchung ist bei aller notwendigen Beschränkung und Bescheidenheit das Resultat dieses über Jahre andauernden Verständigungsversuches, ja mehr noch: des bei weitem auch heute noch nicht zum Abschluß gekommenen Dialogs zwischen den 'beiden Kulturen', mit denen ich es in der täglichen beruflichen Praxis zu tun habe. Wenn auch in regelmäßigen Abständen immer wieder davon die Rede ist, daß dieser Dialog von beiden Seiten geführt werden müsse, so stelle ich doch immer wieder fest, daß er schon nach wenigen Augenblicken aufgrund sowohl sachlicher als auch – was die jeweilige Vorbildung anbelangt – sprachlicher Schwierigkeiten abgebrochen wird.

Um an der Technischen Universität Berlin einen solchen Dialog in Gang zu setzen, fanden sich anläßlich der von allen Universitätsmitgliedern in den 70er Jahren für erforderlich gehaltenen Universitätsreform Hochschullehrer, Wissenschaftliche Mitarbeiter und – man möchte es heute kaum mehr glauben – sogenannte Andere Dienstkräfte zusammen, um wenigstens erst einmal im Ungefähren zu begreifen, was es heißt: an einer *Universität* tätig zu sein.

Ich verrate sicher kein Geheimnis, wenn ich sage, daß ich schon nach wenigen Monaten allein übriggeblieben bin. Für den Zusammenhalt der Gruppe existierte schon bald weder ein gemeinsames materielles, noch gar ein der Universität in Gesamtheit verantwortliches Interesse mehr. Sowohl den Anderen Dienstkräften als auch den Wissenschaftlichen Mitarbeitern wurde schon allzubald vom Gesetzgeber bedeutet, daß es nicht zu ihren Aufgaben gehören könne, sich über Verantwortlichkeiten Gedanken zu machen, die *allein* in die »Zuständigkeit« der verbeamteten Hochschullehrer gehörten. Die Folge war (und ist), daß sich heute praktisch keiner mehr für die Universität in ihrer Gesamtheit verantwortlich zeigt, außer wieder nur jene Hochschullehrer, die sich auch schon vor der 'Hochschulreform' mit ihrem gegenwärtigen Zustand nicht abfinden wollten und konnten; sie aber sterben allmählich aus.

Ich will diese Trauergeschichte hier nicht weiter verfolgen, stattdessen nur erwähnen, daß ich seit dieser Zeit des Aufbruchs, die schnell wieder zu einem Abbruch führte, für mich alleine den Dialog mit einigen wenigen führte (und sicher auch weiterführen werde), wobei ich schon wie damals zu Beginn der 70er Jahre immer wieder auf Heisenbergs 'Jahrhundertphysik' gerade von Geschichts- und Sozialwissenschaftlern gestoßen wurde, ohne daß sie mir sagen konnten, worin das Neue dieser neuen Physik in ihrer Bedeutung gerade für die Geschichts- bzw. Sozialwissenschaft eigentlich liegt; sie wußten (und wissen) es praktisch nicht.

So war (und ist auch heute noch) die Rede vom Paradigmawechsel der Wissenschaft und damit verknüpft die Rede von der Notwendigkeit eines generellen Umdenkens in den Grundlagen der Wissenschaft. Diese Rede ist inzwischen zur Mode verkommen. Denn *was*, *wie* und *woraufhin* »umgedacht« werden sollte, wurde selbstverständlich verschwiegen, weil im Grunde weder ein Zwang noch ein wirkliches Interesse der Power-Elite an einem solchen Unternehmen bestand. Hier werden aller Voraussicht nach erst weitere Umweltkatastrophen eine Änderung bewirken.

Andererseits wurde ich immer wieder gerade von Naturwissenschaftlern auf die fundamentale Bedeutung der Philosophie hingewiesen, ohne daß sie mir nun aber sagen konnten, worin für sie denn nun die Bedeutung der Philosophie liegen könnte. Von ganz wenigen Ausnahmen abgesehen wissen sie es nicht. Ich kam so im Alleingang zu der Feststellung, daß auf beiden Seiten der Kulturen eine Sprachlosigkeit besteht, die häufig wohl bedauert, aber letzten Endes dann auch wieder als nicht so gravierend für die Universität angesehen und empfunden wird. Mit anderen Worten: der von Kant so bezeichnete 'Streit der Fakultäten' findet nicht zuletzt aufgrund der bestehenden Sprachlosigkeit zwischen den Fakultäten nicht statt; diese Sprachlosigkeit gehört heute geradezu zur Wirklichkeit unserer Universitäten.

So ist die hier vorgelegte Untersuchung in gewisser Hinsicht geradezu widersinnig. Ich versuche – und das mag schon typisch genug sein – nachträglich einen Dialog zwischen Heidegger und Heisenberg in Gang zu setzen, der zu deren Lebzeiten nur sporadisch stattgefunden hat, obwohl beide in respektvoller Weise voneinander sprechen. Sieht man aber genauer hin, so redeten sie beide aneinander doch wieder vorbei, weil beide von völlig unterschiedlichen Ebenen aus miteinander zu sprechen versuchten. Insistierte Heisenberg auf dem für seine 'Jahrhundertphysik' bedeutsamen Fundament der Ontologie Platons, so Heidegger für seine 'Jahrhundertphilosophie' auf einem Sagen, das die Ontologie Platons, inzwischen durch das Wechselbad der Nietzscheschen Kritik gegangen, hinter sich zu bringen dachte. Heidegger machte den Versuch, ihre bislang verschwiegenen und verdrängten Voraussetzungen offenzulegen.

Das hätte für Heisenberg bedeutet, sich auf den Dialog Heideggers mit Platon wirklich einzulassen, und das hätte andererseits für Heidegger bedeutet, auf Heisenbergs Problemsituation möglicherweise noch stärker einzugehen, als er es getan hat; letzteres wird aber erst der noch nicht veröffentlichte Briefwechsel deutlicher zutage bringen. So blieb es bei kritischen Anmerkungen von seiten Heideggers, die aber von Heisenberg nicht verstanden, höchstens erahnt werden konnten, weil ihm gar nicht bewußt war und auch nicht bewußt werden konnte, von welcher Ebene bzw. aus welcher Dimension heraus Heidegger im Blick auf die Heisenbergsche 'Jahrhundertphysik' zu argumentieren versuchte. Welche Rolle hierbei Georg Picht zukommt, läßt sich aufgrund der bisherigen Quellensituation, nicht zuletzt des Picht-Nachlasses, noch nicht wirklich beurteilen. Daß er eine große Rolle in diesem Dialog spielte, ist durch Carl Friedrich von Weizsäcker eindeutig bezeugt.

Ich selbst halte es für tragisch, daß dieser Dialog zwischen Heidegger und Heisenberg nicht wirklich zustande gekommen ist, weil diesen Dialog nur beide selbst hätten führen können. Das wurde mir erst in seiner ganzen Bedeutung bewußt, als ich von Weizsäckers hoch bedeutsamen Versuch zum philosophischen Verständnis der Quantenphysik zu studieren begann und hierbei auf seine Auseinandersetzungen mit Heidegger stieß, denen etwas Hilfloses anhaftet. Heidegger war zu keiner Zelt so vermessen, eine Antwort auf die Frage finden zu wollen, warum die Naturwissenschaft heute so erfolgreich ist[30], und dies trotz der von Heidegger immer wieder betonten Seinsvergessenheit, was von Weizsäcker sicher schon ein Hinweis genug hätte sein können. Heidegger ging es angesichts der Gefahr, in die uns der gegenwärtig ablaufende industriell-wissenschaftlich-technische Fortschritt doch wohl ganz offensichtlich gebracht hat, erst einmal darum, das Wesen dieses Fortschritts, an dem schließlich auch die Forschungsbemühungen von Weizsäckers teilhaben, so präzise wie möglich offenzulegen und eben nicht, wie es zur Mode geworden ist, durch ein noch so prächtiges Bildungsgut, das diesem Fortschritt übergestülpt wird, zu verklären. Insofern stellt diese Untersuchung auch einen Gegenversuch dar: *gegen* die uns Deutschen so liebgewonnene Verklärungssucht und *gegen* jenen Verblendungszusammenhang, der uns heute aus Unkenntnis der Voraussetzungsprobleme nicht zuletzt der Heisenbergschen Jahrhundertphysik von Teilen seiner Schülerschaft – und hier denke ich vor allem noch einmal an die Veröffentlichungen von Fridjof Capra – schon fast aufgenötigt wird.

## 7.

Zum Abschluß dieser Einleitung möchte ich meinen Freunden Arnold Schwilk und Caroline Schmauser für die wiederholte und sicher manchmal mühevolle Durchsicht des Manuskriptes dieser Untersuchung und für die unermüdlichen Schreibarbeiten Frau Annegret Weiß-Caletti ausdrücklich danken.

Berlin, im Sommer 1988

# I. Teil

# 1. Hypothesen über die Vergangenheit und Zukunft des Weltalls

*1.*

Unser Bild vom Weltall und seiner Entstehung hat sich vor allem in den letzten Jahrzehnten grundlegend gewandelt. Um dies deutlich zu machen, will ich an die Formel von der Schaffung des Weltalls durch Gott aus dem Nichts erinnern, der Creatio ex nihilo, die schon den Vertretern der Scholastik zu ständig neuen Fragestellungen und Differenzierungen Anlaß gab. Augustinus nahm z.B. mit der Entstehung des Weltalls gleichzeitig die Schöpfung der Zeit an, um dem Widerspruch zu entgehen, daß es eine völlig 'leere' Zeit vor dem eigentlichen Schöpfungsakt Gottes gegeben haben müsse. Auf die Frage: was Gott vor der Schöpfung der Welt getan hat, hat Luther, der einem äußerst naiven Schöpfungsglauben anhing, die berühmte Antwort gegeben: daß Gott in einem Birkenwäldchen gesessen und für Leute Ruten geschnitten habe, die derart unnötige Fragen stellen.

Thomas von Aquin widersprach sowohl Augustinus als auch Bonaventura, indem er die Ansicht vertrat, daß der christliche Gottesglaube einen Schöpfungsakt weder *mit* der Zeit (Augustinus) noch *in* der Zeit (Bonaventura) nötig habe, da man den Schöpfungsgedanken auch so fassen könne: daß Gott *in jedem Augenblick* das Wunder hervorzubringen in der Lage sei.

Außerhalb der Theologie hat Aristoteles, dann aber vor allem Kant (in seiner Antinomienlehre) einen Anfang der Zeit und einen zeitlichen Anfang der Welt ausdrücklich abgelehnt.

Die Entstehung des Weltalls, präziser: die Idee der Entstehung des Sonnensystems, leitet sich in ihrer neuzeitlichen Fragestellung von Descartes her und wurde erst später von Kant und Laplace ausformuliert und als Kant-Laplacesche Theorie bekannt.

Während Newton noch das Weltall als unmittelbar aus der Hand Gottes hervorgegangen annahm, wuchs im 18. Jahrhundert der Wunsch nach einer mechanischen Erklärung der Entstehung des Weltalls. Diesem Wunsch entsprachen Kant und Laplace. Bei aller Verschiedenheit stimmen beide in der Auffassung überein, daß das Sonnensystem auf natürliche Weise aus einer im Weltraum verstreuten, nebelartigen Materie hervorgegangen sei. Während bei Kant die Planeten durch selbständige Verdichtungen außerhalb der Sonne entstanden sind, nahm Laplace Ablösungen von der sich verdichtenden Sonne an.

Eines sollte von Anfang an unzweifelhaft feststehen: eine komplette Theorie der Entstehung des Sonnensystems muß eine Erklärung für *alle* Bestandteile des Sonnensystems liefern, also für den großen Körper, die Sonne, und für die Reihe ihrer kleinen Satelliten: die vier inneren kleinen Planeten Merkur, Venus, Erde und Mars, sowie für die fünf großen Planeten: Jupiter, Saturn, Uranus, Neptun und Pluto. Hinzu kommt noch ein Schwarm von etwa Hunderttausendmilliarden irregulärer Kometen, die das Sonnensystem in rund hunderttausendfachem Erde-Sonne-Abstand als sog. Oortsche Wolke umgeben. Drei der großen Planeten: Jupiter (13 Monde), Saturn (10 Monde) und Uranus (5 Monde) stellen selbst Miniatursonnensysteme dar: kleine innere, große äußere Monde, dazu irreguläre Satelliten. Der Beitrag der Planeten und Kometen zur Gesamtmasse ist dabei verschwindend gering. Zusammen besitzen sie nur 1,4 Tausendstel der Masse der Sonne, wovon der wesentliche Teil durch Jupiter und Saturn beigebracht wird. Die Masse der Kometen wird zusammen auf einige hundert Erdmassen geschätzt.

Eine komplette Theorie der Entstehung des Sonnensystems muß Erklärung für *alle* Bestandteile dieses Systems liefern.

Wie wenig dies der Fall ist, zeigt die Tatsache, daß in der modernen Astrophysik sehr unterschiedliche Theorien entwickelt worden sind, wobei es sehr schwer fällt, sich für die eine oder die andere zu entscheiden. So ist z.B. das Problem der Creatio ex nihilo heute wieder an zwei Stellen der theoretischen Überlegungen zur Entstehungsgeschichte des Weltalls aufgetaucht, obwohl man hätte annehmen können, daß sie sich inzwischen erledigt hätte.

Sie wurde aktualisiert einmal in Form einer möglichen *Spontanentstehung* von Materie in kosmischen Räumen und ein andermal als Frage eines *zeitlichen* Anfangs des Weltalls. Die beiden Fragen tauchten im Zusammenhang mit der Theorie der kosmischen Expansion auf. Ich will mit einigen Sätzen auf diese Fragen eingehen.

Um 1930 entdeckten E. Hubble und M. Humason starke spektrale Rotverschiebungen bei sehr entfernten Milchstraßensystemen, Galaxien genannt. Es dürfte heute kein Zweifel mehr darüber bestehen, daß sich dieses Faktum nicht anders als eine räumliche gleichförmige Expansion des Universums verstehen läßt. Der Abstand der Galaxien voneinander nimmt in der Weise zu, daß die entferntesten, noch gerade beobachteten Objekte (Galaxien und Quasore) sich mit Geschwindigkeiten von uns entfernen, die der Lichtgeschwindigkeit nahe kommen.

Es liegt nun auf der Hand, die Expansion des Universums in die Vergangenheit zurückzuverfolgen. Tut man dies, dann folgt daraus, daß die gegenseitige Entfernung der Galaxien in einer Milliarde von Jahren zurückliegenden Vergangenheit sehr viel kleiner war als heute, die mittlere Dichte der Materie im kosmischen Raum entsprechend sehr viel größer als heute angenommen werden muß. Unter der speziellen Annahme, daß die Expansionsgeschwindigkeit der Galaxien in kosmischen Zeiten ungefähr konstant gewesen ist, läßt sich dann der Zeitpunkt abschätzen, zu dem die gesamte Materie des Universums »auf engstem Raum« komprimiert gewesen sein muß. Er liegt, grob geschätzt, 10 bis 15 Milliarden Jahre zurück. Dieser Zeitpunkt wird von einigen Kosmologen mit dem Zeitpunkt der Weltentstehung gleichgesetzt.

Wir haben uns dann folgendes vorzustellen: Ein Gas, das ungewöhnlich stark komprimiert und sehr hoch aufgeheizt war, begann sich auszudehnen, wobei, als die Gasmaterie wieder kondensierte, u.a. unsere Milchstraße entstand. Es entstanden zugleich aber auch zahlreiche andere Sternensysteme, die das Weltall heute relativ gleichmäßig ausfüllen.

Daß es demnach eine Art 'Urknall' gegeben haben muß, dem das Weltall seine Entstehung verdankt, hat auf einige Wissenschaftler wie ein Schock gewirkt. Sie versuchten daher, der Annahme eines singulären Anfangszustandes des Weltalls erst einmal durch Einführung spezieller Hypothesen zu entgehen.

So griffen Hoyle, Bondi und Gold zu der Annahme, daß die Abwanderung der Galaxien in immer entferntere Raumgebiete durch die spontane Entstehung von Materie in der Weise ausgeglichen werde, daß die mittlere Materieschicht im Universum konstant bleibe. Folge: Der Zustand des Weltalls wäre überall und zu allen Zeiten der gleiche. Damit würde jedenfalls die Annahme eines *besonders ausgezeichneten Anfangszustandes* vermieden werden.

Diese Theorie verstößt jedoch gegen zwei allgemein anerkannte und bisher auch nicht in Zweifel gezogene Grundsätze der Physik: Spontanentstehung von Materie bedeutet aufgrund der Äquivalenz von Materie und Energie eine Verletzung des Erhaltungssatzes der Energie. Andererseits würden sich sehr weit entfernte Galaxien – jedenfalls nach der ursprünglichen Fassung dieser Theorie – mit Übergeschwindigkeit fortbewegen, eine Annahme, die dem Grundaxiom der Relativitätstheorie widersprechen würde.

Es zeigt sich so, daß die Grundannahme der Theorie: daß das Universum zu allen Zeiten dasselbe »Aussehen« hat, durch die Erfahrung der Astronomie widerlegt wird; wir blicken bei der astronomischen Beobachtung der am weitesten entfernten Objekte, der sog. Quasoren, Milliarden Jahre in die Vergangenheit zurück und sehen die Objekte in ihrem *damaligen* Zustand. Die Quasore (= quasistellare Objekte von übergroßer Leuchtkraft) und andere merkwürdige Gebilde haben, verglichen mit den normalen Galaxien, ein anderes Aussehen und verraten damit einen von den näheren Objekten sehr verschiedenen physikalischen Zustand. Hoyle, Bondi und Gold zogen inzwischen ihre Theorie zurück.

Damit war aber die Theorie von der Spontanentstehung von *Materie* bzw. Energie noch keineswegs erledigt.

1922 konnte A. A. Friedman den Nachweis führen, daß sich aus den Einsteinschen Feldgleichungen der Gravitation Weltmodelle ableiten lassen, die ohne jede weitere Zusatzannahme das weltweite Phänomen der kosmischen Expansion des Universums veranschaulichen, nachdem schon früher u.a. A. S. Eddington, G. Lamaitre und H. Weyl auf die Möglichkeit einer kosmischen Galaxienflucht hingewiesen hatten.

Damals war die kosmische Expansion noch nicht bekannt. So blieb die Arbeit Friedmans bis zur Entdeckung der galaktischen Rotverschiebung durch die amerikanischen Astronomen Hubble und Humanson (1929) weitgehend unbekannt. Die kosmische Expansion konnte jetzt durch eben diese Theorie vorausgesagt werden, was wieder auf eine Unterstützung der Deutung der großen Rotverschiebungen ferner Galaxien im Sinne einer »Expansion« hinauslief. Friedman mußte, um seine Rechnungen ausführen zu können, gewisse vereinfachende Annahmen machen, u.a.: daß das Universum homogen und isotrop sei, d.h.: daß es von Materie konstanter Dichte erfüllt sei, und daß alle Raumrichtungen gleichwertig seien – Annahmen, die durch die Erfahrungen aus dem Bereich der Astronomie für den heutigen Zustand als näherungsweise gut erfüllt nahegelegt werden.

Extrapoliert man unter diesen Voraussetzungen den gegenwärtigen Zustand des Universums in die Vergangenheit zurück, so ergibt sich ein 'Anfangs' – oder präziser ausgedrückt: 'Ausgangszustand', will sagen: physikalisch ein Zustand von sehr hoher Materiedichte und extrem hoher Temperatur, eine Art 'Plasmazustand' der Materie, aus dem sich die Galaxien erst später auskondensiert haben. 'Theoretisch' würde aus dem Friedmanschen Modell ein 'Punktmodell' als Anfangszustand des Universums folgen – und damit ein 'Anfang der Zeit' vor etwa 10 Milliarden Jahren.

Dagegen läßt sich überzeugend die These verfechten, daß sich vor etwa 10 Milliarden Jahren Materie und Strahlung bei hohen Temperaturen und extrem hoher Dichte im thermodynamischen Gleichgewicht befunden haben müssen, und daß sich seither die Strahlung bis zum gegenwärtigen Zustand des Universums adiabatisch abgekühlt hat. Was 'vor' diesem 'Ausgangszustand' existierte, wissen wir also immer noch nicht; wir können allenfalls weiter vage Hypothesen aufstellen.

Ich will die bisher verfolgte Argumentation jetzt von einer anderen Perspektive aus noch einmal aufnehmen.

Aus dem, *wie* wir bisher argumentierten, läßt sich die Frage ablesen: ob das Weltall, der Kosmos, in unserem Bewußtsein als »offen« oder »geschlossen« vorgestellt werden muß; diese Frage blieb in ihrer Beantwortung unentschieden. Das Standardmodell setzt voraus, daß Einsteins Allgemeine Relativitätstheorie zur Beschreibung der weitreichenden Gravitationskräfte gilt. Zudem wird vorausgesetzt, daß im Weltall keine Richtung bevorzugt und damit auch kein Punkt ausgezeichnet ist: der Weltraum ist isotrop.

Aus diesen Annahmen folgt (1.), daß das Modell des Kosmos mathematisch durch eine der von Friedman (1922) gefundenen exakten Lösungen der Einsteinschen Gleichungen beschrieben werden kann. Notwendig ist die Messung zweier Größen, der Expansionsgeschwindigkeit und der mittleren Materiedichte. Das Alter des Kosmos ist dann durch diese zwei Größen festgelegt.

Aus den gemachten Angaben folgt zwangsläufig (2.), daß der Kosmos aus einem *Urknall* entstanden sein muß: Eine tausendstel Sekunde nach der Urexplosion müssen sich trotz der raschen Expansion Materie und Strahlung im thermodynamisch-chemischen Gleichgewichtszustand befunden haben. Zu diesem Zeitpunkt herrschte eine Temperatur von etwa 100 Milliarden Grad. Ein dichter, heißer Feuerball dehnte sich immer weiter aus: aus dem sich das Weltall mit seinen Sternen und Galaxien entwickelte.

Diese Urknall-Hypothese findet in der 1949 von G. Gamov vorhergesagten und 1966 dann nachgewiesenen kosmischen Hintergrundstrahlung ihre Unterstützung. P. Peebles, W. Penzias u. a. haben nachweisen können, daß das Weltall isotrop von einer elektromagnetischen Strahlung erfüllt ist, der man aufgrund ihrer spektralen Verteilung (im Zentimeter und und Millimetergebiet) und ihrer Intensität eine Temperatur von 2,7° Kelvin zugeordnet hat. Bis zu dieser Temperatur, der heutigen Temperatur des Weltalls, hat sich also die anfänglich extrem hohe Temperatur infolge der kosmischen Expansion abgekühlt. Folglich wird man jetzt kaum mehr daran zweifeln können, daß es sich bei dieser sog. Backgroundradiation um ein Relikt eben dieses Urknalls handeln muß.

Während man zur Zeit der Entdeckung der kosmischen Expansion noch der Ansicht sein konnte, es habe »eine Art Urexplosion« stattgefunden , wobei die auf relativ kleinem Raum vereinigte Materie explosionsartig auseinanderflog, ist unsere heutige Auffassung dieser Zusammenhänge weit subtiler geworden. Wie angedeutet, ergibt sich die kosmische Expansion zwangsläufig aus den Einsteinschen Feldgleichungen der Gravitation. Diese Gleichungen verknüpfen die Raumkrümmung (präziser: die Krümmungsverhältnisse des raumzeitlichen Kontinuums) *lokal* mit der Anwesenheit und den physikalischen Eigenschaften der Materie. *Es ist somit der 'Raum', der expandiert, und die Materie, die Galaxien, werden durch die Raumexpansion nur mitgeführt, etwa so, wie Materieteilchen von einer Strömung ergriffen werden.*

Es gibt, wie Friedman zeigen konnte, hierbei verschiedenartige Raummodelle: solche mit positiver, negativer oder verschwindender (mittlerer) Raumkrümmung: je nach der angenommenen (mittleren) Materiedichte. Ein Raum konstanter positiver Raumkrümmung ist in sich notwendig geschlossen und besitzt ein endliches Volumen (analog der zweidimensionalen endlichen Oberfläche einer Kugel); ein solches Raummodell hatte Einstein schon in seiner ersten kosmologischen Arbeit von 1917 als Weltmodell vorgeschlagen, damals jedoch ohne Expansion. Aber es gibt nach Friedman eben auch expandierende Weltmodelle mit negativer oder verschwindender Krümmung (letztere euklidisch) von unendlicher räumlicher Ausdehnung.

Wenn wir uns hier auf ein Weltmodell positiver Krümmung verständigen, so kann man sich, wenn auch sehr vereinfacht, ein recht zutreffendes Bild von der Entstehung des Weltalls machen, wenn man an einen Gummiball denkt, auf dem mehrere, die Galaxien repräsentierende Typen markiert sind und der aufgeblasen wird: ein zweidimensionales Abbild des dreidimensionalen expandierenden Raumes. Nach dieser Theorie müßte auf die Expansion dann allerdings eine zweite Phase der Kontraktion des Universums folgen.

Die anfangs gestellte Frage bleibt jedoch auch jetzt noch unbeantwortet: (1.) Was war *vor* der Expansion und was wird *nach* der Kontraktion sein? Und (2.) Hat der Kosmos nur eine beschränkt zeitliche Dauer (von wenigen Milliarden Jahren) zwischen zwei leeren Ewigkeiten des Nicht-Seins?

Bisher folgten wir der Einsteinschen Theorie, die durch ihre Geschlossenheit und Klarheit eine ganz ungewöhnliche Überzeugungskraft besitzt. Dennoch konnten inzwischen einige Astrophysiker aus guten Gründen eine Erweiterung der 'klassischen' Einsteinschen Theorie vorschlagen. So hat Pascal Jordan im Anschluß an Überlegungen Diracs die Konsequenzen der Idee ausgeschöpft: daß die Gravitationskonstante in Wahrheit keine Naturkonstante, sondern eine *Funktion* der *Weltzeit* sein könnte (1948).

In dieser, durch Diracs Überlegungen geschaffene 'Problemlage' tauchte jetzt erneut mit aller Eindringlichkeit *die Frage nach der Entstehung der Materie aus dem Nichts auf.* Etwas präziser ausgedrückt geht es dabei jetzt um die Frage, ob wir die sog. 'Erhaltungssätze' im Sinne einer Erhaltung der Materie bzw. der Energie völlig anders interpretieren müssen. Die Theorie bietet hier durchaus verschiedene Möglichkeiten in den Schlußfolgerungen an.

So hat sich u.a. gezeigt, daß die Backgroundradiation in gewisser Weise durchaus eine Entscheidung zuläßt. Nach der ursprünglichen Fassung der Theorie durch Jordan sollte nämlich eine ungeheuer große Vermehrung der Zahl der Lichtquanten während der kosmischen Expansion stattgefunden haben, was jedoch den Erfahrungen der Radioastronomen widerspricht. Als Jordan auf diesen Umstand durch H. Dehnen und H. Hönl aufmerksam gemacht worden war (1968), beschränkte er seine Theorie auf jenen Spezialfall, bei dem keine Vermehrung der Lichtquanten, gleichzeitig aber auch keine Spontanerzeugung von Materie möglich sein sollte; die Jordansche Theorie wurde dann identisch mit der Skalar-Tensor-Theorie von C. Brans und R. H. Dicke. Ob die Jordan-Brans-Dickesche Theorie jetzt den Tatsachen gerecht wird, darüber werden ganz sicher andersartige astronomische Erfahrungen, vermutlich auf dem Gebiet der solarrelativistischen Effekte, in Zukunft eine Entscheidung herbeiführen.

## *2.*

Ziehen wir eine erste Zwischenbilanz. Ich habe die Frage nach der Entstehung des Weltalls von Anfang an aus dem Bereich der Spekulation heraus genommen und wissenschaftlich exakt zu beantworten versucht. Trotzdem mußte ich feststellen, daß die wissenschaftliche Beantwortung der Frage nach der spontanen Entstehung des Weltalls vorerst immer noch nichts anderes als eine herausfordernde Spekulation geliefert hat, die erst noch abschließend wissenschaftlich nachgewiesen, d.h. bewahrheitet werden muß. Die Frage, die sich nunmehr stellt, lautet: ob die Wissenschaft überhaupt je eine Beantwortung dieser Frage herbeiführen kann? Eines steht jetzt schon fest: daß wir, indem wir die Frage nach der Entstehung des Weltalls in der Weise gestellt haben, wie wir sie gestellt haben, die Frage auf die Entstehung von Materie, was immer diese Materie selbst ist, reduziert und mit dieser Reduzierung eine Entscheidung von großer Tragweite getroffen haben! Wir fragen jetzt schon nicht mehr in spekulativer Absicht nach der Natur des Weltalls im Sinne der Frage nach der Natur überhaupt, der natura naturans, der physis, wir fragen vielmehr jetzt schon nach der Vergangenheit und Zukunft der Materie, der natura naturata, und beschreiben auf indirekte Weise ihre Eigenschaften. Um dies deutlicher werden zu lassen, will ich bisher Gesagtes noch weiter präzisieren.

Ich habe bisher vielleicht noch nicht ausdrücklich genug darauf hingewiesen, daß in der Astrophysik auch die Auffassung vertreten wird, daß das Weltall weder homogen noch isotrop ist. Die Vorstellung ist sicher nachvollziehbar: Es sind Eigenbewegungen der Galaxien, mit durchschnittlichen Geschwindigkeiten von einigen hundert Kilometern pro Sekunde, die sich der allgemeinen kosmischen Expansion überlagern. Nach einem einfachen Gesetz nehmen diese Geschwindigkeiten in demselben Maße ab, in dem sich der Weltradius vergrößert; sie müssen also in den Anfangsstadien des Universums um viele Zehnerpotenzen größer gewesen sein als im gegenwärtigen Zustand. Der 'Ausgangszustand', aus dem sich die heutige Gestalt des Weltalls entwickelt hat, müßte also höchst turbulent gewesen sein; zum mindesten müssen sehr große Dichteschwankungen der 'Ur-Materie' vorhanden gewesen sein.

Für die Entstehung der Backgroundradiation genügt es vorauszusetzen, daß die gesamte Weltmaterie einen vergleichsweise mit dem heutigen Weltall sehr kleinen Raum bei sehr hoher Temperatur erfüllt hat. Je weiter wir in die Vergangenheit des Weltalls zurückgehen und uns dem früheren Plasmazustand nähern, desto ungeordneter war vermutlich die Bewegung und desto weniger genau treffen dann auch die idealisierenden Annahmen zu, die u.a. Friedman seinen Überlegungen zugrunde legen mußte, um das kosmologische Problem in den Griff zu bekommen. Ähnliches wäre über die vereinfachenden Annahmen der Urmaterie zu sagen.

Auch dies läßt sich geltend machen: Es ist keineswegs gewiß, ob nicht auch die Friedmansche Theorie zu anderen Ergebnissen führt – nämlich zu einem minimalen Weltradius, falls man sie auf die Urmaterie mit stark wechselnden Kräften zwischen schweren Teilchen (Hadronen) anwendet. Die Behauptung eines 'Anfangs der Zeit' beruht dabei schließlich auf einer unerlaubten Extrapolation, wobei der Unterschied zwischen Modell und Wirklichkeit weitgehend außer acht gelassen wird.

Jordan betrachtete z.B. den Beginn der Zeit als ein eindeutiges Ergebnis kosmologischer Forschung und stellte fest, daß die Entstehung der Elemente möglicherweise 20 Sekunden »nach Beginn der Zeit« stattgefunden habe. Bei W. Kundt, einem Schüler Jordans, liest man mit Erstaunen, was sich in den ersten 10 – 43 oder 10 – 23 Sekunden »nach der Entstehung des Weltalls« ereignet haben soll.

Eine Abschwächung dieser Antwort liegt heute in dem Versuch vor, eine allmähliche und kontinuierliche Entstehung der Materie anzunehmen, und zwar im Zusammenhang mit einem anderen Versuch: die Physik der Elementarteilchen endgültig mit der Kosmologie in Einklang zu bringen.

So glaubt u.a. C.F. v. Weizsäcker erkenntnistheoretische Argumente dafür vorbringen zu können, daß einerseits der Raum endlich und geschlossen sein müsse (sphärischer Raum), andererseits die Zahl der Elementarteilchen ständig zunehme. Darin wäre dann auch die Expansion der Elementarteilchen mit enthalten.

Dieses Konzept ist Diracs ursprünglicher Idee einer kontinuierlichen Zunahme der Masse des Weltalls nicht unähnlich. Von Weizsäcker begründet sie vornehmlich durch eine philosophische Interpretation der modernen Physik, insbesondere hier der Quantentheorie.

Aber auch mit ihr kommt man offensichtlich um einen *zeitlichen Beginn* des Universums nicht herum. Der Begriff Weltall, die Totalität alles dessen, was ist, umfaßt danach nicht nur das materielle Sein der Dinge und deren strukturelle Gesetzmäßigkeit, sondern ebenso das Bewußtsein des Menschen: und diese konkrete Fülle des Wirklichen soll sich aus einem real faßbaren Punktmodell entwickelt haben.

Eine Alternative hierzu wäre ein quasi periodisches Universum mit konstanter Masse bzw. Energie und von endlichem Volumen, wobei sich Expansion und Kontraktion nach ungeheuren Zeiträumen – *analog der Vorstellung eines atmenden Universums* – ablösen würden, wie es, falls sich die Friedmansche Singularität vermeiden ließe, durch die Allgemeine Relativitätstheorie nahegelegt würde. Aber auch dann bleibt unverständlich, warum das Weltall so eingerichtet sein soll, daß es gerade mit diesem bestimmten, ungeheuer großen Vorrat an Energie bzw. Masse ausgestattet sein soll.

*3.*

Eines ist sicher bisher deutlich geworden:

1. der stark hypothetische Charakter der Wissenschaft von der Natur, hier insbes. der Astrophysik;
2. daß offensichtlich eine notwendigerweise vereinfachende Theorie niemals die volle Wirklichkeit des Naturgeschehens zur Darstellung bringen kann;
3. daß Fragen, wie die nach der Vergangenheit und Zukunft des Weltalls unterschwellig von Fragen in Bewegung gehalten werden, die offensichtlich *nicht wissenschaftlicher Natur sind.*

Den Theorien gegenüber, die ich hier kurz referiert habe, wird das grundsätzliche Bedenken geäußert: wie es angehen kann, daß man überhaupt Aussagen über Geschehnisse treffen könne, die sich *vor* $10^{10}$ Jahren in einer Entfernung bis zu $10^{10}$ Lichtjahren von uns aus gesehen abgespielt haben sollen.

Wenn 'Physik' als Lehre von den Beziehungen zwischen reproduzierbaren Experimenten definiert wird, dann trifft das zu. Aber eine solche Definition wäre sicher zu eng gefaßt, sonst könnte u.a. unsere Sonne nicht ein legitimes Objekt physikalischer Forschung sein. Denn die Sonne ist weder reproduzierbar, noch kann man mit ihr experimentieren. Reproduzierbar sind Laboratoriumsobjekte: Kugeln, Fäden, Spangen, Lösungen, Kristalle, Gase, Moleküle, Atome, Elementarteilchen. Reproduzierbar sind auch die Prozesse, denen man sie unterwerfen kann: Beschleunigen, Spannen oder Pressen, Erhitzen oder Abkühlen, Durchleuchten und Beschießen. Schließlich gehört zu jedem Experiment die Beobachtung: die Vermessung geometrischer Gegebenheiten, evtl. auf photographischen Bildern, das Ablesen von Zeigerstellungen oder Zählwerken und das Registrieren. Das heißt: in jedem physikalischen Experiment gibt es Objekte, Prozesse und Beobachtungen; in der Laboratoriumsphysik sind alle drei reproduzierbar. Anders liegen die Verhältnisse in der Astrophysik: Hier ist das Objekt, unsere Erde, bis heute einzig in seiner Art; will sagen: wir kennen bis heute keinen zweiten Planeten ähnlicher Masse, Temperatur und chemischer Zusammensetzung, auch wenn es vielleicht einige Milliarden ähnlicher Planeten in unserer Milchstraße gibt. Fest steht, daß wir für

Experimente nicht viele gleiche Erden zur Verfügung haben, sondern nur eine.

Diese 'Erde' können wir aber verschiedenen reproduzierbaren Prozessen unterwerfen. Wir können sie anbohren, Explosionen zünden und die Laufzeit von Schallwellen durch das Erdinnere messen. Wir können eine Bariumwolke in der Hochatmosphäre erzeugen und ihre Bewegungen messend verfolgen. M. a. W.: Astrophysik unterscheidet sich von der Laboratoriumsphysik durch die Nichtreproduzierbarkeit des Meßobjekts, während viele Meßprozesse reproduzierbar sind. Die Grenze zwischen typischer Laboratoriumsphysik und der Physik unseres Sonnensystems liegt bei Gegenständen von 100 m Größe, nämlich bei den größten reproduzierbaren Objekten.

Aber nicht alle physikalischen Beobachtungen der Erde lassen sich mittels reproduzierbarer Prozesse ausführen. Will man z.B. untersuchen, in welcher Weise Stürme ihren Impuls und ihre Energie auf Oberflächenwellen des Meeres übertragen, so reichen künstliche Becken und Gebläse nicht aus. Man ist vielmehr darauf angewiesen, Stürme und Meeresdünung so zu nehmen, wie sie während der Meßperiode von einigen Wochen feststellbar, und mittels Bojen, Türmen, Schiffen und Flugzeugen in einem möglichst lückenlosen Netz von Beobachtungsdaten einsammelbar sind. Damit vollzieht man aber methodisch nichts anderes als ein Astrophysiker, der mit Radioantennen, Infrarotbolometern, Fernrohren, UV-, Röntgen und Gamma-Detektoren, sowie Teilchenauffängern, den Himmel nach elektromagnetischer und Teilchenstrahlung messend durchforscht.

Gemeinsam ist allen drei Methoden: daß ihre Beobachtungen durch mathematische Theorien widerspruchsfrei beschrieben werden und zwar nicht durch voneinander unabhängige Theorien, sondern durch dieselben Theorien. So wird z.B. die Bewegung geladener Elementarteilchen durch die gleiche Elektrodynamik beschrieben, wie das Zukken von Froschschenkeln, wie Elektromotoren, wie Blitze eines Gewitters, Nordlichter oder die Magnetosphären der Pulsare. Die Grundannahme ist: daß alle beobachtbaren Phänomene ausnahmslos nach universell gültigen Gesetzen ablaufen und mathematisch zur Darstellung zu bringen sind. Folglich liegt es nahe, die hier und heute gültigen physikalisch-mathematischen Gesetze sowohl auf unsere Vergangenheit also auch Zukunft anzuwenden.

## 4.

So klar, wie heute vielfach angenommen wird, ist den Astronomen die Entstehung des Weltalls letzten Endes aber nicht. Man ist sich zwar weitgehend darüber einig, daß die Entstehung des Weltalls mit dem Urknall begann, d.h., daß der Kosmos aus einem gigantischen Explosionsvorgang und der sich daran anschließenden Expansion hervorgegangen ist. Noch völlig ungeklärt ist aber die Frage: wie aus einer allgemein expandierenden Urmaterie überhaupt Massenzentren nach Art der Galaxien und Galaxienhaufen auskondensiert werden konnten? Bisher ließ sich *physikalisch* keine Erklärung dafür beibringen, wie es aufgrund rein statistischer Dichteschwankungen, die sich nach Gesetzen des Zufalls ergeben haben könnten, in der amorphen Urmaterie zur Ausbildung einer lokalen Massenverteilung kommen konnte, die kraft ihrer auf ihr eigenes Zentrum orientierten Eigenschwere ein Anwachsen der Dichte bis hin zu den heutigen Werten im Innern von Galaxien veranlassen konnte. Um einen solchen Verdichtungsprozeß in Gang setzen zu können, müßte es schon über Dimensionen von einigen hunderttausend Lichtjahren zu so beträchtlichen Verdichtungen kommen, wie sie nach den Gesetzen des Zufalls praktisch nicht vorkommen dürften. Die erforderlichen Anfangsverdichtungen liegen insbesondere deswegen so hoch, weil als Konkurrent gegen die aufkommende Eigengravitation ein nach außen gerichteter Strahlungsdruck wirksam wird, wenn elektrisch leitfähige Materie, bestehend aus geladenen Teilchen beiderlei Vorzeichens, auf ein Zentrum hin kontrahiert. Durch diesen Strahlungsdruck kommt es bei unterkritischen Verdichtungen nach einer anfänglichen Kontraktion wieder zu einer Expansion, d.h.: die Verdichtung löst sich wieder auf, statt sich weiterzuentwickeln.

Die Frage bleibt also offen, wie elektrisch leitfähige Materie, die an ihr eigenes Strahlungsfeld gekoppelt ist, überhaupt jemals zu Galaxien kondensieren konnte, wenn zufällig entstehende Anfangskonzentrate aufgrund des Drucks, der sich durch die in ihrem Inneren vergrößerte Strahlungsdichte ergibt, nicht weiter kontrahieren können. Eine Erklärung auf diese Frage hin scheint heute von gänzlich unerwarteter Seite zu kommen.

Vor wenigen Jahren wurde in einem verborgenen Teil Sibiriens ein durch seine äußeren Merkmale besonders auffälliger Krater entdeckt. Zu seinen hervorstechendsten Eigenschaften zählte, daß, im Gegensatz zu typischen Meteorkratern, hier jenseits der Kraterränder praktisch keine Landschafts- und Vegetationszerstörungen zu erkennen waren. Der Gedanke tauchte auf: es könnte 'schwarze'

Mikrolöcher von der Masse eines Erdmondes und nur wenigen Zentimetern Durchmesser geben, die den Kosmos ziellos durchfliegen und bei Gelegenheit eines Zusammenstoßens mit der Erde Spuren von genau der Beschaffenheit jenes sibirischen Kraters hinterlassen. 'Schwarze Löcher' nennt man Himmelskörper von so hoher Dichte, daß kein Lichtstrahl sie verlassen kann. Sie sind schwarz, unsichtbar, und nur durch ihre gravitative Wirkung nachweisbar. Überlegungen über die Entstehungsmöglichkeiten solcher Gebilde führten schließlich zu dem Schluß, daß nach kosmischen Maßstäben winzige Mikrokondensate der Materie nur in der allerersten Phase der Weltentstehung bei noch extrem hohen Materieschichten eine Geburtschance haben könnten.

Denkbar wäre aber auch, daß schon in der frühesten Phase der expandierenden kosmischen Urmaterie extreme Massenverdichtungen in Form von frühen 'schwarzen' Löchern vorhanden gewesen sein könnten; ein solcher Umstand würde sich als hilfreich bei der Erklärung der Galaxienbildung erweisen.

Diese mehr oder weniger gleichmäßig im kosmischen Urbrei verteilten Gravitationszentren können als ideale Kondensationskeime für proto-galaktische Verdichtungen dienen. Um Massenansammlungen zustande zu bringen, die sich aufgrund ihres eigenen Schwerefeldes selbständig weiterverdichten, bedürfte es in diesem Falle keiner überstatistischen Dichtefluktuationen des kosmischen Urbreis mehr. Vielmehr würden sich die in den rundum expandierenden Materiebrei eingestreuten Schwarzen Löcher dynamisch völlig selbständig verhalten. Schon rein statistische Schwankungen in der örtlichen Ansammlung solcher Löcher würden bei der Größe der in ihnen vereinigten Masse ausreichen, ein selbstgravitierendes System von galaktischen Ausnahmen zu schaffen. Mézáros konnte vor einigen Jahren zeigen, daß schon in der sog. Hadronenphase des Urknalls, also einige zehntausendstel Sekunden nach der kosmischen Initialzündung, als die gesamte kosmische Materie allein von supermassiven, stark wechselwirkenden Elementarteilchen (den Hadronen – dazu gehören Protonen und Neutronen) repräsentiert wurde, die Geburtsstunde jener 'schwarzen' Urknall-Löcher zu suchen sei. Die in diesen Urlöchern vereinigte Masse läßt sich gut als die zu dieser Phase innerhalb des Sichthorizonts versammelte kosmische Materie abschätzen; sie entspricht etwa der Sonnenmasse. Der Sichthorizont begrenzt jeweils die Sphäre um einen kosmischen Beobachter, die von diesem aufgrund der gegebenen Raumgeometrie erblickbar ist. Bei der heutigen Materiedichte im Kosmos hat diese Sphäre einen Durchmesser von

10 Milliarden Lichtjahren; in der Hadronenphase war diese Sphäre aufgrund der wesentlich höheren Materiedichten erheblich kleiner.

Mézáros zeigte nun, daß solche sonnenmassiven Urlöcher die gegebenen Kondensationskeime für die Galaxienentwicklung darstellen. Da sich diese reibungslos durch das Strahlungsfeld bewegen, erfahren sie bei einer zufälligen Verdichtung auch keinerlei rücktreibende Wirkung durch den Strahlungsdruck des von innen eingeschlossenen Strahlungsfeldes, wie dies bei normaler Materie im Falle ihrer Verdichtung vorkommt. Schwarze Urlöcher sorgen also in viel höherem Maße als alles andere für die gravitative Bindung einer Massenverdichtung und führen so viel direkter zur Galaxienentstehung. Auch das Problem verborgener Galaxienmassen ließe sich mit Hilfe dieser Theorie jetzt auf eine ganz einfache Weise klären.

Innerhalb einer Galaxie gibt es Sterne, die aufgrund ihrer Geschwindigkeit und der damit verbundenen, vom Galaxienkern weggerichteten Zentrifugalkraft auf direktem Wege die Galaxie verlassen müßten, wenn die anziehende Masse lediglich von der sichtbaren Sternmaterie repräsentiert werden würde. Daß solche Sterne sich dennoch offensichtlich innerhalb ihrer Galaxie auf stabilen, gebundenen Bahnen bewegen, zeugt dafür, daß diese galaktischen Systeme neben der sichtbaren eine unsichtbare Masse in sich bergen. Man könnte sie mit Mézáros leicht als die schwarzen Urlöcher identifizieren, von denen die gesamte galaktische Materiekondensation überhaupt erst in Gang gebracht werden konnte.

## *5.*

Aber nicht nur bezüglich der Vergangenheit, auch über die *zukünftige Entwicklung* des Weltalls wissen wir sehr wenig. Sollte die Expansion für alle Zeiten andauern, dann wäre das Weltall »offen«. Wenn aber die Expansion bei einem maximalen Radius innehalten und in eine Kontraktion übergehen sollte, so wie ein in die Luft geworfener Stein wieder zurückfällt, dann wäre das Weltall »geschlossen«.

Durch Beobachtung der mittleren kosmischen Materiedichte könnte möglicherweise eine Antwort auf diese Frage gegeben werden. Wenn die genannte Dichte einen bestimmten kritischen Wert überschreiten würde, wäre der Kosmos »geschlossen« und würde infolge der Schwerkraft eines Tages wieder in sich zusammenfallen. 1973 wurde durch Allan Sandege und Eduardo Hardy (Pasadena) ein Dichtewert angegeben, der auf ein »geschlossenes« Weltall hindeutet. Die Berücksichtigung der inneren Entwicklung der Galaxien, die besonders bei den entfernteren – und damit jüngeren – Milchstraßen ins Gewicht fällt, sowie neuartige Beobachtungs- und Auswertungsverfahren, haben an diesen Theorien Zweifel geweckt. Unter Verwendung der Analysen zur Galaxienentwicklung durch Beatrice Tinsley (Austin, Texas) haben James Gunn und J. B. Oke (Hale Observatory) Dichtewerte ermittelt, die wieder einem »offenen« Weltall entsprechen würden.

Dennoch sollte auch dieses Ergebnis nicht überbewertet werden. Die bei solchen Beobachtungen auftretenden großen Fehler, sowie die Tatsache, daß Tinsleys Annahme zum Alter und zur Entwicklung der Galaxien vorläufig eine Theorie darstellt, die noch nicht durch konkrete Beobachtungen geprüft werden konnte, schließen endgültige Feststellungen aus. Vieles weist darauf hin, daß die Materiedichte nicht mehr als 1/10 des kritischen Wertes beträgt, der für ein »geschlossenes« Weltall nötig wäre. Das dadurch wieder zugelassene steady-state-Modell wäre allerdings durch den Nachweis des Urknalls und der Expansion erneut widerlegt worden.

Die zweite wichtige Meßgröße, die Expansionsgeschwindigkeit des Weltalls, gewöhnlich als Hubble-Konstante bezeichnet, wird aus der radikalen Fluchtgeschwindigkeit und der Entfernung der Galaxien errechnet. Die Geschwindigkeit mißt man dabei an der durch Dopplereffekt verursachten Verschiebung der Spektrallinien. Zur Entfernungsmessung benutzt man ausgewählte Objekte, deren Leuchtkräfte als »Einheitskerzen« dienen; etwa die pulsierenden Cepheidensterne zur Entfernungsmessung innerhalb der lokalen Galaxiengruppe, Spiralgalaxien von bestimmtem Typ oder die Durchmesser von Wasserstoffregionen für größere Entfernungen.

Bei der Festlegung dieser Einheitskerzen unterliefen den Astronomen jedoch Fehler (etwa eine falsche Bestimmung der Cepheidenleuchtkraft), die erst in den letzten Jahren, insbesondere seit 1973, aufgedeckt wurden. Der Wert der Hubble-Konstante sank in dieser Zeit auf 1/10 des Wertes, der noch von Edwin Powel Hubble (1936) selbst angegeben wurde: zur Erleichterung der Kosmologie. Das aus Dichte und Hubble-Konstante resultierende Weltalter erhöhte sich dadurch auf etwa 20 Milliarden Jahre, während man sich vorher mit dem Paradoxon herumschlagen mußte, daß die Erde anscheinend älter ist als das Weltall selbst.

1965 trat Pascal Jordan mit seiner Theorie der Erdausdehnung auf. Dirac hatte (1937) aus Überlegungen der Quantenmechanik und der Relativitätstheorie geschlossen, daß die Schwerkraft im Kosmos Jahr für Jahr um einen unmerklich kleinen Betrag abnimmt. Die Schwerkraft mußte vor 5 Jahrmilliarden, als die Erde aus einem Wirbel von Gas und Staub gleichzeitig mit der Sonne entstand, etwa doppelt so groß wie heute gewesen sein. Auch die Erde mußte halb so groß und der Stoff mußte dichter gewesen sein. Die Sonne brannte heller, die Erde und die Planeten umkreisten sie in engeren Bahnen. Wie in einer Apfelsine, die von innen wächst, wurden die Schalen, d.h. die Kontinente der Erde, ausgesprengt, die dann auf einer zähflüssigen Masse von Magma schwammen. Alfred Wegeners Theorie der Kontinentalverschiebung fände so mit nach rd. 50 Jahren ihre Anerkennung.

Echolot-Messungen der Amerikaner Ewing, Heezen und Thrap in der Grabenspaltung der Erde haben für diese Theorie den stichhaltigen Beweis erbracht. Die Grabenspaltung geht von Island mitten durch den Atlantik, biegt dann vor der Antarktis in den asiatischen Raum und kommt im Nördlichen Eismeer wieder zum Vorschein. Neuerdings ist das Verschwinden der Fixsterne hinter dem Mond exakt mit Hilfe von Atomuhren gemessen worden.

*6.*

Ich komme gewissermaßen auf diesem Umweg jetzt noch einmal auf die mögliche Entstehung der sog. Schwarzen Löcher zu sprechen. Neben den schon genannten Hypothesen kann auch die folgende mit guten Gründen verteidigt werden: Ein gewöhnlicher Stern wie die Sonne wird von seiner eigenen Schwerkraft im Gleichgewicht gehalten, die durch den Druck im Sterninneren ausgeglichen wird. Dieser Gegendruck wird durch den Energiegewinn aus Atomkernverschmelzungen, der Kernfusion, erzeugt. Hat sich der Brennstoff einmal erschöpft, so wird der ausgebrannte Stern unter seiner eigenen Schwerkraft zusammenbrechen und innerhalb von Millisekunden so weit zusammenschrumpfen, daß eine »Singularität« entsteht.

Man weiß, daß im Bereich einer Singularität Druck und Dichte der Materie »unendlich« groß werden. Auch wachsen hier die Gezeitenkräfte der Gravitation, so daß jeder Körper in ihrer Nähe unweigerlich zerrissen wird. Hawking und Penrose (Oxford) haben schließlich 1965 vorhergesagt, daß eine Singularität immer dann entsteht, wenn sich genügend viel Materie in einem Raumgebiet konzentriert.

Es scheint, daß im Bereich einer Singularität nicht nur die allgemeine Relativitätstheorie, sondern auch alle anderen bekannten Gesetze der Physik ihre Gültigkeit verlieren.

Vom Standpunkt eines entfernten Beobachters können »nackte« Singularitäten unvorhersehbare physikalische Effekte zeigen, da die bekannten Gesetze zur Vorhersage der Zukunft jetzt nicht mehr anwendbar sind. In physikalisch realistischen Situationen gilt wahrscheinlich die – wenn auch bislang unbewiesene – Hypothese von Penrose, nach der ein »kosmischer Zensor« stets darauf achtet, daß alle Singularitäten auf dezente Arten »verborgen« bleiben. Sie sind dann von einer Grenzfläche verdeckt, von der weder Materie noch Licht nach außen entweichen kann. Diese als »Ereignishorizont« bezeichnete Fläche stellt die Oberfläche eines Schwarzen Loches dar; Singularitäten innerhalb der Oberfläche Schwarzer Löcher können dann nicht beobachtet werden.

Die Oberfläche eines klassischen Schwarzen Loches – klassisch, weil für ein besseres Verständnis vereinfachend die Quantentheorie nicht miteinbezogen worden ist –, nimmt niemals ab; sie vergrößert sich vielmehr, wenn Materie oder Strahlung von einem Schwarzen Loch verschluckt werden wie von einer halbdurchlässigen Membran, die alles hinein, aber nichts wieder heraus läßt.

Klassische Schwarze Löcher sind schwarz, kalt und unzerstörbar: Mehrere Schwarze Löcher können miteinander verschmelzen, um ein größeres Loch zu bilden. Eine Aufspaltung in mehrere kleine Schwarze Löcher ist deshalb der Endpunkt aller Sonnenentwicklung; die Schwarzen Löcher sind die Gräber aller ausgebrannten Sonnen. Hawking stellte nun eben dieses »klassische« Bild der Schwarzen Löcher radikal in Frage. Unter Berücksichtigung von Quanteneffekten sagte er voraus, daß in der Nähe des Ereignishorizontes 'Schwarze Löcher' weder schwarz, kalt, noch unteilbar seien. Vielmehr senden sie aufgrund des quantenmechanischen Tunneleffektes Teilchen und Licht als Wärmestrahlung in kontinuierlicher Weise aus. Die ausgesandten Teilchen können wieder kleine Schwarze Löcher sein. Die Temperatur, ein Maß für die ausgestrahlte Energie, hat die bemerkenswerte Eigenschaft, mit abnehmender Masse zuzunehmen. Je kleiner ein Schwarzes Loch ist, desto höher ist seine Temperatur. Bei höherer Temperatur strahlt es mehr Energie ab, so daß seine Masse noch schneller steigt. So beschleunigt sich laufend der Zerstrahlungsprozeß, bis sich das Schwarze Loch, unter Abgabe von Gammastrahlung, in einer Explosion auflöst – der »Tod« des Schwarzen Loches ist eingetreten.

Nach der »Geburt« eines Schwarzen Loches wird sein Schicksal durch zwei konkurrierende Faktoren festgelegt: es verkleinert sich durch den Zerstrahlungsprozeß, und es vergrößert sich durch Absorption von Materie. Kleine

Schwarze Löcher (mit weniger als der Masse der Erde, somit einem Durchmesser kleiner als ein Zentimeter) wachsen nur unwesentlich durch Materieabsorption; sie vernichten sich durch eine Zerstrahlungsexplosion. Bei größeren Schwarzen Löchern ist dagegen der Zerstrahlungseffekt unbedeutend, denn mit wachsender Masse nähert sich die Temperatur wieder dem absoluten Nullpunkt. Dafür ist ihr Wachstum durch Materieeinfang beträchtlich, wenn sie etwa in einem Doppelsternsystem am Partnerstern »knabbern« können. Je größer ein schwarzes Loch ist, desto eher nimmt es wieder die durch die klassische Theorie vorausgesagten Eigenschaften an. Kleine Schwarze Löcher sind vermutlich aber nur im Urknall zu Anfang des Kosmos entstanden.

Hawking berechnete, daß Schwarze Löcher mit weniger als der Masse der Erde die bisherige Dauer des Kosmos nicht überlebt haben würden. Sie wären in der Zwischenzeit verpufft. Aus der im Kosmos vorhandenen Gammastrahlung läßt sich daher schließen, wie viele Schwarze Löcher bisher maximal explodiert sein müssen. Vielleicht sind explodierende Schwarze Löcher schließlich die Ursache dafür, daß sich der uns bekannte Teil des Weltalls nur aus Teilchen und nicht auch aus Antiteilchen zusammensetzt. Und dies, obwohl sie im Urknall gleichermaßen vorhanden gewesen sein müßten. In dem Zerstrahlungsprozeß stoßen Schwarze Löcher mehr Teilchen als Antiteilchen aus. Durch den so entstandenen Überschuß könnte die heutige Art der 'Vorherrschaft' der Teilchen erklärt werden. Bezüglich der hier zitierten Antiteilchen bedarf es aber noch einer Erklärung.

Im Gegensatz zu Materie besteht Anti-Materie aus negativen Kernen (Antiprotonen und -neutronen) und positiven Hüllenpositionen. Alle atomaren und nuklearen Strahlungsprozesse laufen gleich ab und können daher von Prozessen in 'normaler' Materie nicht unterschieden werden. Teilchen und Antiteilchen werden bei einem Zusammenstoß annihiliert. Die dabei ausgestrahlten Gammaquanten wären ein überzeugender Hinweis auf die Existenz von Antimaterie: der bis heute jedoch fehlt. Umgekehrt ist experimentell erwiesen, daß ein energiereiches Photon (Gammaquant) spontan in ein Teilchen und seine Antiteilchen zerfallen kann. Dabei bleiben die totale Energie, Impuls und Ladung, aber natürlich nicht die Masse erhalten.

7.

Eine der wichtigsten Eigenschaften des Weltalls ist zweifellos die schon kurz skizzierte, erst in den letzten Jahren erforschte Hintergrundstrahlung im hochfrequenten Radiogebiet. Diese Hintergrundstrahlung ist praktisch isotrop. Eine heute noch umstrittene Abweichung stammt, falls sie überhaupt bestätigt wird, möglicherweise von der Eigenbewegung unserer Galaxis. Sie entspricht in ihrem Spektrum etwa der eines schwarzen Körpers bei einer Temperatur von 3 K (-270° C) und wird heute allgemein als E Relikt aus der Zeit verstanden, als der Kosmos vor etwa 17 Milliarden Jahren durchsichtig wurde. Seit diesem Zeitpunkt sind Materie und Hintergrundstrahlung entkoppelt, und die Anzahl der Photonen ist bis auf die vernachlässigbare Neuemission durch Sterne konstant. Diese Strahlung muß nun zusammen mit der allgemeinen Expansion des Kosmos gesehen werden. Bei dieser Expansion waren nicht nur die Materie, sondern auch die Photonen der Hintergrundstrahlung in einem immer kleineren Volumen enthalten, je weiter man in die Vergangenheit extrapolierte. Dabei war die Strahlungstemperatur adiabatisch höher. Man kommt dann zu einem Zeitpunkt vor etwa 18 Milliarden Jahren, wo man eine physikalisch unsinnige Temperatur von unendlich erhalten würde. Doch schon vorher kann diese einfache Extrapolation nicht mehr stimmen. Bei einer Temperatur von etwa 20 Billionen ($2.10^{13}$) Grad ist die mittlere Energie eines thermischen Photons so groß, daß es z.B. in Proton und Antiproton zerfallen kann, welche sich in der Folge wieder zu zwei Photonen vereinen können. Es bildet sich ein Gleichgewicht zwischen Strahlung und Teilchen. Das Verhältnis von Photonen zu Teilchen und Antiteilchen ist bei der erwähnten Temperatur etwa 1 zu 1, während es im heutigen Kosmos etwa eine Milliarde zu eins zugunsten der Photonen ist. Das heißt, daß der Kosmos in seiner Frühzeit sehr viel mehr Masse gehabt haben muß, die etwa zur einen Hälfte aus Materie, zur anderen aus Antimaterie bestand.

Soweit bestehen grundsätzlich wenig Unterschiede zwischen den verschiedenen Modellen mit einer explosiven kosmischen Frühgeschichte. Das zitierte Antimateriemodell geht von der Annahme aus, daß alle heute sichtbare Masse ein Überbleibsel des ursprünglichen Gemisches von Materie und Antimaterie ist. Die Konsequenz wäre, daß sowohl heute, wie auch in der entferntesten Vergangenheit, Materie und Antimaterie genau die gleiche Häufigkeit haben bzw. hatten.

Die besondere Attraktivität dieses Modells liegt in seiner einfachen Ausgangslage: Am Anfang enthielt der Kosmos nur Strahlungsenergie, die dann entweder in Masse zerfiel, in die die allgemeine Expansion gestreckt wurde, oder als Hintergrundstrahlung übrig blieb.

Unter dieser Bedingung wäre auch die Hypothese von E. Tryon (Nature, 246, 3966; 1973) möglich. Sie postuliert: daß das Universum eine spontane Fluktuation des Vakuums ist, bei der Teilchen und Antiteilchen paarweise auf Kosten der negativ werdenden Gravitationsenergie erzeugt werden. Allerdings fehlen zu diesem hypothetischen Modell detaillierte Rechnungen.

Das Antimateriemodell hätte schon längst eine allgemeine Verbreiterung gefunden, gäbe es nicht zwei fundamentale Schwierigkeiten: Wie kann auch nur der geringste Teil eines Gemisches von Teilchen und Antiteilchen während der ersten Sekundenbruchteile mit hohem Druck und dann für 18 Milliarden Jahre trotz der gegenseitigen Annihilation überleben? Und wie können aus einem sicher isotropen und homogenen Strahlungsfeld so inhomogene Massenverteilungen wie Galaxien und Galaxienhaufen entstehen?

Das erste Problem kann dabei nur in zwei Stufen gelöst werden.

Zunächst müssen in nuklearen Dimensionen Teilchen und Antiteilchen gruppiert werden. Omnès vermutet, daß eine Art »Kondensationsprozeß« stattfinden könnte, bei dem Kernkräfte (starker oder schwacher Wechselwirkungen) in Kombination mit elektromagnetischen Plasmakräften eine Rolle spielen. Allerdings kennt man die Kernkräfte noch zu wenig, um schon jetzt konkretere Vorstellungen entwickeln zu können.

Auf viel sicherem Boden bewegt man sich bei dem nächsten Problem, bei dem neuere Arbeiten von Omnès, Alfven u.a. das Modell unterstützten. Hat sich das ursprüngliche Plasma bis zu einem gewissen Grad entmischt, spielt jetzt ein neuer, rein plasmaphysikalischer Prozeß eine Rolle. An den Trennflächen zwischen Materie und Antimaterie wurde durch Annihilation aufgrund der Strahlung und weiterer Annihilationsprodukte ein Druck erzeugt. Omnès konnte zeigen, daß diese Oberflächenspannung das Zusammenfließen der kleinen Gebiete derselben Materieart zu größeren Einheiten bewirkt. Nach einer Milliarde Jahren hätten diese Volumina aus Materie und Antimaterie die damalige Größe von Galaxienhaufen erreicht. Zu dieser Zeit wurde der Kosmos durchsichtig, was bewirkte, daß der Entmischungsprozeß anhielt, da ohne Wechselwirkung der Strahlungsdruck nicht mehr auf die Materie übertragen werden konnte.

Als der Kosmos durchsichtig wurde, konnten sich die Galaxien schließlich einen entscheidenden Schritt weiterentwickeln. Die Vereinigungsbewegungen verursachten genügend Turbulenz, um Entstehung und Drehung der Galaxien zu erklären. Das populäre Urknall-Standardmodell, das keine Antimaterie im heutigen Zeitpunkt annimmt, birgt dagegen die Schwierigkeit in sich, daß Dichte- und Geschwindigkeitsfluktuationen im richtigen Maß zu den Anfangsbedingungen des Kosmos gehören. Auch macht die Erklärung der hohen Rotationsgeschwindigkeiten der Galaxien im Rahmen dieses Standardmodells einige Mühe. Weniger gut schneidet das Anti-Materiemodell aber bei der Interpretation der Häufigkeit der Elemente ab, weil z.B. Neutronen bei der Diffusion in Gebiete mit Antimaterie an Antiprotonen verlorengehen und somit nicht zur Produktion höherer Elemente (wie Deuterium, Helium usw.) zur Verfügung stehen. Das Standardmodell hingegen liefert quantitativ richtige Resultate.

Aufgrund der Größe des Gebietes aus gleichem Material ist die Beobachtung von Antimaterie allerdings erschwert. Omnès betont aber, daß die theoretischen Werte der Gammastrahlung, die im Antimateriemodell an den Trennflächen produziert werden, und die wir sehen müßten, weil heute der Kosmos transparent ist, gut mit den Beobachtungen übereinstimmen.

Wichtige zukünftige Beobachtungen werden erst genauere Messungen des Spektrums der Radio-Hintergrundstrahlung erbringen, auch Verzerrungen aufgrund der Annihilation zur Zeit des Durchsichtigwerdens des Kosmos aufzeigen. Eine Präzisierung des kosmischen Gammaspektrums ist schon durch den ersten ESA-(European Space Agency-) Satelliten COS-B zu erwarten. Weitere Fortschritte in der Plasmaphysik und der Theorie der Elementarteilchen sind aber erforderlich, um das wichtige noch fehlende Glied des ersten Separationsmechanismus zu finden.

## *8.*

Wenn Gas- und Staubwolken in sich Schwerkraftzentren entwickeln, werden die einzelnen Teilchen in Millionen von Jahren zu diesen Gravitationszentren mit zunehmender Geschwindigkeit hingezogen. Mit wachsender Verdichtung werden große Energien frei; der Ball aus Gas und Staub beginnt als 'Protostern' zu glühen. Stürzt in weiteren Jahrtausenden immer mehr Materie in das wachsende Schwerkraftzentrum, kommt der Augenblick, da im Innern Druck, Temperatur und Teilchendichte zum Zünden von Kernverschmelzungsreaktionen ausreichen. Der Strahlendruck der freiwerdenden Energie wirkt gegen die weitere Kontraktion, ein Gleichgewicht bildet sich, das austretende Licht »bläst« die äußersten Gas- und Staubhüllen fort: der neue Stern wird weißglühend für das Auge sichtbar. Er kann nun mehrere Milliarden Jahre brennen.

Zu den Milliarden sonnenähnlicher Sterne im Zentrum unserer Galaxie kommen auf diese Weise ständig neue Sterne hinzu, andere »sterben« und »enden« als weiße Zwerge oder Neutronensterne.

Sehen können wir die Sternentstehung nicht, weil sie sich (a) über astronomische Zeiträume hinzieht; und (b) stets in Wolken stattfindet; von dem Licht in den Sternentstehungs*zentren* erreicht uns nur ein winziger Teil. Allein die Infrarotastronomie kann über die wichtige Frühphase im Leben der Sterne Auskunft geben. Mit Empfangsgeräten, die auf minus 270° C gekühlt werden und nicht mehr selbst infrarot strahlen (»rauschen«), werden die vielen schwach strahlenden Infrarotquellen in den Dunkelwolken der Milchstraße geortet. Ihre Wärmestrahlung geht von Temperaturen zwischen – 250° bis + 1500° aus.

Wenn wir uns alle Theorien und Argumente, die wir zitiert haben, jetzt noch einmal vergegenwärtigen, dann bedrängen uns eine Fülle von *Fragen*. Ich nenne einige. *Hat das Weltall eine unendlich währende Zukunft, oder ist sein Ende absehbar? Wenn sein Ende nicht absehbar ist, was 'geschieht' dann?*

*Fliegt alle Materie, die es in den Steinenhaufen gibt, für immer ins Nichts hinaus, oder zieht es sich irgendwann, wie ein rückgespulter Film, in sich zusammen, um explosionsartig wieder ein neues Weltall hervorzubringen?*

Man scheint sich bei allen Kontroversen zu diesen Fragen heute darin einig zu sein, *daß dem Kosmos das unentrinnbare Geschick ewiger Ausdehnung beschieden ist. Das All rennt gleichsam selbst vor sich davon, wobei sich das Fluchttempo ständig steigert.*

Die kosmologische Konstante Einsteins besagt: daß das in der Relativitätstheorie beschriebene Gravitationsprinzip von bestimmten Entfernungen an nicht mehr gilt; zwei Galaxien jenseits dieser Entfernungsgrenzen stoßen sich ab, anstatt sich gegenseitig anzuziehen: sie fliegen voneinander weg *ins Nichts*.

Die Anhänger eines »geschlossenen« Weltalls gehen davon aus, daß sich unter dem Einfluß seiner eigenen Schwerkraft das Weltall *wie ein Luftballon* aufbläht, sich wieder zusammenzieht und dann von neuem auseinanderstrebt. Nach der Theorie von der ewigen »offenen« Expansion des

Kosmos würde das Weltall auf seiner langen Reise vermutlich irgendwann einmal in einen *Zustand ewiger Nacht*, einer *absoluten Stille* und einer alles umfassenden *intergalaktischen Leidensstarre* verfallen, nicht ein einziges Molekül würde sich mehr regen.

Doch schon lange bevor dieser Zustand erreicht worden wäre, würde sich das »Ende« in einer Reihe *kosmischer Katastrophen* ankündigen. Spiralnebel etwa, die wie unsere Milchstraße und der Andromedanebel nur 2,5 Millionen Lichtjahre voneinander entfernt sind und damit unterhalb der Einsteinschen Abstoßungsgrenzen liegen, würden ineinander stürzen. Nach und nach würden einst strahlende Sonnen erlöschen und unter ihrer eigenen Masse zu Schwarzen Löchern kollabieren: Gebilde unendlicher Dichte, deren Ereignishorizont nicht einmal das Licht entkommen läßt. Vorbeiziehende Materie würde von den Schwarzen Löchern unerbittlich angezogen, ihrer Atomkerne beraubt und mit der »Singularität« verschmelzen.

Der Gedanke an eine derartige *kosmische Grabstätte*, eine *interstellare Gruft*, in der nur mehr der absolute Nullpunkt von – 273,16$^{0}$ zwischen den Schwarzen Löchern herrscht, würde dem ganzen Universum *seinen bisher gültigen Sinn nehmen*.

Mit Rücksicht auf die Voraussetzungen, auf die die Astrophysik als eine exakte Wissenschaft bezüglich der Frage nach der Entstehung, will sagen: nach der Vergangenheit und Zukunft des Weltalls eingeht, muß davon ausgegangen werden, daß es einen »Sprung« *aus dem Chaos* gegeben haben muß, der den kosmologischen Organisationszusammenhang seiner Materie zuallererst »in-formierte« (Eigen/Monod). Man kommt also auch jetzt wohl kaum um das Faktum herum: daß 'Etwas' existiert haben muß, das *vor* jeder Materialisation anzusetzen ist. Bezüglich der Frage der »Offenheit« bzw. »Geschlossenheit« des Weltalls, die uns hier beschäftigt hat, heißt »Geschlossenheit«, daß wir zwar irgendeine Grenze finden könnten, daß aber trotzdem die Zahl der in der Welt vorkommenden Sternensysteme »endlich« ist: genauso wie die Oberfläche der Erdkugel eine endliche Flächenausdehnung zeigt, obwohl sie keine Grenzmarkierungen besitzt.

## 2. Hypothesen über die innere Struktur der Materie

Nachdem wir uns im ersten Kapitel der größten Dimension, will sagen: der kosmologischen zuwandten, soll in diesem erst einmal die kleinste Dimension, will sagen: das Innerste der Materie zur Sprache kommen. Wir verfolgen dabei den Weg von den Molekülen zu den Atomen: mit den um den Kern herumkreisenden Elektronen; wir gelangen dann zum Kern selbst, bestehend aus Protonen, Neutronen und den Mesonen, die die Kerne mit ungeheuren Kräften zusammenhalten.

Die Erforschung der Struktur der Materie durch die Atomphysik läßt dabei drei Abschnitte erkennen: (a) die Untersuchung der Elektronenschale des Atoms; (b) die der Kernstruktur des Atoms und (c) die Untersuchung der Struktur der Elementarteilchen.

a) Der erste Erfolg der Analyse der Struktur der Materie selbst begann sich mit der Entdeckung des Atomkerns durch Rutherford (1911) abzuzeichnen. Rutherford zeigte, daß das Atom einem Planetensystem entspricht: mit dem Atomkern im Zentrum und mit den um ihn herumkreisenden Elektronen, die durch elektrische Kräfte im Gleichgewicht gehalten werden.

Inzwischen ist dieses anschauliche Bild der Elektronen, die sich auf Bahnen bewegen, verloren gegangen. Soweit man sich von der Elektronenhülle eines Atoms überhaupt noch ein 'Bild' machen kann, besteht sie aus einer Art diffuser Wolke. Hülle und Kern sind dabei in allem gegensätzlich. Der Atomkern ist elektrisch positiv geladen, die Hülle besteht aus negativen Elektronen. Der Kern enthält praktisch die ganze Masse des Atoms. Der Kerndurchmesser entspricht nur etwa 1/10 000 desjenigen der Elektronenhülle. Das Innere des Atoms scheint deshalb zum größten Teil leer und für Materiestrahlen durchlässig zu sein, während im Kern die Materie dicht gepackt ist, so daß ein Stecknadelkopf ebenso dichter Materie 10 000 t schwer wäre. Die Erkenntnisse über die Elektronenhülle liegen heute recht vollständig vor, so daß wir die meisten Phänomene der Elektronenhülle im Prinzip auch erklären können.

b) Der zweite Schritt in der atomphysikalischen Forschung entspricht der Erforschung der Kernstruktur. In ihr tritt eine neue Kraft auf: die Kernkraft. Die Erforschung des Atomkerns konnte daher erst beginnen, als den Physikern Energien zur Verfügung standen, die etwa hundertmal so groß waren wie diejenigen, die in Prozessen der Atomhülle umgesetzt werden. Der Kern besteht aus einer dichten Packung von positiv geladenen Protonen und elektrisch neutralen Neutronen. Diese werden von der Kernkraft zusammengehalten, die hundertmal stärker ist als die elektromagnetische Kraft, aber nur auf kleinsten Distanzen, etwa einem Tausendstel eines milliardenstel Millimeters, wirksam ist.

Auch die Protonen und Neutronen sind in Schalen geordnet, die eine gewisse Ähnlichkeit mit den Elektronenschalen im Atom aufweisen, aber auf viel kleinere Bereiche beschränkt sind.

Eine kaum zu unterschätzende Bedeutung liegt in der Entdeckung der genannten Kernkraft. Durch sie wird auch die Stellung der Erde im Universum erkennbar. Die Energiestrahlung der Sonne und der Sterne über Milliarden von Jahren hinweg wird durch Kernumwandlungen in ihrem Inneren ermöglicht.

c) Der dritte Schritt besteht in der Erforschung der Strukturen der Elementarteilchen, insbesondere der inneren Dynamik des Protons und des Neutrons, die durch die inzwischen zu Ruhm gelangte Elementarteilchenphysik bestritten wird.

Dieser Erkenntnisschritt wurde erst durch die Konstruktion von Beschleunigern möglich, die Strahlen mit Energien von Milliarden Elektronenvolt (GeV) *liefern*. Für sie gilt das Gesetz der Wellenmechanik: je kleiner das Objekt ist, das untersucht wird, um so größere Energien müssen aufgewendet werden, um seine Struktur zu erforschen, d.h.: es besteht ein fundamentaler Zusammenhang zwischen räumlicher Größe und Höhe der Energieschwelle. Werden die Protonen und Neutronen mit Teilchen so hoher Energie *bombadiert*, z.B. im 28-GeV-Protonensynchroton des CERN, so ändern die Protonen und Neutronen ihre Eigenschaften. Schließlich werden Zustände mit verschiedenen Massen, Drehimpulsen und Ladungen *erzeugt*, wobei die Protonen und Neutronen von höherer Energie in angeregte Zustände versetzt werden, genauso wie ein Atom angeregt wird. Nur reicht die Energieskala von wenigen Elektronenvolt (eV) jetzt bis zu Milliarden GeV. Auf diesem Wege wurde eine neue Welt von Teilchen entdeckt; eine Anzahl von ihnen sind schwerer als Protonen und Neutronen.

So *entsteht* u.a. eine besondere Art von Teilchen, die Mesonen, deren Massen zwischen denen des Elektrons und des Protons liegen. Diese Mesonen sind jene Quanten: die Träger der Kernkräfte, die in ähnlicher Weise wie etwa die Lichtquanten die Träger der elektromagnetischen Kräfte sind. Die im Kern vorhandenen Protonen und Neutronen tauschen in unmeßbar kleinen Zeitabständen durch Emission und Absorption Mesonen aus. Durch dieses Wechselspiel kommt die Kernkraftwirkung zustande. Die Mesonen sind der nukleare Kitt für die Protonen und Neutronen im Kern.

Inzwischen existiert eine unübersehbare Zahl solcher Elementarteilchen. Zwar gibt es ein Ordnungsschema der Elementarteilchen, das darauf hinweist, daß Protonen und Neutronen aus drei Untereinheiten, den sog. Quarks, bestehen. Doch konnten diese Untereinheiten bisher nicht nachgewiesen werden. Um jetzt den Zusammenhang mit den von uns bereits erörterten astrophysikalischen Problemen herzustellen, will ich noch darauf hinweisen, daß, abgesehen von der »Ursache« der Schwerkraft, für die anderen, seit Newton der Physik zugänglichen Kräfte – wie die elektromagnetische Kraft und die Kernkraft – in den letzten Jahrzehnten entscheidende Aufklärungsschritte erfolgt sind. So wird z.B. die Wechselwirkung zwischen zwei elektrisch geladenen Elementarteilchen – wie Elektronen – dadurch vermittelt, daß sie ein Proton, ein Teilchen des elektromagnetischen Feldes, untereinander austauschen. Ebenso hängen die Bausteine des Atomkerns deshalb so eng zusammen, weil die Nukleonen ständig sog. Pi-Mesonen als Teilchen des Kernfeldes untereinander austauschen. Für die sog. 'schwache Wechselwirkung', die den radioaktiven Zerfall der Atomkerne und Elementarteilchen besorgt, konnte zwar inzwischen theoretisch, d.h. in diesem Fall auf dem Papier, das sog. W-Boson erschlossen werden, empirisch nachgewiesen wurde es jedoch bis heute nicht.

*1.*

Aufgrund der hier erst nur einmal umrißhaft skizzierten Fortschritte in der Elementarteilchenphysik besteht in der letzten Zeit die Hoffnung, Newtons Programm einer Beschreibung *aller* Naturphänomene *durch einige wenige Prinzipien* heute definitiv einlösen zu können.

Vor mehr als 100 Jahren konnte Maxwell den Nachweis führen, daß Elektrizität, Magnetismus und Licht nur die verschiedenen Aspekte des gleichen Phänomens darstellen. Die von ihm *aufgestellten mathematischen Gesetze* haben die von der Quantentheorie und der Speziellen Relativitätstheorie hervorgerufenen Umwälzungen in geradezu erstaunlichem Maße überlebt, so daß sich ihre Gültigkeit heute von den astronomischen bis hinunter zu den subnuklearen Distanzen erstreckt.

Andererseits standen die hier schon teilweise zitierten vier Grundkräfte, die das Weltall gleichsam zusammenhalten: die Schwerkraft, der Elektromagnetismus, die starke Wechselwirkung, die für die Kernkraft, und die schwache Wechselwirkung, die für die Radioaktivität verantwortlich ist, noch immer unverbunden nebeneinander.

Ein bedeutsamer Durchbruch in dem *Vereinheitlichungsstreben* gelang vor einigen Jahren durch die sog. 'Eich-Theorien' Steven Weinbergs und Abdus Salams, denen es gelang, die elektromagnetischen und die schwach wirkenden Kräfte *unter einem Dach* zusammenzufassen. Das Proton als Träger der elektromagnetischen Kraft und das W-Boson als Träger der schwachen Kraft erscheinen hier nicht mehr als verschiedene Teilchen, sondern nur noch als unterschiedliche Manifestationen *ein und desselben zugrundeliegenden Kraftfeldes*.

Wenn diese Versuche in Zukunft zu einem erfolgreichen Abschluß gebracht werden können, dann hätte dieser Schritt sicher eine weit über die Elementarteilchenphysik hinausgehende Bedeutung. Möglicherweise wäre dies dann der erste Schritt auf dem Wege zu einer einheitlichen Theorie, die *alle* Wechselwirkungen umfassen könnte. Dies setzt selbstverständlich voraus, daß auch die vertrauteste und uns sicher am längsten bekannte Kraft, die Gravitation, ihre Aufklärung findet; die Gravitation konnte trotz größter Anstrengungen bislang nicht mit der nötigen Sicherheit nachgewiesen werden. Was aber noch wesentlich entscheidender ist: die moderne Gravitationstheorie zeigt bisher kaum einen Zusammenhang mit der sich bis heute abzeichnenden einheitlichen Theorie der anderen Kräfte. Um die Schwerkraft mit den Theorien über die Wechselwirkungen im Makrokosmos in Einklang zu bringen, bedarf es daher sicher erst einmal einer wissenschaftlichen Revolution, wie sie in unserem Jahrhundert durch Einstein und vor mehr als 250 Jahren durch Newton stattgefunden hat.

## *2.*

Nachdem ich in Riesenschritten die Themenkreise dieses Kapitels durchlaufen habe, um einen ersten Einblick in die diesem Kapitel zugrundeliegenden Probleme zu vermitteln, will ich jetzt etwas präziser auf die Probleme eingehen und versuchen, die jeweiligen philosophischen Fragen, wie schon im vorangegangenen Kapitel, gleich mit anzusprechen.

In einem Atom umfliegen, wie Rutherford gezeigt hat, die von Tomson entdeckten Elektronen den Atomkern. Sie haben alle dieselbe Ladung: etwa 10 billionenmal kleiner als die eines Rundfunkkondensators. So gehen auf ein Gramm 30 Billionen Elektronen. Der leichteste Atomkern ist der des Wasserstoffs, das Proton. Es ist 1840 mal schwerer als das Elektron und hat eine gleichgroße, aber entgegengesetzte (positive) Ladung.

Die schweren Kerne, darauf habe ich schon hingewiesen, sind nicht unveränderlich. Sie können, wie man seit Bequerel und Curie weiß, radioaktiv sein und u.a. Elektronen aussenden; oder sie können, wie Rutherford fand, umgewandelt werden und Protonen abgeben. Unbestreitbar besaßen beide Teilchen außer Masse und Ladung weitere unerklärliche Eigenschaften.

Bald schon zeigte sich, daß es weit mehr Elementarteilchen gab. Zum Elektron kam das Positron, sein positiv geladenes Äquivalent; zum Proton kam das Neutron mit der Ladung Null.

Schließlich zeigte sich bei der Umwandlung der Kerne, daß die Kräfte zwischen Protonen und Neutronen ganz andere Eigenschaften besaßen als die bisher bekannten. Yukawa folgerte daraus, daß es ganz sicher weitere Elementarteilchen geben mußte; einige von ihnen habe ich vorhin aufgezählt.

Der große Erfolg der Allgemeinen Relativitätstheorie Einsteins, in der die enge Verknüpfung der Gravitation mit der Raum-Zeit-Struktur aufgezeigt werden konnte, weckte die Hoffnung, daß man *durch eine Geometrisierung aller Kräfte zu einer einheitlichen Naturbeschreibung* – und dies ist in der Zielinvarianz der Elementarteilchenforschung, wie ich eingangs andeutete, ja bereits mit enthalten – gelangen könnte. Dies gelang nicht. Die elektromagnetischen Kräfte widersetzten sich standhaft einer solchen Interpretation. Erst die Erforschung des Atomkerns brachte schließlich die Entdeckung von Kräften mit sich, die sich nicht mehr auf die klassischen Kräfte, Gravitation und elektromagnetische Kraft, zurückführen ließen.

Während man sich zuerst noch darum bemühte, diese unter ein Dach zu bringen, entwickelte sich die Physik aus ihrem klassischen Rahmen heraus und stieß jetzt auf völlig neuartige Gesetzmäßigkeiten, die vor allem begrifflich, aber auch inhaltlich gesehen, nicht mehr zu dem klassischen Vorstellungsschema der Physik paßten. Dabei bestätigte sich in der Folge die alte Erfahrung, daß häufig nicht so sehr neue Fakten den Ausschlag geben, eine neue Lehre bzw. den Fortschritt in der jeweiligen Forschung zu begründen und zu akzeptieren, sondern die größere Möglichkeit einheitlicher Erklärungen und die besseren Begründungsmöglichkeiten. So war es u.a. auch nicht die Zurkenntnisnahme neuer Fakten, sondern die gänzlich neue, andersartige Einstellung und Frageweise den längst bekannten Fakten gegenüber, die die erneute 'kopernikanische Wende' hervorgebracht hat.

Die Frage nach den allgemeinen Gesetzen der Natur wurde jetzt auf die Frage nach den Gesetzmäßigkeiten der Elementarteilchen zurückgeworfen und von dieser Dimension her dem klassischen Gebäude der Physik zur Aufnahme angetragen.

Im Verfolg dieser Bemühungen wurde die Rede von Unterstrukturen der Elementarteilchen aber bereits sinnlos und für die Beschreibung dieser diskreten Räume in einem so extremen Maße unbrauchbar, daß sich mit dem Entstehen einer 'neuen Physik' quasi wider Willen notwendig jetzt das Sprachproblem, d.h. die Grenzen und Möglichkeiten, schließlich das Überschreiten der bislang gewohnten Sprache in eine Sprache, die geeignet ist, gänzlich neue Erfahrungen zu erschließen, einstellte.

Übrig blieb erst einmal ein *Materiefeld, das aufgrund einer Wechselwirkung mit sich selbst die Eigenschaft hat, auf mannigfache Weise in Form von Elementarteilchen in Erscheinung zu treten: ohne selbst Teilcheneigenschaften zu besitzen.* In der gesetzmäßigen Veränderung *dieses Materiefeldes mit der Zeit* liegt schließlich die Dynamik und Bedeutung der Elementarteilchenphysik auch in der Zukunft begründet.

*3.*

In bezug auf das, was ich bisher ausgeführt habe, bleibt festzuhalten: Das Teilchen ist im Sinne der Elementarteilchenphysik jetzt nicht mehr ein 'Teilchen', wie man es durch unsere makroskopische Betrachtungsweise begrifflich zu fassen versucht, sondern ein 'Etwas', das nur noch gewisse Beziehungen zu dem makroskopischen Teilchenbegriff hat, ja darüber hinaus sogar noch Eigenschaften besitzt, die diesem Teilchenbegriff in seiner eigentlichen Bedeutung geradezu widersprechen. Formuliert man: Elementarteilchen besitzen Zellennatur, so ist diese Aussage nur ein symbolischer Hinweis auf Eigenschaften der Elementarteilchen, die mit dem Teilchenbegriff unserer Vorstellungswelt nicht assoziierbar sind.

So ist eine Charaktereigenschaft des Teilchens in unserer gewöhnlichen Vorstellung seine Lokalisierung, seine räumliche Begrenztheit. Ein Charakterzug der Welle ist aber gerade ihre räumliche Ausdehnung, die unbegrenzt sein kann.

Der Teilchenbegriff der hier zur Diskussion stehenden Quantentheorie erlaubt nun auf eine für unser gewöhnliches Vorstellungsvermögen nicht »anschaulich« nachvollziehbare Weise eine Synthese dieser beiden, scheinbar sich widersprechenden Qualitäten zu vollziehen.

Die Elementarteilchen sind unanschauliche 'Wesenheiten', die zur gedanklichen Stütze durch verschiedene Bilder umschrieben werden, die, jedes für sich genommen, eigentlich falsch oder zumindest irreführend sind und nur in ihrer Gesamtheit einer angemessenen, d.h. für uns verständlichen Beschreibung nahekommen.

Der 'Abstieg' von unserer makroskopischen Vorstellungswelt zum Mikrokosmos bedeutet also nicht nur ein Kleinerwerden der Objekte und eine Veränderung ihrer Erscheinungsformen. Der 'Abstieg' geht zugleich einher mit einer *Verarmung der Eigenschaften dieser Objekte* und *einer Loslösung dieser Objekte von unserer unmittelbaren Erfahrungswelt, indem sich diese Eigenschaften mehr und mehr einer Beschreibung mit den Begriffen unserer gewohnten Sprache und Vorstellungswelt entziehen.* Nicht anders erging es uns im Grunde im ersten Kapitel, in dem wir der Frage nach der Vergangenheit und Zukunft des Weltalls nachgingen. Von den uns geläufigen Eigenschaften eines makroskopisch anschaulichen Teilchens bleibt für die Elementarteilchen schließlich nur noch das Gewicht, präziser formuliert: die Masse übrig, die experimentell faßbar ist.

Die experimentelle Entwicklung gerade in den letzten zwanzig Jahren hat gezeigt, daß es nicht nur eine große Anzahl 'Objekte' dieser Art gibt, sondern daß sich die Elementarteilchen auf verschiedene Art und Weise auch noch ineinander verwandeln können. Dies zeigt, daß sie keineswegs die ihnen ursprünglich zugesprochene unzerstörbare Individualität besitzen und daß sie demzufolge auch nicht mehr als elementar im ursprünglichen Wortsinne verstanden werden dürfen.

Damit gewinnt die Einsteinsche Theorie, daß Masse eine konzentrierte Form der Energie darstellt, an Aktualität. Das besagt: Aufgrund der Einsteinschen Äquivalenzbeziehung von Energie und Masse besitzen Elementarteilchen jetzt die Fähigkeit, aus Energie *erzeugt*, zu Energie *vernichtet* und aufgrund dieser Fähigkeit dann auch wieder ineinander *verwandelt* zu werden, vorausgesetzt: daß noch gewisse zusätzliche Bedingungen erfüllt werden. So sind z.B. die meisten uns bekannten Elementarteilchen nicht stabil, sie verfallen nach kurzer Dauer in wenige stabile, zu denen die klassischen Elementarteilchen Elektron, Proton und Lichtquant gehören.

Am auffälligsten wird diese Umwandlung von Masse in Energie aber erst in den Annihilationsprozessen von Teilchen und Antiteilchen. Letztere sind dadurch charakterisiert, daß sie die identisch gleiche Masse, aber im übrigen die entgegengesetzten Eigenschaften wie das zugeordnete Teilchen besitzen. Beim Zusammenstoß vernichten sich Teilchen und Antiteilchen gegenseitig. Ihre gesamte Masse setzt sich in Energie oder andere Teilchen um.

So ist z.B. das Antiteilchen des elektrisch negativ geladenen Elektrons das gleichschwere elektrisch positiv geladene Positron. Elektron und Positron zerstrahlen beim Zusammenstoß in zwei Lichtquanten. Umgekehrt ist aus Licht bei genügend hoher Energie wieder ein Elektron-Positron-Paar erzeugbar.

Aufgrund dieser Verwandelbarkeit von Masse und Energie löst sich der Begriff des Elementarteilchens als der kleinsten, unzerstörbaren Einheit der Materie abermals auf, und zwar auf recht eigenartige Weise: ein Elementarteilchen kann bei Anwendung hoher Energien *aufgebrochen* werden, die Spaltprodukte sind jedoch nicht noch kleinere Einheiten, sondern – und das ist das Merkwürdige – wiederum Elementarteilchen der gleichen oder einer anderen Art; die dazu nötige zusätzliche Masse stammt aus der bei der Spaltung zugeführten Energie.

*Philosophisch* gesehen hat eine Analyse – wie die hier vorgenommene – stets »zu den letzten Möglichkeitsbedingungen für etwas Vorgegebenes«, in unserem Falle also zu den letztmöglichen Strukturen der Materie, vorzudringen[31], wobei man sich in der mathematischen Naturwissenschaft bei der Analyse dessen, was man *zuvor* 'als' Natur, also 'als' den eigentlichen 'Gegenstandsbereich' der Forschung festgelegt hat, in kategorialen Bezügen bewegt, die von Seiten der Ansprüche einer *exakt mathematischen Forschung* noch indifferent sind und für die eigentliche *wissenschaftliche* Arbeit erst ausdefiniert werden müssen.

Folgt man diesen Fragen – und wir werden dies noch ausgiebig tun – dann stellt sich schon jetzt die erregende Frage: *inwiefern sich gerade die Neue Physik heute noch in den überlieferten Bahnen, d.h. in den uns überlieferten ontologischen Kategorien, in denen wir alle zu sprechen gewohnt sind, bewegt oder ob sie nicht längst schon diese Bahnen verlassen hat, die dann auch eine völlig neue Sprache zu sprechen von uns erfordern müßte.*

Schließt man sich der Deutung an, daß die Elementarteilchen elementar sind, so eröffnet sich die Möglichkeit, daß ihre Erforschung heute bereits einen gewissen Abschluß erfahren hat, daß die Frage nach den Unterstrukturen dann auch Sinn verloren hätte. Man kann bei den 'Elementar'-Teilchen wohl noch von ihren 'Teilchen' sprechen, aber die Trennung der Teile bewirkt einen Energieaufwand und damit wieder eine Änderung, wobei diese Veränderung wiederum eine beliebige Zerkleinerung der Materie verhindert. Anders formuliert: Wenn jede Teilung zu einer Erzeugung vieler Teilchen derselben Art führt, so verliert notwendig schon die Bezeichnung 'Teil' ihren eigentlichen Sinn. Die Elementarteilchen haben keinen ewigen und unvergänglichen Charakter. Die Eigenschaften der 'Atome' der Griechen werden daher nicht mehr den 'Teilchen', sondern heute nur noch gewissen Qualitäten der Elementarteilchen zuerkannt, die eng mit dem Begriff Form und Symmetrie zusammenhängen. Daß wir heute überhaupt noch atomistisch denken, hat sicher seinen Grund in eben jener gerade erwähnten Tatsache, daß unsere Sprache und unser Denken noch weitgehend durch Begriffe des 19. Jahrhunderts bestimmt sind, in denen Demokrits Atomistik eine bedeutende Rolle spielte.

Die Vorstellung, daß man mit Teilchen von Materie letztlich, wie ich sagte, auf 'unteilbare' und damit auf 'unveränderbare' Einheiten stößt, also auf Atome, bildete einst den Ausgangspunkt für die Entwicklung der statistischen Thermodynamik und der Chemie. Später hat sich zwar gezeigt, daß die Atome nicht unteilbar sind; den Grundgedanken aber hat man beibehalten, indem man jetzt Elektron und Proton als die Urbausteine der Materie begriff, die letztlich 'unveränderlich', d.h. 'elementar' im eigentlichen Wortsinne sein sollten; alle anderen Erscheinungsformen der Materie sollten aus den unterschiedlichen Kombinationen dieser Grundbausteine hervorgehen.

Durch die Aussage: Das Proton besteht aus drei Quarks, führt die Quark-Hypothese im Grunde genommen diesen Gedanken weiter fort. Die Leistung Heisenbergs, die für mich hier im Vordergrund meiner Betrachtung steht, muß aber heute gerade darin erblickt werden, gezeigt zu haben: daß es die experimentellen Erkenntnisse der letzten fünfzig Jahre nicht mehr zulassen, noch weiter von »teilen« oder »bestehen aus« zu sprechen; diese Begriffe haben weitgehend ihren Sinn verloren. Ich will das im folgenden weiter präzisieren.

Mit der Entdeckung, daß es Antimaterie gibt, daß also Elektron und Positron paarweise erzeugt werden, aber auch zerstrahlen können, ist jene ursprünglich mit dem Begriff 'elementar' verknüpfte Vorstellung von Unveränderlichkeit noch einmal gänzlich in Frage gestellt worden. Das gilt auch für die von Fermi entdeckte künstliche Radioaktivität von Atomkernen. Vor allem aber die Beobachtungen bei energiereichen Stoßprozessen, seien sie durch kosmische Strahlung oder durch hochbeschleunigte Partikel ausgelöst, *erforderten eine Revision der traditionellen Begriffe*. Es zeigt sich: daß bei solchen, zu einem Teilchenschauer führenden Stoßprozessen die ursprünglichen Partikel eben *nicht* geteilt und *nicht* zertrümmert werden! Ihre Energie wird vielmehr in Materie, d.h. in Teilchen umgewandelt, die ebenso 'elementar' sind wie die 'ur-sprünglichen' Partikel.

Die Vielzahl möglicher Teilchen, die auf diese Weise erzeugt werden können, und die sich z.T. beim Zerfall ineinander umwandeln, legen es nach Heisenberg nahe, daß die Elementarteilchen etwas Ähnliches sind, wie die Anregungsstufen eines Atoms. So wie es z.B. beim Eisenatom ein ganzes Spektrum stationärer Zustände von genau definierter Energie gibt, so stellen nach Heisenbergs Vermutung die verschiedenen Teilchen ganz generell gesehen das »Spektrum der Materie« dar. Unter diesem Aspekt sind instabile Teilchen dann ebenso 'elementar' wie die 'stabilen' (Elektron, Proton, Photon). Um das Teilchenspektrum wirklich verstehen zu können, muß die Theorie selbstverständlich ein Gesetz, eine Spielregel formulieren, und sie muß außerdem Aussagen über die Randbedingungen treffen.

Aus der Tatsache, daß nur bestimmte Umwandlungen der Teilchen möglich sind, wobei manche (durch Quantenzahlen charakterisierte) Eigenschaften erhalten bleiben, lassen sich nach Heisenberg schon heute wichtige Rückschlüsse darauf ziehen, wie ein solches dynamisches Gesetz in Zukunft auszusehen hat: Die Erhaltung bestimmter Größen, so lautet u. a. die Antwort Heisenbergs, ist der Ausdruck der *in der mathematischen Struktur der Naturgesetze begründeten Symmetrien*, wobei die Frage noch offen ist: welche Symmetrien es sind, die als fundamentale Symmetrien in den Bewegungssätzen der Elementarteilchen tatsächlich vorkommen. Darauf ist in den weiteren Abschnitten dieses Kapitels zurückzukommen. Interessant an dieser Stelle scheint mir nur zu sein, daß der hier von Heisenberg verwendete Begriff der Symmetrie die Brücke zur klassischen, und zwar zur Philosophie Platons schlägt.

Nach Platon führt bekanntlich die Teilung von Materie auf symmetrische Strukturen, wie den Kubus für das Element Erde, den Tetraeder für das Element Feuer oder den Oktaeder für das Element Luft. Diese regelmäßigen Körper sind nicht mehr selbst Materie, sondern stellen jene zeitlosen »Urbilder« dar, die Ideen, die das Verhalten und die Erscheinungsweisen der Materie in der Natur prägen. In diesem Sinne sind nach Heisenberg die Elementarteilchen Ausdruck der im Naturgesetz verankerten mathematischen Symmetrien – und nichts weiter. Diese bestimmen, wie sich

Energie in Form von Materie, d.h. von Elementarteilchen, manifestieren kann. Man kann daher mit Heisenberg auch sagen: Nicht die Elementarteilchen sind unwandelbar, sondern allein ihr Symmetriecharakter, ihre 'Gestalt'.

*4.*

Wir haben bisher den Weg von den Molekülen zu den Atomen mit den um den Atomkern kreisenden Elektronen, vom Atomkern aus zu den Elementarteilchen hin verfolgt, wobei es im letzten Abschnitt darum ging, die Struktur der Elementarteilchen und vor allem die Bedingtheit der Rede von Teilen und Teilchen kennenzulernen. Ich hatte u.a. gesagt, daß gerade die Erforschung der Struktur der Elementarteilchen das bislang anschauliche Bild der Elektronen, die sich auf Bahnen um den Atomkern herum bewegen, ad absurdum geführt hat. Und in der Tat: das klassische physikalische Vorstellungsbild ist relativiert worden, d.h. dieses Bild hat deutlich seinen Grenzen gezeigt – was nicht heißt, daß nicht auch heute noch die klassische Physik fest im Sattel sitzt. Die genannten Grenzen wurden von »klassischen« Ausgangspositionen und mit den »klassischen« Methoden Galileis und Newtons formuliert. An ihren Methoden, zentral die des Experiments und der Mathematisierung der experimentellen Messungen, hat sich bis heute in keiner Weise etwas verändert. Insoweit fand auch in der Neuen Physik keine eigentliche Revolution, wie heute häufig behauptet wird, statt. Was demgegenüber stattgefunden hat, ist ein durchaus konsequentes Fortschreiten der physikalischen Erkenntnisse in jenen einst von den Klassikern gelegten Bahnen, die in ihrer Grundstruktur heute jedoch genauer durchschaut werden bzw. transparent gemacht werden können, als dies den Klassikern zu ihrer Zeit möglich war.

Um zu einer weiteren Verdeutlichung des Gesagten zu kommen, will ich noch einmal von einer anderen Perspektive aus ansetzen: Rutherford stellte bekanntlich bei seinen Experimenten mit Alpha-Teilchen fest, daß sie die beschossene Materie mühelos durchdrangen, bis auf je den 20tausendstel Schuß, der »abprallte«. Die ablenkende Kraft, so vermutete Rutherford, saß aller Wahrscheinlichkeit nach in den »Kernen« der Atome, aus denen die Elemente bestanden. Um die Kerne herum »kreisten« die Elektronen, die die Hülle des Atoms bildeten, wobei die Abstände zwischen den Kreisbahnen so groß waren, daß die meisten Alpha-Schüsse ins Leere gingen.

Die Materie war vermutlich wie ein Planetensystem aufgebaut: die Sonne im Zentrum entsprach dem Atomkern, der wie sie fast die ganze Masse des Systems ausmachte. Zwischen den »Planetenbahnen« der Elektronen war Platz. Rutherford hielt den Kern für positiv, die Hülle für negativ geladen, so daß das Atom als elektrisch neutral angesehen werden konnte. Die Elektronen strahlten und bewegten sich ständig um den Kern herum. Sie verloren dabei abgestrahlte Energie, wurden immer schwächer und hätten schließlich in den Kern hineinstürzen müssen.

Niels Bohr erklärte die bis dahin ungeklärte Stabilität dieses Rutherfordschen Modells nun durch Heranziehung der Planckschen Quantenvorstellung. Zu ihr hatte sich Planck genötigt gesehen, als er eine Formel für die Hohlraumstrahlung ableiten wollte. Die Meßergebnisse traten bei dieser Strahlung nur dann in einen vernünftigen Zusammenhang, wenn man von der Annahme auszugehen bereit war: daß die Energie nicht legato, sondern staccato abgestrahlt wird – wenn sie also nicht fließt, sondern sich in Quantensprüngen fortbewegt –, wobei das Quantum *h* von Planck schließlich genau definiert wurde.

Bohr gab der Quantenvorstellung bei seinen Überlegungen die denkbar breiteste Grundlage, indem er sie auf die Linienspektren der Elemente anwandte: ein Atom strahlt nur dann Energie ab, wenn ein Elektron in der Atomhülle aus unerfindlichen Gründen von seiner »Bahn« auf die nächstinnere »Bahn« überspringt; sonst strahlt das Atom nicht, verliert also auch nicht ständig an Energie, ist also auch nicht instabil (was nachweisbar war).

Entscheidend nun war: Rutherfords Modell konnte aufrechterhalten werden, wenn man von der Annahme ausging, daß die Strahlung auch hier – wie in den von Planck untersuchten (schwarzen) Hohlräumen – nicht kontinuierlich fließt, sondern (wenn überhaupt) in gestuften Beträgen abgegeben wird. Das Stufenmaß mußte Plancks Wirkungsquantum *h* sein, und die Bahnen der kreisenden Elektronen mußten als ganzzahliges Vielfaches dieser Planckschen Konstante aufgefaßt werden. Obgleich auch dieser Lösungsvorschlag in sich nicht widerspruchsfrei war (die klassische Bahnvorstellung widerspricht der Quantenforderung unstetiger 'Sprünge'), war die von Bohr vorgenommene Verknüpfung der Spektralforschung mit der Quantentheorie ein nicht mehr zu übersehender Fortschritt.

Den entscheidenden Schritt über dieses Bohrsche Modell von 1913 hinaus vollzog schließlich Heisenberg, indem er vorschlug, alle Bilder, die der Physik oberhalb des Atoms entstammen, aus der Theorie zu entfernen und von jetzt ab nur noch solche Begriffe zu verwenden, mit denen die gemachten Beobachtungen auch tatsächlich begriffen werden können. Kontinuierliche 'Bahnen' von Elektronen im Innern des Atoms kann niemand beobachten; zu beobachten sind stattdessen lediglich Spektrallinien mit meßbarer Frequenz und Intensität. Es war daher jetzt wesentlich sinnvoller, Gleichungen nur noch für Frequenzen und Amplituden aufzuschreiben, nicht aber mehr für illusionäre Orte und Geschwindigkeiten.

Mit der Aufgabe der 'Bahnen'-Vorstellung durch Heisenberg verschwand aber nun endgültig auch jene Anschaulichkeit aus der Theorie des Atomaufbaus, auf die ich schon hingewiesen habe. Es gibt von jetzt ab kein 'Bild' mehr; auch der zu Anfang zitierte Vergleich mit dem Planetensystem kann nicht mehr aufrechterhalten werden; die Hüllenstruktur hat sich, konsequent zu Ende gedacht, jetzt in reine Mathematik aufgelöst. Das aber heißt: Die notwendig gewordene Anpassung der Vorstellung vom Atom an die konkreten Meßergebnisse konnte nur unter Aufgabe der Anschaulichkeit gelingen. Die Quantenmechanik beschreibt jetzt nicht mehr den Ort des Elektrons im elektrischen Radialfeld des Atomkerns, sondern beschränkt sich von jetzt ab auf die abstrakte, d.h. mathematische Formulierung der Aufenthaltswahrscheinlichkeit, mithin: auf jene Wahrscheinlichkeit, in der das Elektron an einem vorgegebenen Ort bei einer Messung anzutreffen ist.

Heisenberg war es, der erkannte, daß dieser ungenauen Ortsangabe keine Unzulänglichkeit des Meßverfahrens zugrunde liegt, sondern daß es prinzipiell nicht möglich ist, Koordinaten (Ort) und Bewegungsgröße (Impuls) eines Partikels gleichzeitig beliebig exakt anzugeben. Das wiederum aber heißt, daß es unmöglich geworden ist, Elementarteilchen absolut exakt zu beschreiben: da sich Ort und Impuls eines Teilchens nun einmal nicht zu ein- und derselben Zeit mit beliebiger Genauigkeit bestimmen lassen.

Um hier aber gleich einem Mißverständnis vorzubeugen: Mit der gerade zitierten Theorie der Unschärfe wurde von Heisenberg nicht die Kausalität im atomaren Bereich widerlegt, sondern allein ihre Spezifizierung als Determinismus durch Laplace.

Nach Laplace sollte ein Weltgeist, im Besitz vollständiger Kenntnis aller Orte und Geschwindigkeiten aller Körper der Welt, deren Vergangenheit und Zukunft eindeutig bestimmen können. Das gilt nach Heisenberg jetzt nur noch für Makrosysteme, nicht im Mikrosystem der Elementarteilchen; hier ist jede Beobachtung schon von vornherein mit einer Störung verbunden. Ein Elektron läßt sich (idealisiert) nur beobachten, wenn es mit einem Photon *beschossen* wird. Das heißt, *daß es* in einer nicht exakt voraussagbaren Weise aus seiner Bahn *geschleudert wird*. Das wiederum bedeutet, daß wir gerade durch den Willen zur Ortsbestimmung eine gleichzeitig exakte Bestimmung der Geschwindigkeit von vornherein verunmöglichen. Die gleiche 'Unschärfe' gilt für alle analogen Größenpaare, so auch für Zeit und Energie. Um es gleich noch einmal anders zu formulieren: Die Matritzen lassen sich entgegen gewöhnlichen Zahlen nicht nach der Regel AB =BA multiplizieren; die Differenz aus AB und BA ergibt vielmehr gerade einen Wert proportional zum Planckschen Wirkungsquantum *h*, sofern A und B nicht gleichzeitig exakt meßbare Größen darstellen.

Damit wird noch einmal verständlich, daß wir es hier grundsätzlich mit Wahrscheinlichkeiten zu tun haben: durch ein genaues Wissen einer der komplementären Größen geht unser Wissen über die andere verloren. Hier korrespondiert die neue Multiplikationsregel der nicht-kommunikativen Matritzenalgebra mit der von der Natur vorgeschriebenen apriorischen Möglichkeitsbedingung *jeder Messung*: *indem wir beobachten, greifen wir in den Zustand des Objekts ein*. Aus Zuschauern werden wir, um mit Bohr/Heisenberg zu sprechen: *»zu Mitspielern im Drama der Natur«*. Hingegen gilt die Kausalität im Sinne der Einsteinschen Relativitätstheorie nach wie vor: Zwei Ergebnisse können kausal nur 'verknüpft' werden, wenn die Wirkung des zeitlich vorhergehenden maximal mit Lichtgeschwindigkeit zum nachfolgenden eilt; gleichzeitige, räumlich entfernte Ereignisse sind kausal nicht verknüpfbar. Dieses Gesetz gilt selbstverständlich nach wie vor auch für die Physik der Elementarteilchen, nur daß in den extrem kleinen Raum-Zeit-Bereichen unüberbrückbare Schwierigkeiten auftreten.

Heisenberg glaubte zuerst, diese Schwierigkeiten durch Einführung einer kleinsten Länge überwinden zu können. Dann stellte sich aber verschärft das Problem der Objektivierbarkeit in Raum und Zeit; innerhalb der Schwelle der kleinsten Länge hätte es jedenfalls keinen Sinn mehr gehabt, von Raum und Zeit im herkömmlichen Sinne zu sprechen: die Kausalität wäre dann möglicherweise in zeitlicher Umkehrung abgelaufen.

Ich will jetzt nur noch ergänzen: Man stelle sich vor, daß man die Wechselwirkung des Atoms mit dem Strahlungsfeld so berechnen könnte, als ob das Atom aus harmonischen Oszillatoren bestünde, die mit den Absorptionsfrequenzen des Atoms schwingen. Jeder dieser »virtuellen Oszillatoren«, wie sie Bohr nannte, sollte mit einer bestimmten Amplitude, Phase und Frequenz schwingen, und aus diesen Amplituden und Frequenzen sollte man die Intensitäten der emittierten, absorbierten und gestreuten Strahlung berechnen können.

Heisenberg führte diese Überlegung zu dem Schluß: daß zu jedem möglichen Übergang *n* in einen Zustand *m* ein 'virtueller Oszillator' gehört, dessen Amplitude und Phase man jeweils zu einer komplexen Zahl a (n, m) zusammenfassen kann. Diese Übergangsgrößen a (n, m) wurden später nach Born »Matrixelemente« genannt. Die Frage, die sich Heisenberg vorlegte, lief auf das Problem hinaus: nach welchem Gesetz sich die a (n, m) im Laufe der Zeit ändern, und durch welche Quantenbedingungen ihre Anfangswerte eingeschränkt sind?

Als Leitfaden zum Auffinden dieser Gesetze wählte er das 'Korrespondenzprinzip', das Bohr 1913 aufgestellt und 1917 genauer formuliert hatte. Es besagt: daß alle beobachtbaren Größen, nach der Quantentheorie berechnet, im Grenzfall hoher Quantenzahlen mit den klassisch berechneten Größen zusammenfallen sollen.

In Juni 1915 gelang es Heisenberg, das Bewegungsgesetz für die Größen a (n, m) zu erraten. Hier war wesentlich, daß er, wie schon angedeutet, die Vorstellung einer Bahnbewegung der Elektronen fallen ließ. Er betrachtete das Atom jetzt nur noch als ein System von Oszillatoren, von denen jeder durch eine komplexe Zahl a (n, m) gekennzeichnet ist. Die Bewegungsgleichungen für die a (n, m) erhielt er durch eine 'Umdeutung' der Bewegungsgleichung der klassischen Mechanik. Schließlich gelang es kurze Zeit später, durch eine ähnliche Umdeutung der klassischen Quantenbedingung eine neuen Quantenbedingung zu finden, aus der die a (n, m) berechnet werden konnte. Der Prüfstein für die Richtigkeit dieser Theorie war für Heisenberg die Berechnung der Energie, deren zeitliche Konstanz sich bestätigte.

### 5.

Ich darf jetzt noch einmal einen Schritt zurückgehen. Zu Beginn der Atomphysik kannte man im Grunde genommen nur die Elemente, die sich in das Periodische System sinnvoll einordnen ließen. Bald darauf entdeckte man die Atome als die kleinsten Bausteine dieser Elemente, um in unserer Zeit zu der Erkenntnis geführt zu werden, daß auch Atome nicht teilbar sind, sondern aus verschiedenen Bausteinen: den Elektronen, Protonen und Neutronen, aufgebaut sind. Dieses Wissen reichte zum vollständigen Verständnis der chemischen und physikalischen Eigenschaften der Elemente aus. Aber, so wurde erkannt, auch Elektron, Proton und

Neutron sind nicht unveränderlich. Sie zerfallen ihrerseits wieder in andere Teilchen, die sich unter ganz bestimmten Voraussetzungen in wiederum andere Teilchen »verwandeln«. So wurden inzwischen über 200 Elementarteilchen registriert.

Bei allen diesen Umwandlungsprozessen spielen – wie man heute annimmt – ganz offensichtlich die Quarks, die bislang aber noch kein Physiker gesehen hat, eine entscheidende Rolle. Als diese hypothetischen Teilchen vor Jahren zum besseren Verständnis subatomarer Vorgänge in die Theorie eingeführt wurden, genügten drei Quarks, um diese intendierte Erklärung herbeiführen zu können. Nachdem in den letzten zwei bis drei Jahren die Hochenergiephysik in noch größere »Tiefen« der Materie *eindrang*, mußte jedoch notwendig ein weiteres Quark-Teilchen, das sog. Charm-Quark, eingeführt werden, um die neuen und die inzwischen bekannten Teilchen noch in ein sinnvolles Ordnungsschema einbringen zu können. Dieses neue Quark-Teilchen ist mit einer Fundamentalmaterieeigenschaft ausgestattet, für die es keine makroskopischen Entsprechungen gibt.

Dabei hat man sich unter Charm eine ladungsartige Qualität vorzustellen, aus deren Vorhandensein oder Nichtvorhandensein sich das Verhalten von Elementarteilchen bei Wechselwirkungen mit anderen Teilchen vorherbestimmen läßt.

Ladungsartige Qualitäten (Quantenzahlen) entscheiden darüber, ob und wie ein Teilchen auf die starken Wechselwirkungskräfte im Atomkern oder auf die schwachen Wechselwirkungen anspricht, die u.a. für den radioaktiven Zerfall der Materie verantwortlich sind. Jedes Elementarteilchen besitzt eine Kombination derartiger Quantenzahlen, die es von allen anderen Teilchenarten unterscheidet. Als ein solches neues Unterscheidungsmerkmal muß Charm angesehen werden.

Sollten ursprünglich durch die Einführung des Charm-Quarks gewisse Phänomene der schwachen Wechselwirkung zwischen den Teilchen eine Erklärung finden, so ist die andere Intention, mit dem Quark-Modell erst einmal eine gewisse Ordnung in den inzwischen unübersichtlichen Zoo von rd. 200 Elementarteilchen zu bringen, nicht aus den Augen zu verlieren.

Zunächst wurden sie in zwei große Gruppen eingeteilt: in sog. Leptonen und Hadronen. Die Leptonen, d.h. die »leichten Teilchen« erwiesen sich als übersichtlich: nur vier, darunter das Elektron, konnten als ausgemacht gelten. Im Gegensatz zu den Hadronen, d.h. den »starken Teilchen«, reagieren die Leptonen nicht auf die starke Wechselwirkung, die den Atomkern zusammenhält. Offensichtlich haben wir es bei ihnen jetzt endgültig mit »wahren« Elementarteilchen zu tun. Warum? *Die Leptonen gleichen dimensionslosen Punkten und besitzen offensichtlich keine innere Struktur. Die Hadronen*, wie etwa die Atomkernteilchen Proton und Neutron, *die* bei gewaltsamen Kollisionen in Beschleunigern in andere Hadronen zerfallen und *offensichtlich eine innere Struktur besitzen*, also keineswegs »elementar« sind, stellen schließlich die andere Gruppe dar.

Gell-Mann stellte sich nun vor, daß alle Hadronen aus drei Urteilchen, eben den Quarks, zusammengesetzt sind. Willkürlich benannte er diese Hadronen-Bausteine *u* (für »up« – »auf«), *d* (für »down« – »nieder«) und *s* (für »strange« – »seltsam«, benannt nach der seltsam langen Lebenszeit mancher Hadronen). Ein Proton besteht demnach jetzt aus zwei *u* und einem *d*, – ein Neutron aus einem *u* und zwei *d*.

Schon nach einem Jahr sollte aber ein viertes Teilchen mit eben jenem ebenfalls willkürlich gegebenen Namen Charm eine bestimmte rätselhafte Eigenschaft bestimmter Hadronen erklären. Schließlich war anzunehmen, daß jedes der vier Quark-Teilchen auch noch ein Anti-Quark-Teilchen mit genau umgekehrter elektrischer Ladung besitzt. Außer der Quark und Antiquark trennenden elektrischen Ladung konnten zudem noch vier weitere Fundamentaleigenschaften der Materie benannt werden: Spin (sozusagen den Drall), den Isospin (die elektrische Ladung), Baryon-Nummer, Strangeness (Seltsamkeit), und jener Charm. Mit diesem Ordnungsschema in der Hand – und das bleibt das entscheidende – konnte jetzt vor allem die Existenz neuer, zuvor noch unbekannter Hadronen vorhergesagt werden. Die schweren Teilchen wurden zu guter Letzt in zwei Unterfamilien aufgeteilt: je nachdem, ob ein Teilchen aus drei Quarks – wie das Proton (Baryonen) – oder aus einem Quark und einem Anti-Quark (Mesonen) besteht.

Doch schon bald zeigte sich wieder, daß dieses Ordnungsschema *nicht* ausreicht und daß nach diesem Schema die Quark-Zusammensetzung einiger Baryonen jetzt das Ausschließlichkeitsprinzip von Pauli verletzt. Nach diesem Prinzip können zwei identische Partikel mit der Eigenschaft 1/2 Spin, wie z.B. Elektronen oder Quarks, *nicht* denselben quantenmechanischen Zustand einnehmen bzw. nicht auf genau der gleichen Umlaufbahn einen Atomkern umkreisen. Es entspricht der quantenmechanischen Auslegung der alten logischen Regel: daß zwei Dinge nicht zur selben Zeit den selben Platz einnehmen können.

Zwei Auswege boten sich aber an. O. W. Greenberg kam auf den Gedanken, die Zulassungsregel zum Ausschließlichkeitsprinzip zu verändern. Andere zogen es vor, statt des Pauli-Prinzips das Quark-Modell zu ändern. So behalfen sich Yoichiro Nambu und M.-Y. Han (USA) damit, den vier Quarks theoretisch je drei zusätzliche Werte zuzuschreiben, um aus den nun zwölf Quarks alle bekannten Hadronen zusammen zu bekommen: *ohne den physikalischen Spielregeln widersprechen zu müssen*. Aber trotz der hier kurz skizzierten respektablen Leistung blieb und bleibt auch heute noch der hypothetische Charakter aller dieser Versuche, Ordnung in den Elementarteilchen-Zoo zu bekommen, bestehen: ein einzelnes Quark-Teilchen muß erst als lebensfähig nachgewiesen werden, bevor von einer sicheren Erkenntnis für diesen Bereich in Zukunft gesprochen werden kann.

Es bleibt zu vergegenwärtigen: Das heutige Bild der Physik wird durch die Quantentheorie, die Relativitätstheorie, die genannte Vielzahl von Elementarteilchen und die zwischen ihnen herrschenden Kräfte – starke-schwache Wechselwirkung, elektromagnetische und gravitative Wechselwirkungen – beschrieben, wobei es sicher zu den Erfolgen der jüngsten Zeit gehört, daß die elektromagnetische und die schwache Wechselwirkung jetzt auf einen *gemeinsamen Ursprung* zurückgeführt werden konnten. Hinter diesen Anstrengungen zur Vereinheitlichung steht die schon zitierte Idee des Eichfeldes, die 1918 von Hermann Weyl für einen vergeblichen Versuch der Vereinheitlichung von Gravitation und Elektrodynamik entwickelt wurde. Diese beruht auf der Annahme, daß sich bisher unterschiedlich beschriebene physikalische Gesetze dann als identisch erweisen könnten, wenn es gelänge, die für ihre Beschreibung notwendigen unterschiedlichen Maßstäbe aufzugeben. Unter Veränderung des physikalischen Inhalts ist diese Idee dann 1926 von Fritz London als Eichtransformation übernommen worden. Seither hat das Bemühen nicht nachgelassen, dieses mathematische Werkzeug im Sinne eines allgemeinen Eichfeldes zu einer möglichst alle Kraftarten umfassenden Theorie zu verwenden.

Zunächst konnte damit der Zusammenhang zwischen dem Satz von der Erhaltung der Existenz des Photons, das das Quant der elektromagnetischen Wechselkräfte darstellt, deutlich gemacht werden. Dann wurden diese Überlegungen auf andere Erhaltungsgrößen in der Teilchenphysik übertragen. In komplizierten Berechnungen und Symmetrieüberlegungen konnten, was ich bereits gezeigt habe, neue Teilchen vorhergesagt und im Experiment auch nachgewiesen werden. Die Berechnungen haben schließlich dazu geführt, alle Teilchen, die der starken Wechselwirkung unterliegen und die Atomkerne zusammenhalten, durch einen Satz von drei fundamentalen Teilchen und deren drei Antiteilchen, eben jenen umstrittenen Quarks – zu beschreiben.

Doch nicht nur die Nukleonen ließen sich so durch Kombinationen von jeweils einem Quark und einem Antiquark theoretisch darstellen. Es ergab sich schließlich – wie auch schon beschrieben – die Notwendigkeit, im Zusammenhang mit der Ausdeutung der schwachen Wechselwirkung ein viertes Quark und dessen Antiteilchen mit der neuen Eigenschaft/Quantenzahl Charm zu »erfinden«.

Die damit verbundenen Vorhersagen sind 1974 und 1975 durch die Entdeckung neuer Teilchen, der sog. Psi-Familie, bei Elektron-Positron-Stoßexperimenten in den USA (Fermi-Laboratorium) und im Europäischen Kernforschungszentrum CERN zu einem wichtigen Teil bestätigt worden. Da diese Teilchen aber alle aus einem Charm-Quark und dessen Antiquark 'bestehen' und deshalb nach außen hin die Charm-Ladung-Null, also »verborgenen Charm« haben, kam die Bestätigung der Charmtheorie erst Mitte 1976 auf der Suche nach Teilchen aus einem Charm-Quark und einem normalen Quark. Im Falle der Richtigkeit der Theorie müßten diese Teilchen dann allein durch die schwache Wechselwirkung zerfallen können, wobei überdies Pi- und K-Mesonen zusammen mit einem Elektron und einem Neutron das Zerfallsprodukt sein müßten. Diese Erwartung – der semileptonische Zerfall – hat sich inzwischen bestätigt: heute sind zwei neuartige Mesonen (D+, D-) und ihre Antiteilchen einschließlich eines oder zweier Mitglieder der Charm-Baryonenfamilie sicher nachgewiesen. Vorausgesagt werden noch einige weitere, über die aber heute noch keine näheren Aussagen gemacht werden können.

## *6.*

Noch scheint es aus alledem, was wir bisher ausgeführt haben, nicht sicher zu sein, daß es in Zukunft bei dieser *Vierersymmetrie* bleiben wird. Es gibt heute bereits Hinweise auf die Existenz eines weiteren Leptons und eines weiteren Quarks. Diese Teilchen werden nur sehr viel schwerer als die jetzt bekannten sein und vermutlich auch erst dann nachgewiesen werden können, wenn es Positron-Elektron-Speicherringe mit noch höherer Leistung gibt – etwa wenn der Speicherring »Petra« bei DESY in Hamburg angelaufen ist. Nachdem durch neuere Arbeiten endgültig bewiesen wurde, daß die fundamentalen Wechselwirkungen in der Tat durch Eichfelder vermittelt werden (weil sie »massiv gemacht« und renormiert werden können), scheint in der Tat auch eine Theorie für *alle* Wechselwirkungen, mithin eine »Super-Maxwell-Theorie« (Rollnik) in absehbarer Zeit durchaus denkbar zu sein. Die Entwicklung betrifft dementsprechend den Zusammenschluß auch der übrigen Wechselwirkungen, wobei, darauf wies ich schon hin, nach wie vor die Gravitation Schwierigkeiten bereitet.

Da auch Eichtheorien durch das Experiment noch widerlegt werden können, bleibt der physikalischen Forschung auch erst noch der Nachweis der Eichteilchen durch das Experiment zu führen, wobei es sich im Falle der starken Wechselwirkung näherhin um den Nachweis sog. »schwarzer Bosonen« handelt. Auch sie dürften große Massen haben und erst mit einer neuen Generation von Teilchenbeschleunigern endgültig nachgewiesen werden können.

Selbstverständlich kann fast täglich dieser Bericht über die Neuentdeckungen im Zoo der Elementarteilchen fortgesetzt werden. Ich glaube aber, daß durch die Unschärfetheorie Heisenbergs, die eine nicht unwesentliche philosophische Bedeutung besitzt, deutlich geworden ist, daß wir schon heute im Grunde genommen nicht mehr von Teilchen an sich sprechen können; wir können sinnvollerweise dafür immer nur von unserer mehr oder weniger beschränkten Kenntnis der Teilchen sprechen. Heisenberg: »So wie in der Relativitätstheorie der alte Begriff der Gleichzeitigkeit, in der Quantenmechanik der Begriff der Elektronenbahnen geopfert werden mußte, so muß in der Teilchenphysik der Begriff des Teilens oder des 'Bestehen aus' endgültig geopfert werden.«

Indem Heisenberg auf diese Vorstellungen verzichtete, gewann für ihn die Diskussion der Symmetrieeigenschaften der Materie, wie schon mehrfach hervorgehoben, eine immer stärkere Bedeutung. Die entscheidende, bisher aber weder von der Philosophie noch von der Wissenschaft geleistete kritische Auseinandersetzung mit der 'Jahrhundertphysik' Heisenbergs müßte aber an der Stelle ansetzen, wo Heisenberg seine Physik philosophisch bzw. wissenschaftstheoretisch *abzusichern* versuchte, und das ist nun einmal die Frage: *was es mit diesen Symmetrien in der Onto-Theo-Logie Platons eigentlich auf sich hat.*

Ich rufe noch einmal folgendes in Erinnerung: Wir hatten im ersten Kapitel u.a. die Fragen zu beantworten versucht, ob das Weltall seine Entstehung einer Urexplosion verdankt, ob es expandiert oder pulsiert oder ob es unendlich ausgedehnt in Zeit und Raum ist, wobei die Frage unausformuliert und auch unbeantwortet blieb: ob das Weltall ein gekrümmtes, vierdimensionales Raum-Zeit-Kontinuum, oder ob es nicht vielleicht eine euklidisch geometrische Räumlichkeit besitzt und ob die relativistische Beschreibung seiner Strukturen und Prozesse nur eine der möglichen Konsequenzen unserer Weise der Kenntnisnahme und Erforschung des Weltalls – nämlich durch Messung mit elektromagnetischen Wellen – darstellt.

Spätestens an dieser Stelle möchte ich nun die Verbindungsstelle zwischen beiden physikalischen 'Gebieten' aufzeigen. Es war nicht zuletzt Heisenberg, hier in unmittelbarer Nachfolge Einsteins, der in der von ihm ausformulierten Theorie der Elementarteilchen den Zugang zu den von Einstein aufgeworfenen Fragen und damit zur Kosmologie zu finden versuchte. Einstein hatte u.a. entscheidende Fortschritte, zu einer überzeugenden Metrik des Kosmos und der Gravitation zu gelangen, erzielt; Heisenberg versuchte das gleiche Ziel jetzt vom quantentheoretischen Ansatz aus anzugehen. Die Schwierigkeit, zu einer solchen einheitlichen Theorie zu gelangen, liegt darin, daß die Kräfte, die zwischen den Elementarteilchen wirken, nur mehr kurze Reichweiten haben, während elektromagnetische und Gravitationskräfte unbegrenzt weit reichen.

Heisenberg ging in seinen Untersuchungen dabei von der Überzeugung aus, daß der Zugang zur Kosmologie von der Physik der Elementarteilchen aus grundsätzlich möglich sein müsse, wenn es gelänge, die bis dahin vorliegende Elementarteilchentheorie *als eine Quantenfeldtheorie der Materie* zu formulieren. Grundlage dieses Vorhabens waren jetzt und in verstärktem Maße jene Explikationen über die Symmtrieeigenschaften der Elementarteilchen, auf die ich schon hingewiesen habe. Heisenberg: »Das Elementarteilchen ist, wie der stationäre Zustand eines Atoms, durch seine Symmetrieeigenschaft bestimmt. Die Stabilität der Formen, [...] die in der Quantenmechanik wenigstens grundsätzlich verstanden werden kann, ist auch verantwortlich für die Existenz und die Stabilität der Elementarteilchen. Diese Formen bilden sich immer wieder neu, wenn sie zerstört sind, so wie die Atome der Chemiker; und das liegt natürlich daran, daß die Symmetrie im Naturgesetz selbst verändert ist.« Heisenberg setzt hinzu: »Eigentlich bin ich fasziniert von dem Gedanken, daß die Symmetrie etwas Fundamentaleres ist als das Teilchen.«[32] Heisenbergs Überlegungen zufolge kontrollieren verschiedene Symmetrieprinzipien (von Raum und Zeit, Materie und Energie) das Materiegeschehen. Dabei hat sich die theoretische Voraussage der 'Antiteilchen' der Materie (des Protons als 'symmetrischem Gegenstück' zum Elektron) durch Paul Dirac in ihrer ganzen Tragweite erst jetzt bewährt, ja Dirac hat, wie es Heisenberg formulierte, durch seine Voraussage den Weg von der Philosophie Demokrits: »Am Anfang war das Atom«, zu der Platons: »Am Anfang war die Symmetrie«, geradezu erzwungen.

Was bei Einstein der Raum war, gerann bei Heisenberg, von dieser Perspektive aus gesehen, zur abstrakten Symmetrie. Platons großartiger Gedanke, daß alle Elemente im Grunde geometrische Körper hoher Symmetrie darstellen, führte ihn zur Suche nach ebendiesen Symmetrien: als Schlüssel zur Aufklärung der Struktur der Atome bzw. der Elementarteilchen. Und in der Tat: Sowohl die Matrizen als auch der Isospinraum und das, was man die Heisenbergsche 'Weltformel' genannt hat, sind Gebilde von höchster Symmetrie. In diesem Sinne bedeutete für Heisenberg 'Verstehen' – nach dem Satz Platons formuliert: *Gott ist ein Mathematiker – 'Verwendung der mathematischen Sprache'*, die auch für ihn jetzt ausreichte, um die in Frage stehenden Sachverhalte eindeutig bestimmen und festlegen zu können. Konsequent zu Ende gedacht, hat sich so die einstige Hüllenstruktur des Atoms durch Heisenberg schließlich in reine Mathematik aufgelöst.

Um zu dieser von ihm anvisierten 'Super-Maxwell-Theorie' zu gelangen, ging Heisenberg davon aus, daß das Weltall keineswegs die vollständige Symmetrie haben muß wie die Elementarteilchen. Nicht das Nichts ist der Grundzustand niedrigster Energie, sondern das Weltall selbst, so wie es ist bzw. wie wir uns dieses Weltall nach den bisher gewonnenen Erkenntnissen vorstellen. Nach dem Theorem von Goldstone kann gefolgert werden, daß, wenn der Kosmos nicht die volle Symmetrie hat, es deshalb auch Teilchen der Ruhemasse Null und Kräfte langer Reichweite geben muß. Es liegt daher nahe – folgerte Heisenberg – anzunehmen, daß die in der Natur beobachteten Kräfte oder Teilchen tatsächlich auf diesem Sachverhalt: der Entartung des symmetrischen Grundzustandes des Kosmos beruhen; im Bereich der Elementarteilchen-Gesetze sind die Kräfte langer Reichweite oder die Teilchen der Ruhemasse Null offenbar identisch mit den elektromagnetischen Kräften bzw. den Photonen, den Quanten elektromagnetischer Strahlung.

Um mich verständlicher zu machen, darf ich das, was ich gerade formuliert habe, noch einmal umformulieren und dabei ergänzen: Nach dem zitierten Goldstone-Theorem kann es in Symmetrie-Systemen durchaus Teilchen der Ruhemasse Null geben, die, recht verstanden, einer unendlichen großen Wellenlänge entsprechen würden. Das heißt, daß innerhalb dieser Elementarteilchengesetze Kräfte langer Reichweite existieren, wobei eine gewisse Unsymmetrie als Voraussetzung für diese Kräfte anzunehmen wäre.

Heisenberg gab zu, daß es heute noch verfrüht sei, von einer neuen Einheitstheorie für Elementarteilchenphysik, Gravitation und Kosmologie zu sprechen; wesentliche Teile seien heute noch *spekulativ* entwickelte Überlegungen, die noch nicht durchgearbeitet worden sind. So ließe sich auch in Zukunft erst sicher entscheiden, ob sich die Natur zuerst Teilchen der Ruhemasse Null und elektromagnetische Felder zulegte und daraus das Weltall aufbaute – *oder* ob es sich gerade umgekehrt verhält: ob, wie Heisenberg formulierte, »die Kosmologie in Zukunft schließlich ein Teil der Elementarteilchen-Theorie werden wird«.

Eines ist aber schon heute sicher: Die Heisenbergsche Materiegleichung muß, will sie wirklich diese Gleichung sein, wie schon mehrfach betont, *sämtliche* Eigenschaften der Teilchen beschreiben können, d.h. ihr Verhalten, ihre Lebensdauer, ihre Massen und die Kräfte, die sie aufeinander ausüben. Mit einer solchen einheitlichen Feldtheorie kann dann erst der Versuch unternommen werden, all jene von mir schon zitierten Kräfte, die das Weltall »im Innersten zusammenhalten«, mit einer einzigen, umgreifenden Formel zu erklären. Für die Schlußfolgerung, die wir bei Vergegenwärtigung des Charakters der Struktureigenschaften der Elementarteilchen nach der *philosophischen*, will sagen: meta-physischen Seite hin zu ziehen haben, ist wichtig, daß wir wieder, diesmal von einer anderen Perspektive aus, sehen lernen: *daß im Insistieren auf die »Grundelemente« der Natur, will sagen: des Materiegeschehens der Physiker einer bestimmten Fragestellung folgt und damit eine ganz bestimmte Richtung eingeschlagen hat, die nicht ohne Einfluß auf die heutige Grundverfassung bzw. auf den Grund Charakter der von dieser Fragestellung und Fragerichtung abhängigen Physik geblieben ist.* Die Frage, die hier noch offen bleiben mußte lautet: welche Kräfte es sind, die die Physik in ihrer Fragestellung und -ausrichtung in diese und keine andere Fragestellung und Fragerichtung drängten; diese Kräfte können wohl kaum physikalischer Natur sein.

## 3. Die Tragweite der naturwissenschaftlichen Fragestellung im Hinblick auf die sie leitende Naturvorstellung

### *1.*

Wir schlossen das letzte Kapitel mit zwei entscheidenden Aussagen ab:

Daß im Insistieren auf die »Grundelemente« der 'Natur', will sagen: das Energie bzw. Materiegeschehen, in unserer Untersuchung schon einer *bestimmten Fragestellung gefolgt* und damit auch *eine ganz bestimmte Richtung eingeschlagen wurde*, die nicht ohne Einfluß auf die heutige Grundverfassung bzw. auf den Grundcharakter der von dieser Fragestellung und Fragerichtung abhängigen Physik geblieben ist. Und daß die Frage zu beantworten noch offen bleiben müsse: *Welche Kräfte es eigentlich sind, die die Physik in ihrer Fragestellung und -ausrichtung in diese und keine andere Fragestellung und Fragerichtung gedrängt habe*, wobei diese Kräfte wohl kaum, und wenn, dann nur höchst bedingt, mathematisch-physikalischer Natur sein könnten. Auf diese Frage werden wir explizit aber erst im 2. Teil dieses Essays zu sprechen kommen.

Wir hatten schon darauf hingewiesen, daß gerade die *wissenschaftliche* Beantwortung der Frage etwa nach der Spontanentstehung des Weltalls uns zur Stunde immer noch nichts anderes als eine herausfordernde *Spekulation* liefert, die schließlich zwei Fragen unabweisbar macht: (a) Was existierte eigentlich *vor* der Expansion des Weltalls und was wird *nach* seiner Kontraktion geschehen? Und (b) Besitzt das Weltall wirklich eine *zeitlich beschränkte Dauer zwischen zwei leeren Ewigkeiten des Nichtsein*?

Daß wir uns mit diesen Fragen schon nicht mehr auf dem Boden der Astrophysik befinden, dürfte unmittelbar einsichtig sein, so daß wir jetzt festhalten können, daß wir bei derartigen Forschungen nicht nur von Spekulationen *meta*physikalischer Art ausgehen, sondern auch sehr schnell bei solchen *Spekulationen* enden. Denn auch darauf haben wir schon mehrfach hingewiesen: daß wir als Physiker im Hinblick auf die Entstehung des Weltalls und seine Zukunft von Anfang an *nicht* nach der *Natur 'an sich'*, sondern nach der Entstehung und Zukunft der uns vorstellbaren 'Materie' fragen und damit eine *Reduzierung* der Fragestellung von erheblicher Bedeutung vornehmen, die selbstverständlich auch eine nicht zu unterschätzende Einschränkung unserer 'Natur'-Erkenntnis einschließt. Damit unterstreichen wir noch einmal den stark hypothetischen Charakter der Wissenschaft *von der Natur*, und die Tatsache, daß eine offensichtlich notwendigerweise vereinfachende naturwissenschaftliche Betrachtungsweise niemals schon die volle Wirklichkeit des Naturgeschehens zur Darstellung bringen kann, wobei auch von diesem Blickwinkel aus gesehen die Fragen, die wir bisher erörtert haben, wiederum unterschwellig von Fragen in Bewegung gehalten werden, die ganz offensichtlich *nicht wissenschaftlicher Natur* sind.

Auch wenn wir im folgenden auf die methodischen Fragen gerade der neueren Physik noch ausführlich zu sprechen kommen werden, so bleibt doch schon jetzt festzuhalten, daß die 'Natur'-Beobachtungen der naturwissenschaftlichen Forschung durch *mathematische Theorien* widerspruchsfrei beschrieben werden, und zwar nicht durch voneinander unabhängige Theorien, sondern durch ein und dieselbe, wobei – auch dieses darf nicht wieder aus den Augen verloren werden – davon ausgegangen wird, daß sich die natur*wissenschaftlich* beobachtbaren Phänomene ausnahmslos *nach universell gültigen Gesetzen richten* und wiederum *ausnahmslos mathematisch zur Darstellung gebracht werden* müssen. Folglich liegt es nahe, die aus dem Blickwinkel der Physik universell gültigen Gesetze sowohl auf Geschehnisse der Vergangenheit als auch auf solche der zukünftigen Art anzuwenden.

Die damit von der klassischen Naturwissenschaft angestrebte strenge Vorausbestimmung allen Geschehens – die heute nicht mehr so ohne weiteres akzeptiert wird – beruht notwendigerweise schon auf einer wesentlichen Vereinfachung. Dafür mag das Ohmsche Gesetz als Beispiel zitiert werden: Doppelte Spannung ergibt doppelten Strom, wobei genügend kleine Abweichungen vom Gleichgewicht selbstverständlich *Linearisierungen* als Näherungen zulassen. Lineare Wechselwirkungen sind – und das ist das entscheidende – mit einer relativ einfachen Mathematik eleganter und sicherer zu beschreiben; sie gestatten geschlossene Lösungen, ja die Differentialgleichungen enthalten, wenn man dieser Betrachtungsweise folgt, auch keine unerwarteten Überraschungen.

Aber schon hier fällt auf: Das Leben in seiner ganzen Fülle besteht – wie jeder von uns weiß – eben *nicht* aus solchen Vereinfachungen; es ist durch *Nichtlinearität* bestimmt. So ertragen u.a. komplexe Organismen bis zu einer gewissen kritischen Grenze häufig Änderungen äußerer Einflüsse, denen sie schlagartig mit einer fundamentalen Umstellung auf die äußeren Bedingungen antworten, ungestört. Solches schlagartige, *nicht*lineare Verhalten, ist schließlich auch typisch für unser menschliches Zusammenleben; ein Blick in jedes x-beliebige Geschichtsbuch weist dies nach. Schließlich ist uns der Grundsatz vertraut, daß kleine Anlässe häufig weit überproportionale Wirkungen auslösen. Diese Vereinfachungen, die von den Physikern vorgenommen werden, sind dem Laien nicht immer bewußt.

Der Grund für diese häufig verschwiegenen Vereinfachungen äußerst komplexer Vorgänge liegt sicher auch daran, daß die dafür dringend benötigte komplizierte Mathematik das Problem der *nicht*-linearen Gleichungen bisher nicht bewältigen konnte. So fehlen heute generelle Aussagen für eine Theorie *nicht*-linearer Gleichungen. Bekannt ist dieses Problem namentlich aus der Theorie turbulenter Strömungen, durch die eine gleichmäßige Umströmung, beispielsweise eines Bootes, sich noch relativ leicht berechnen läßt. Verringern wir in Gedanken die Zähigkeit der umströmenden Flüssigkeit, so passiert lange nichts Wesentliches. Doch jenseits einer kritischen Zähigkeit sieht die Situation schon ganz anders aus; es treten Wirbel und Turbulenzen auf. Auch wenn uns zur Lösung dieser mathematischen Aufgabe heute neue Hilfsmittel – wie die großen elektronischen Rechner – zur Verfügung stehen, die in kurzer Zeit viele der Möglichkeiten Schritt für Schritt verfolgen und für eine große Breite äußerer Bedingungen auch durchspielen können, so daß wir heute auf die mathematisch geschlossene Form der Lösung allein nicht mehr angewiesen sind, so bleibt das Problem als solches doch nach wie vor bestehen.

Vielleicht sollte ich schon jetzt darauf hinweisen, daß *nicht*-lineare Bewegungsgleichungen ein durchaus typisches Verhalten zeigen, das man Bifurkation (Aufgabelung) genannt hat. An einem solchen Scheideweg trennen sich bei einem kritischen Wert plötzlich die Pfade, so daß aus der eintönig vorherbestimmten Bahn linearer Bewegung durch die Berücksichtigung der *nicht*-linearen Zusammenhänge eine Vielfalt und ein Wandel in das physikalische Geschehen kommt. Die Folge ist: Es tauchen heute Begriffe wie Chaos, Katastrophe und Stabilität in den entsprechenden naturwissenschaftlichen Theorien auf, die hier nicht als schwammige Bezeichnungen verwendet werden, sondern durchaus konkrete Phänomene zu bezeichnen und zu begründen versuchen. Die weitere Folge dieser Entwicklung ist, daß der heute vielberufene 'Zufall' und die 'Unsicherheit' inzwischen einen legitimen Bestandteil naturwissenschaftlicher Erkenntnis darstellt. Trotzdem darf nicht aus dem Auge verloren werden, daß Entstehung, Wandel und Vergehen auch heute noch schwierige Probleme der mathematischen Forschung bieten, wobei schon eine vollständige Beschreibung etwa des Übergangs von Eis zu Wasser – eines so alltäglichen wie lebensbestimmenden Vorgangs –, heute immer noch eine gewisse Überforderung für die Mathematiker darstellt.

Dies vorausgeschickt will ich unterstreichen, daß auch für die heutige Quantenphysik, die nun einmal mit dem Namen Werner Heisenbergs aufs Engste verbunden ist, die letzte Wurzel aller physikalischen Erscheinungen nicht eigentlich die Materie, sondern nach wie vor das mathematische Gesetz ist, die mathematische Form, wie Heisenberg sagt, so daß die Existenz der Atome bzw. der Elementarteilchen auch vorrangig als Ausdruck einer mathematischen Struktur begriffen werden muß.[33] *Diese mathematische Struktur ist*, »wenn man so will, *eine geistige Struktur*«, schreibt Heisenberg, *durch die wir in die Lage versetzt sind, die Natur aus der Perspektive der mathematischen Naturwissenschaft einheitlich zu verstehen, ja sie ist die eigentliche Idee, auf die hin überhaupt erst naturwissenschaftlich gedacht und geforscht werden kann.*[34] Dieser Vorrang der mathematischen Denkweise kommt noch einmal in den Worten Heisenbergs zum Ausdruck, wenn es heißt: daß die Naturwissenschaft am Anfang nicht so sehr das materielle Ding, sondern die Form, die mathematische Symmetrie, letzten Endes *ein geistiger Inhalt maßgeblich* ist.[35] Weil das so sei, müßten dann auch die mathematischen Formen jene »Lösungen eines unveränderlichen Bewegungsgesetzes« erwarten lassen[36], auf die die naturwissenschaftlich-mathematische Forschung trotz aller inzwischen vorgenommenen Einschränkungen auch heute noch beharrlich setzt. Der Glaube an *diesen Vorrang* geht schließlich so weit, daß Heisenberg schreiben kann, daß »die Tatsache, daß wir in der Physik die Natur durch einfache mathematische Gesetze beschreiben können«, uns lehrt, daß wir es »hier mit *einem*[37] echten Zug der Wirklichkeit zu tun haben [...] (und) nicht mit etwas, was wir in irgendeiner Bedeutung des Wortes selbst erfunden haben«[38], sondern was, so bleibt zu vermuten, in der natura naturans selbst angelegt ist und von uns einseitig hervorgekehrt wird.

## *2.*

Im 2. Kapitel hatten wir schon hervorgehoben, daß wir bei der naturwissenschaftlichen, genauer bei den mathematisch-physikalischen Forschungen – und um diese geht es uns vorrangig hier – sowohl der größten als auch der kleinsten Dimension des Weltalls, »zu den letzten Möglichkeiten für etwas Vorgegebenes«, in unserem Falle also: zu den letztmöglichen Strukturen der Materie, vorzudringen versuchen, wobei wir der Frage nicht ausweichen dürften: ob sich die sogenannte Neue Physik, die u.a. mit den Namen Planck, Einstein und Heisenberg verknüpft ist, heute noch in den überlieferten Bahnen der klassischen Ontologie, in denen wir alle noch zu sprechen gewohnt sind, bewegt, oder ob diese Physik nicht schon längst diese Bahnen verlassen hat, die uns dann aber auch eine völlig neue Sprache zu sprechen abfordern würde.

Die strenge Vorausbestimmung der klassischen Physik Newtons beruhte auf einer geradezu extremen Vereinfachung: der Annahme ausschließlich linearer Zusammenhänge, obwohl das Leben, worauf ich schon hingewiesen habe, in seiner ganzen Fülle gerade durch *Nicht*linearität gekennzeichnet ist. Wer heute, das darf ich jetzt noch ergänzen, eine physikalische Zeitschrift aufschlägt, wundert sich ganz sicher über die vielen Begriffe, die gerade mit dieser negierenden Vorsilbe »nicht« beginnen.

Ich zitierte schon die *Nicht*-Linearität; das *Nicht*-mehr-Symmetrische; oder ich sprach schon im letzten Kapitel von der Unschärferelation, die auf der *Nicht*vertauschbarkeit zweier Messungen beruht.

Tatsächlich findet sich diese »*Nicht*-Tendenz« heute überall, wo wir hinblicken. So werden auch die Elementarteilchen durch die Mathematik der *Nicht*-Abelschen Gruppen beschrieben, bei denen es um *nicht*-vertauschbare Operationen geht. Die gefundenen Quarks, Bestandteile der Kernteilchen und der Mesonen, tragen *nicht*-ganzzahlige Ladungen. *Nicht*gleichgewichte werden mit der Thermodynamik *nicht*-umkehrbarer Reaktionen behandelt, und die Mathematiker untersuchen schließlich komplizierte Funktionen, die *nicht* mehr stetig und auch *nicht* mehr differenzierbar sind, also *nicht* mehr glatte Kurvenverläufe beschreiben. Solche Kurven und Figuren ähneln dann *nicht* mehr den Dreiecken aus der euklidischen Geometrie; sie sind in ihren Dimensionen *nicht* mehr wie früher festgelegt, sondern haben jetzt *nicht*-ganzzahlige Dimensionen. Eine mit ständigen Sprüngen und Krümmungen sich windende, ein Flächenstück ausfüllende Kurve liegt in der Dimension zwischen der 2-dimensionalen Ebene und der 1-dimensionalen Linie.

Diese unübersehbare Häufigkeit des 'Nichts' beweist m.E. das Zerbrechen alter Tabus, die früher strikt eingehalten wurden, und das heute ein ganz spezifisches Umdenken innerhalb des nach wie vor geltenden Schemas des neuzeitlichen Erkenntnisideals bzw. Willens, vom Physiker fordert. Das Grundprinzip dieses Erkenntnisideals besteht darin, nach dem Konstanten, nach dem Unveränderlichen und nach dem Invarianten zu fragen. Die berühmten Erhaltungssätze für Energie, für Impuls oder Ladung waren und sind auch heute noch die entscheidenden Beispiele dafür. Darauf beruhten ihre Erfolge: in einer sich ständig im Wandel befindlichen Welt das 'Wesentliche' und 'Bleibende' in einer 'Grundgleichung' zu abstrahieren und ihr das 'Wandelbare' unterzuordnen.

Tatsächlich wird auch heute in der Neuen Physik jede Anstrengung unternommen, die 'zeitliche Veränderung' des physikalischen Geschehens »in den Griff« zu bekommen, wobei es sich hierbei – und das darf nicht verdrängt werden – um eine mathematisch-physikalische Zeitvorstellung handelt, die *nicht* schon mit der Zeit, in der wir leben, also mit unserer Lebenszeit, identisch ist. Der Physiker betrachtet auch dann noch einen zeitlich eingefrorenen Gleichgewichtszustand, wenn seine Methoden es ihm inzwischen gestatten, den 'Wandel' in Form von Phasenübergängen mathematisch zu beschreiben. So wird die Änderung des magnetischen Verhaltens oder der schlagartige Einsatz der Supraleitung, also des plötzlichen Verschwindens jeglichen elektrischen Widerstandes, studiert. Schließlich werden Messungen in der Nähe von Übergangstemperaturen vorgenommen, um so die Gesetzmäßigkeit der Temperaturabhängigkeit zu ergründen, ändert sich doch am Phasenübergang die Ordnung ebendieses Systems, d.h. seine Symmetrie, in jeweils charakteristischer Weise. Im Eis sitzen z.B. die Wassermoloküle in räumlich strenger Ordnung, im Wasser jedoch ist diese Ordnung aufgehoben, die Symmetrie des regelmäßigen Gitters des Eiskristalls also wiederum verändert.

Diese Symmetrie-Brechungen und Änderungen eines Ordnungsparameters sind heute Forschungs- und Entwicklungsprojekte, die u.a. auch in der Elementarteilchenphysik genutzt werden. Schließlich wäre es ohne diese Idee der Symmetriebrechung unmöglich, die zwei oder vier elementaren Kräfte der physikalischen Natur, die wir heute kennen, trotz ihrer Unterschiede in einer Theorie zu vereinigen. Man sucht heute also nicht mehr nur Symmetrien, sondern erforscht mit dem Aufbrechen dieser Symmetrie durch äußere Einflüsse auch den Wandel ebendieser Strukturen.

Unser Wissen von der Natur der Dinge stützt sich – ganz generell gesehen – vornehmlich auf Vorgänge, die *nicht chaotisch* sind und sich, wie ich schon deutlich zu machen versuchte, im Prinzip auch hinlänglich in mathematischen Gleichungen ausdrücken lassen. Ich wies auch schon darauf hin, daß vor über 300 Jahren Newton eine neue Epoche der physikalischen Naturerkenntnis eingeleitet hat, indem er die Differentialrechnung als Werkzeug zur Beschreibung dynamischer Vorgänge entwickelte. Dieser Epoche lag ein absoluter Glaube an den Determinismus zugrunde: Die Newtonschen Gleichungen, so lautete der seither gläubig verteidigte Grundsatz, erlauben es uns, bei jedem gegebenen Ausgangszustand den Entwicklungsgang eines physikalischen Systems zu berechnen und seinen genauen Stand zu jedem Zeitpunkt vorherzusagen. Was jetzt noch zu ergänzen bleibt, ist, daß Laplace diese Determinismusvorstellung Newtons durchweg zum unbezweifelbaren Dogma des naturwissenschaftlichen Denkens erhoben hatte; »wir müssen«, so hieß der Leitsatz, »den gegenwärtigen Zustand des Universums als Ergebnis seines Zustandes in der Vergangenheit und als Ursache seines zukünftigen Zustandes betrachten.« Mit anderen Worten: Laplace glaubte, daß es grundsätzlich möglich sei, aus dem Zustand des Weltalls zu einem ganz bestimmten Zeitpunkt *jedes* Phänomen und *jede* Einzelheit im All zu *jedem* Zeitpunkt durch die Lösung mathematischer Gleichungen *ohne jede Einschränkung vorhersagen zu können.* Dieser Grund- und Leitsatz verschloß sich dabei nicht der Erkenntnis, daß man auch unter dieser Prämisse schon mit statistischen Wahrscheinlichkeiten arbeiten muß, wenn man einer Vielzahl von Erscheinungen gegenübersteht. Niemand bildete sich ein, daß es möglich sei, in einer Gasprobe den Weg eines einzelnen Moleküls unter Billionen von anderen Molekülen zu verfolgen. Es genügte, wenn man die Wahrscheinlichkeit berechnen konnte, daß sich ein bestimmtes Molekül zu gegebener Zeit an einer definierten Stelle im Raum befindet. Diese Art der Problembehandlung wurde dabei durchaus schon als ein pragmatischer Verzicht auf die genaue Lösung angesehen, die wohl im Prinzip möglich, aber sich aufgrund ihrer extremen Kompliziertheit nun einmal nicht so ohne weiteres erreichen lasse.

Heute wissen wir, daß es in den meisten dynamischen Systemen tatsächlich nicht möglich ist, eine Prognose über die künftige Entwicklung zu stellen: selbst wenn die Bewegungsgleichungen uns genau bekannt und einfacher Natur sind. Dieses Faktum beruht darauf, daß die dynamischen Systeme von Anfang an schon überwiegend durch chaotische Lösungen geprägt sind. Was heißt aber nun wieder das?

Die Bearbeitung eines physikalischen Problems beginnt im allgemeinen mit einer genauen Bestimmung von Verknüpfungen, Bedingungen und Größen in der Erwartung: *daß* der zukünftige Zustand vom Ausgangszustand abhängt. Frage: Was aber geschieht, wenn der Ausgangszustand nicht so genau bekannt ist?

Werden aus zwei ähnlichen Anfangszuständen heraus zwei Versuche gestartet, dann stellt man schon bald fest, daß bei linearen bzw. nicht-chaotischen Systemen in beiden Versuchen zu jedem gegebenen Zeitpunkt die Entwicklung sehr ähnlich verläuft. In einem chaotischen System führt hingegen schon eine geringfügige Veränderung der Ausgangslage nach kurzer Zeit zu großen Unterschieden im Systemzustand.

In einem Spielkasino bilden zum Beispiel die Kugeln, die Hand des Croupiers und das Roulette-Rad ein dynamisches System, für das Newton seine Bewegungsgesetze aufgeschrieben haben könnte. Doch erinnern wir uns: Mit jedem Wurf ändert sich die Haltung der Hand beim Croupier, und auch die Stellung des Roulette-Rades im Vergleich zur Ausgangslage der Kugel ist anders. Infolgedessen landet die Kugel wirklich auf einem der 37 Zahlenfelder des Rades mit der Folge, daß das Ergebnis derart unberechenbar ist, daß vor allem der Betreiber des Kasinos vollkommen sicher sein kann, auf die Dauer 1/37 aller Einsätze zu gewinnen. (Beim Roulettespiel wird auf die Gewinnzahl nur jeweils der 36-fache Wert ausgezahlt, während es 37 Zahlen gibt).

Bei diesem zugegebenermaßen klassischen Beispiel handelt es sich um ein deterministisches System, das zu Zufallsergebnissen führt, weil es von Ausgangsbedingungen abhängt, die für chaotische Systeme nun einmal typisch sind.

In einem chaotischen System ist die Größe der Genauigkeit unwichtig. Jeder Fehler, und sei er auch noch so klein, kann am Ende immer auch zu einem grossen Fehler führen. Nur eine 'unendliche Genauigkeit' würde eine Vorhersage für jeden Zeitpunkt möglich machen. Dieser mathematische Begriff der 'unendlichen Genauigkeit' ist aber von zweifelhaftem Wert. Eine beliebige Zahl mit 'Unendlicher Genauigkeit' anzugeben, verlangt u. a. eine unendliche Anzahl von Dezimalstellen. Wenn ich die Kreiskonstante als 3,14 schreibe, dann habe ich sie nur mit einer Genauigkeit von 1:100 festgelegt; bei 3,1415 mit einer Genauigkeit von 1:10 000 und bei 3,141592653 mit einer Genauigkeit von 1:1 Milliarde. Um also wirklich eine unendliche Genauigkeit zu erreichen, müßte ich auch eine unendliche Anzahl von Stellen nach dem Komma angeben. Es gibt aber keinen Computer, der je in der Lage wäre, eine wirklich unendliche Anzahl von Stellen zu ermitteln, und keinen, der mit unendllicher Dezimalstellenzahl rechnen könnte. Die Forderung nach 'unendlicher Genauigkeit' ist damit also schon von der Natur der Sache her gesehen Nonsens.

Die klassische Mechanik Newtons setzte einst voraus, daß der Geschwindigkeiten im Prinzip keine Grenzen gesetzt seien. Die Geschwindigkeiten von zwei Körpern, die sich aufeinander zubewegen, sollten sich rein algebraisch zu einer relativen Geschwindigkeit aufaddieren lassen. Die zweite Voraussetzung war, daß sich die Energie gleichmäßig verteilen läßt, also ein Kontinuum darstellt, so daß es möglich sein sollte, eine Mittel- oder Durchschnittsenergie zu errechnen, die in einem physikalischen System zwischen zwei gegebenen Energiewerten liegt.

Einsteins Relativitätstheorie brachte jedoch die Erkenntnis, daß der Geschwindigkeit physikalisch eine obere Grenze gesetzt ist und daß insbesondere die Lichtgeschwindigkeit sowohl konstanter als auch endlicher Natur ist. Die Quantentheorie schließlich fußt heute auf der Erkenntnis, daß Energie gerade eben *nicht* kontinuierlich, stattdessen 'in Portionen' verteilt, also gequantelt ist. Sie erlaubt in physikalischen Systemen Sprünge zwischen den Energieniveaus. Nur wenn eine bestimmte mathematische Größe den Wert Null erreichen könnte, ließe sich die kontinuierliche Energieskala wieder zurückgewinnen. Diese Größe – das Plancksche Wirkungsquantum – stellt jedoch eine sogenannte Naturkonstante dar und kann infolgedessen auch nicht Null werden.

Ein weiteres bedeutendes Ergebnis der mathematischen Betrachtungsweise des genannten Chaos innerhalb dynamischer Systeme ist schließlich der Beweis, daß fast alle dynamischen Systeme innerhalb eines weiten Spielraums von Parametern bereits chaotisch sind, so daß alle mathematisch-physikalischen, d.h. naturwissenschaftlichen Anstrengungen, eine Ordnung in die Realität zu bringen, was ihren Erfolg anbelangt nur von bedingter Bedeutung sind und bleiben. Das aber bedeutet die Relativierung des klassischen Allgemeingültigkeitsanspruchs der Naturgesetze und schließlich eine andere Bewertung der Regeln, die innerhalb des genannten Chaos gelten.

Diese Umorientierung, die einen gewissen Umsturz der bisherigen Sichtweise darstellt, begann 1979, als der Mathematiker Feigenbaum eine erstaunliche Eigenschaft des Übergangs zum Chaos aufzeigte.

In jedem dynamischen System, so Feigenbaum, gebe es Parameter wie Temperatur, Druck, Lichtintensität und Spannung, die sich von außen verändern ließen. Manche Systeme zeigten für gewisse Werte dieser Parameter ein regelmäßiges, nicht chaotisches Verhalten, würden aber bei Änderung einer dieser Parameter doch in ein chaotisches Verhalten übergehen. Es stellte sich heraus, daß die 'Natur' nicht viele Wege für den Übergang von geordnetem zu chaotischem Verhalten geschaffen hat.

Feigenbaum untersuchte schließlich einen derartigen Weg und wies nach, daß dieser Weg durch Zahlen gekennzeichnet ist, die wir heute als Feigenbaumsche Zahlen kennen. Diese Zahlen (sowie der allgemeine Charakter der Umwandlung zum Chaos) sind von den Einzelheiten des dynamischen Systems unabhängig. Einfachste mathematische Gleichungen zeigen das gleiche Verhalten wie äußerst komplexe physikalische Systeme und wechseln auf dem gleichen Weg wiederum ins Chaos. Die Folgerung lautet: Es gibt eine quantitative Universalität im Szenario des Übergangs zu chaotischem Verhalten, das für die Theorie der Physik nicht ohne Folgen ist.

Schon heute existieren für den Physiker eine große Anzahl von Universalerscheinungen, die es mit diesem Übergang zum Chaos zu tun haben. Gleichwohl bleibt die Rede von der 'Ordnung im Chaos' akzeptabel, weil es in der Unordnung nun einmal für den Physiker keine natürlichen Maßstäbe gibt. Besitzt ein System keinen natürlichen Maßstab, z.B. eine charakteristische Länge, sieht es immer gleich, d.h. uniform, aus, einerlei, ob man es nun aus weiter Ferne durch ein Teleskop oder in einem winzigen Ausschnitt unter dem Mikroskop betrachtet; wir haben es dann stets mit einer Selbstähnlichkeit bei Maßstabsänderung zu tun, für welche die erforderliche Mathematik von Georg Cantor und Felix Hansdorff frühzeitig entwickelt wurde. Aber bis vor kurzer Zeit ahnte niemand, daß so unvorstellbare Objekte in der von den Physikern erörterten Natur überhaupt existieren könnten. So mag es an dieser Stelle wieder angebracht sein, noch einmal zu unterstreichen: *daß die 'Naturgesetze' der Physiker praktisch nichts anderes sind, als äußerst praktische Vorschriften für den Umgang mit »der Natur in dem betreffenden Gebiet«*[39] *ohne daß damit über die Natur 'an sich' schon irgendwelche Aussagen gemacht wurden und werden. Die uns bekannten Naturgesetze stellen vielmehr lediglich* – und das kann gar nicht ernst genug genommen werden – *den Umgang des Physikers mit der Natur dar, die auf eine spezifische Weise*, nämlich *nach zuvor festgelegten wissenschaftlich-technischen Kriterien, in der Erwartung befragt wird, daß sie im Rahmen dieser Festlegung uns mehr oder weniger sinnvolle Antworten gibt.* Damit wird aber noch einmal deutlich, daß die Naturwissenschaft die Natur eben nicht beschreibt und erklärt, so wie sie 'an sich' ist. Die Naturwissenschaft betreibt gleichwohl aber ein durchaus *machtvolles Wechselspiel* zwischen der natura naturans auf der einen und dem Naturwissenschaftler auf der anderen Seite, der die natura naturans ständig seiner Fragestellung und seinen Methoden aussetzt, *um sie sich verfügbar zu machen und auch unter ständiger Verfügung halten zu können*; auf dieses Thema werden wir noch ausführlich zu sprechen kommen.

### 3.

Die Mathematik – dies sollte uns inzwischen bewußt geworden sein – setzt eine zweiwertige Logik voraus, wohingegen viele empirische Befunde auch das Urteil »unentschieden« zulassen.

Bei der Konzipierung von Welt und Materie-Modellen haben wir es mit Vereinfachungen, wie ich sie geschildert habe, zu tun, die also nicht nach strengen »objektiven« Maßstäben erfolgen, sondern weit häufiger als angenommen auf Analogieschlüssen beruhen, so daß von »objektiven« Erkenntnissen kaum die Rede sein kann.

Nach dem, was ich bisher aufgezeigt habe, ist die mathematisch-physikalische Erkenntnis auf Intersubjektivität hin ausgerichtet, also daran gebunden, daß die überwiegende Mehrzahl der Wissenschaftler die Forschungsergebnisse akzeptiert oder ablehnt, wobei jedes einzelne Urteil auch nach noch so strengen Wertmaßstäben mit unterschiedlichsten Unsicherheiten behaftet bleibt: sei es, daß die Signifikanz gemessener Größen überbewertet wird oder daß grundsätzliche Grenzen in Erscheinung treten – wie die uns allen geläufigen Barrieren der Wahrnehmung, der Logik, der Sprache und u. a. auch der kulturellen Eigenheiten.

Ohne schon jetzt dem 2. Teil dieser Untersuchung allzusehr vorgreifen zu wollen, ist daher festzuhalten, daß jede mathematisch-naturwissenschaftliche Forschung, bedingt durch ihren Gegenstand und bedingt durch ihre Methode, so zuverlässig wie unzuverlässig ist wie jede andere unter bestimmten geistesgeschichtlichen und sozialwissenschaftlichen Rahmenbedingungen ausgeführte *menschliche Tätigkeit* auch.

Die Physik von heute ist gewiß »revolutionär« – aber doch auch hierin behutsam und bewahrend. Jede »gute« neue Theorie muß das bislang Bewährte stets als Spezialfall enthalten, wobei heute – und das stellt durchaus ein Novum dar – die Allgemeingültigkeit der klassischen Physik in der Weise von der 'Neuen Physik' *eingeschränkt* wird, daß »die objektive Welt der Naturwissenschaft des vorigen Jahrhunderts« jetzt nur noch als »ein idealer Grenzbegriff« der mathematisch-physikalischen Wirklichkeitserfahrung angesehen wird. Heisenberg: Es »wird zwar bei jeder Auseinandersetzung mit der Wirklichkeit auch in Zukunft notwendig sein, die objektive und die subjektive Seite zu unterscheiden (und) einen Schnitt zwischen beiden Seiten zu machen.« Aber die Lage des »Schnittes« hängt heute doch von der jeweiligen Betrachtungsweise, d.h. Theorie ab und »kann (daher auch) bis zu einem gewissen Grad« durchaus willkürlich sein.[40]

Mit anderen Worten: Die Relativitätstheorie und Quantenmechanik erklären die Newtonsche Mechanik nicht für falsch, sondern *beschränken* sie als Grenzfall lediglich auf makroskopische Systeme im Bereich von kleinen Geschwindigkeiten.

Der heute in allen Teilbereichen der Physik beobachtete *Verzicht* auf die eingeschränkten Muster der klassischen Physik bedeutet aber in Wirklichkeit eine wesentliche Erweiterung der physikalischen Erkenntnismöglichkeiten, wenn auch auf Kosten der klassischen Einfachheit und Geschlossenheit, *immer doch noch mit dem Zielwert des klassischen Erkenntnisideals und dem diesem Erkenntnisideal zugrundeliegenden Erkenntniswillen im Blick*. Denn wenn wir uns noch einmal für einen Augenblick vor Augen führen, worin das Ziel dieses ersten Teils unserer Untersuchung besteht, dann ist es die Frage nach der 'Einheit' der mathematisch-physikalisch vorgestellten 'Natur' – im Hinblick auf die generelle Frage: was es eigentlich mit der Natur der Naturwissenschaft auf sich hat, wobei sich diese »Einheit« ganz sicher auch nicht in den bisher von uns zur Sprache gebrachten Strukturen äußert, sondern in erster Linie in den Beziehungen zwischen den Strukturen. Dabei geht es mir nicht darum, diese Fragestellung und -ausrichtung ad absurdum zu führen. Was mir vielmehr wichtig zu sein scheint ist: daß wir uns ständig des Faktums bewußt sind, daß immer dann, wenn wir nach der Grundverfassung der Naturwissenschaft, hier insbesondere der Physik fragen, wir merkwürdigerweise nach ihrer »Einheit« fragen. Von der 'Einheit' der Natur wird, wenn wir Carl Friedrich von Weizsäcker folgen, wiederum nicht mehr und nicht weniger erwartet *als ein mathematisch formuliertes Grundprinzip, aus dem sich alle speziellen Naturgesetze und Materialkonstanten ableiten lassen.*[41] Unter der Einheit der Natur wird in einer anderen Formulierung von v. Weizsäcker eine fundamentale Theorie verstanden, die grundsätzlich zu deduzieren gestattet: *welche physikalischen Objekte es überhaupt geben kann.*[42] Wörtlich: »Die Phänomene der Natur sind vielgestaltig. Die Physik stellt zwischen Gruppen von ihnen Einheit her, indem sie sie unter abstrakte Oberbegriffe und Gesetze bringt.«[43] Wichtig zu sehen ist aber auch jetzt wieder: Dadurch erfährt die Idee der Einheit der Natur, wenn wir an den unendlichen Reichtum der Natur im Sinne der natura naturans denken, *eine folgenschwere* Einschränkung, denn die mathematisch-physikalischen Naturgesetze schöpfen, daran besteht kein Zweifel, bei weitem nun einmal die Wirklichkeit der natura naturans *nicht aus*. Sie haben immer die Form von Wenn-dann-Aussagen. Will sagen: Wenn die und die Bedingungen gegeben sind, wird das und das faktisch oder möglicherweise der Fall sein. *Aber was wirklich der Fall ist, hängt davon ab, ob die jeweiligen Voraussetzungen bzw. die Anfangs- und Randbedingungen erfüllt sind.* Folglich: *nicht, was wirklich ist, sagen uns die Natur-Gesetze, sondern nur das, was unter den vorgegebenen methodischen Bedingungen möglich ist; sie stecken mit anderen Worten den Spielraum für das ab, was sein kann.* Mit anderen Worten: *sie sind Annahmen über eine zuvor vergegenständlichte Natur, die der Bearbeitung durch die Wissenschaft von der Natur auf diese Weise zugänglich gemacht, dem Herrschaftsanspruch der Naturwissenschaft unterworfen wird. Daraus folgt wiederum, daß das, was wirklich ist, aus keinem naturwissenschaftlichen Gesetz wirklich ableitbar ist: es muß nicht so sein, es ist gesetzlich nicht notwendig, sondern lediglich kontingent.*

Mir ist dieser Erkenntnisstand in diesem fundamentalen Zusammenhang unserer Ausgangsfrage so wichtig, daß ich noch einmal anheben möchte.

Jede mathematisch-physikalische Vorstellung und jede mathematisch-physikalische Aussage ist gegenüber dem Ganzen der Natur, der natura naturans, der 'schaffenden' Natur (physis), wie gesagt, stets nur eine Abgrenzung und Gegenüberstellung in einer vorgängigen Subjekt-Objekt-Polarisierung. Es ist das be-griffliche Erfassen selbst, das zum begrifflich Unfaßbaren, zum nur negativ Umschreibbaren führt, wobei es wiederum die natura naturans ist, die die Voraussetzung allen Denkens darstellt und folglich auch zu keiner Zeit durch dieses Denken eingeholt werden kann. Sich dieses zu vergegenwärtigen schließt die Beachtung der Tatsache nicht aus, daß in der Natur des menschlichen Denkvermögens dennoch offensichtlich das Bedürfnis nach Vereinheitlichung angelegt ist. Die Gefahr, die in einem Satz wie diesem zum Ausdruck kommt, liegt m.E. darin, daß in einer solchen Idee der Einheit die Konturen und Widersprüche, in die unser Leben nach wie vor eingespannt ist, verwischt werden. Daher müssen meiner Meinung nach immer wieder die grundsätzlichen Bedingungen des mathematisch-naturwissenschaftlichen Erkenntnisprozesses, die zu Ergebnissen, wie ich sie im ersten und zweiten Kapitel dieser Untersuchung ausschnittsweise im Hinblick u.a. auf die Elementarteilchenphysik wiedergegeben habe, deutlich gemacht und vor allem das Bewußtsein bezüglich der Grundvoraussetzungen, die die Grundverfassung der Naturwissenschaft insgesamt und ihre Ergebnisse charakterisieren, nachhaltig geschärft werden.

Die Grundbedingung des mathematisch-naturwissenschaflichen Erkenntnisprozesses – das darf ich daher noch einmal in Erinnerung rufen – besteht darin, aus dem Speziellen und Zufälligen beliebiger Einzelfälle stets das Prinzipielle und Allgemeingültige *herauszuheben* und -zu'*stellen'* sowie das Gesetzliche darin als das Naturgesetzliche zu be-»greifen«. Der mathematisch-naturwissenschaftliche Erkenntnisprozeß hat demzufolge auch nur immer wieder *eine* Richtung: die vom Einzelfall zum Allgemeinen. Wenn das Naturgesetz aber nur durch eine strenge Verallgemeinerung, also nur durch die bewußt vollzogene Ausschaltung alles Individuellen, Zufälligen, möglich ist, folgt daraus zwangsläufig, daß das Naturgesetz auch nur wieder bedingt Aussagen über den konkreten Einzelfall zuläßt.

Schon Aristoteles hatte in seiner wissenschaftlichen Methodenlehre darauf hingewiesen, daß das Naturgesetz über den Einzelfall lediglich Wahrscheinlichkeitsaussagen zuläßt. Will sagen: *Naturgesetze sagen auch von diesem Blickwinkel aus gesehen bei weitem nichts über das wirkliche Sein der Natur aus.*

Schließlich folgt – ich deutete es im vorigen Abschnitt schon an – eine ganz entscheidende Einschränkung unserer Erkenntnis aus der Notwendigkeit einer adäquaten Darstellung komplexer Vorgänge mit Hilfe des zweiwertigen rationalen, logischen Denkens. Wir wissen heute mehr denn je: Die Darstellung kann nur in einem zeitlichen Nacheinander erfolgen; aus einem zeitlichen Neben- und möglicherweise Ineinander wird 'denk'-notwendigerweise ein lineares Nacheinander. Die vollständige Beschreibung aller in der Zeitspanne von etwa einer Sekunde in einer Zelle gleichzeitig ablaufender chemischer und physikalischer Prozesse wird so zu einem Tage oder Jahre beanspruchenden Vorgang: der zu keiner Zeit die wirkliche Wirklichkeit zu erfassen in der Lage ist; er stellt letzten Endes nur ein *Denkmodell* dar.

Da wir diese Erfahrung selbst, mithin an uns selbst beobachten können, bleibt auch nur noch hervorzuheben, daß ein komplexes rationales Denken aufgrund der zeitlichen Struktur des Denkprozesses und seiner dadurch bedingten Linearität nicht möglich ist, *so daß wir höchstens von einem multilinearen, niemals jedoch von einem simultanen Denken sprechen können. Wir sprechen also immer nur in den Grenzen der physikalisch verstandenen 'Einheit' und überschreiten sie nur dann, wenn wir die Grenzen bzw. Begrenzungen dieser so verstandenen »Einheit« hinterfragen*: sie philosophierend fragwürdig machen.

*4.*

Alles Geschehen in der Welt (im Kosmos) wird vom physikalischen Standpunkt aus gesehen von »Kräften« bewirkt, wobei in diesem Sinne eine »Kraft« etwas ist, was die Wechselwirkung von Dingen miteinander zustandebringt: Die Kraft des Menschen vermag Steine zu heben – elektromagnetische Kräfte bewirken, daß zwei entgegengesetzt elektrisch geladene Körper einander anziehen.

Wir haben bereits im letzten Kapitel auf die vier Arten von »Kräften« hingewiesen, die in der Physik unterschieden werden, d.h. auf nichts anderes als die vier verschiedenen Arten der Wechselwirkung. Ich möchte jetzt nur die Gravitationswechselwirkung noch einmal hervorheben.

Wir wissen: Die Gravitationswechselwirkung bewirkt die Anziehung zwischen Erde und Mond, das Fallen von Äpfeln vom Baum auf die Erde, sowie den Wechsel der Gezeiten. Der häufig verwendete Begriff 'Erdanziehung' hat das Wirken der Gravitationswechselwirkung der von uns bewohnten Erde mit allen auf ihrer Oberfläche befindlichen Gegenständen zum Inhalt. Gravitationskräfte wirken grundsätzlich immer zwischen Dingen, die eine Masse besitzen oder – anschaulicher formuliert – die etwas wiegen. Ein vollständiges Verständnis aller vier Wechselwirkungsarten und der ihnen zugrundeliegenden Kräfte ist das Ziel der Gegenwartsphysik. Dabei liegen die Grenzen der zu untersuchenden Weiten zum einen, wie ich im ersten Kapitel zu zeigen versuchte, bei den heute bekannten Grenzen des Kosmos, zum anderen, wie ich im zweiten Kapitel zu zeigen versucht habe, bei den Dimensionen der Elementarteilchen. In Zahlen formuliert erreicht die Skala der Entfernungen, in denen die verschiedenen Kräfte mehr oder weniger berücksichtigt werden müssen, auf der einen Seite etwa 6 Milliarden Lichtjahre, auf der anderen den millionsten Teil eines milliardsten Zentimeters; mit anderen Worten: Die Skala erstreckt sich über rund 34 Größenordnungen.

Die Art, wie elektromagnetische Kräfte nun übertragen werden, ist seit langem bekannt: zwischen zwei elektrisch geladenen Körpern oder zwischen zwei Magnetnadeln befindet sich ein elektromagnetisches »Feld«, wobei zwischen den Trägern der Ladungen ständig für dieses elektromagnetische Feld typische Feldteilchen, die Photonen, ausgetauscht werden.

Ohne uns dessen bewußt zu sein, sind wir täglich von sehr vielen elektromagnetischen Feldern umgeben, wir arbeiten und schlafen in ihnen. Ihre Anwesenheit bemerken wir jedoch nur, wenn wir die für die entsprechenden Wellenlängen der Felder empfindlichen 'Empfänger' einschalten: Die Augen für das Licht, den Fernsehapparat für sehr kurze, und (oft erst zu spät bemerkt!) die Hautoberfläche des sonnenhungrigen Rückens für relativ lange elektromagnetische Wellen.

Während also von den elektromagnetischen Kräften ein 'Verständnis' vorhanden ist, ist die Lage bezüglich der Gravitationswechselwirkung bislang nicht so günstig.

Vor etwa 300 Jahren stellte Newton das nach ihm benannte Gravitationsgesetz auf: Die Kraft zwischen zwei Massen ist proportional dem Produkt der beiden Massen, dividiert durch das Quadrat der zwischen ihnen liegenden Entfernung.

So einfach sich dieses Gravitationsgesetz anhört, so schwer ist jedoch bis heute die Frage zu beantworten: auf welche Art die Gravitationswechselwirkung vermittelt wird, was darauf hinausläuft zu sagen: Die Frage nach dem Wesen der Gravitationskraft ist im Grunde bis heute noch völlig offen.

Das von Newton formulierte Gravitationsgesetz wurde später von Keppler auf das Verhalten der Planeten beim Umlauf um die Sonne erweitert. Beide haben die prinzipiellen Voraussetzungen dafür entdeckt bzw. formuliert: Die Anziehungskräfte können mathematisch so exakt beschrieben werden, daß eine Berechnung der Flugbahnen von Sonne, Erde, Mond, Trägerrakete und Mondlandefähre auf Jahrtausende im voraus möglich ist. Nur wenigen war bei den Apollo-Unternehmen der letzten Jahre bewußt, daß die wichtige Grundlage ihre Ausführbarkeit, die Wechselwirkung der Gravitation, ihrem Wesen nach noch nicht verstanden ist.

Über das Vorhandensein von Gravitationsfeldern, auch Schwerefelder genannt, ist zum erstenmal um die Jahrhundertwende spekuliert worden. Beteiligt waren eine Reihe von Physikern. Besonders Einstein hatte im Rahmen einer alle bekannten Kräfte einschließenden Feldtheorie als erster den Versuch unternommen, mit dem Postulat der Existenz auch von Schwerewellen eine umfassende Beschreibung der mathematisch-physikalisch vorgestellten Natur zu liefern. Dabei bieten sich aus der Sicht der Astrophysiker als Quellen von Gravitationswellen jene bekannten Schwarzen Löcher an, auf die ich im ersten Kapitel dieses Teils der Untersuchung schon zu sprechen kam. Ich denke, daß darin deutlich geworden ist, daß sich auch diese Fragen, Argumente und Antworten stets wieder *im* Bezugsrahmen mathematisch-physikalisch begriffener Problemstellungen bewegen. Dabei ist der Zusammenschluß der verschiedensten Disziplinen zu einer 'Einheit' dann schon ein relativ sekundärer Vorgang, auch wenn ich die Bedeutung dieses Versuchs für die Naturwissenschaft insgesamt nicht herunterspielen möchte. Sobald der Naturwissenschaftler aber auch nur im entferntesten dabei den Eindruck erweckt, daß er in der Lage sei, *die Natur in ihrem ganzen Reichtum auf eine einzige Formel bringen zu können*, kann mit Fug und Recht mit Adorno gegen Hegel heute variierend gesagt werden: *Das Ganze, die Einheit, ist und bleibt das Falsche, das Unwahre.*

Wenn immer Heisenberg so zum Ende seines ungewöhnlichen Forscherlebens auf die 'Weltformel' zu sprechen kam, dann darf nicht außer acht gelassen werden, daß sich die entscheidenden Veränderungen, soweit sie die Physik betrafen, noch immer *innerhalb* der Struktur der mathematisch-physikalischen Erkenntnis vollzogen haben und nur äußerst bedingt schon in der dieser Physik zugrundeliegenden Ontologie. Heisenberg hat daher im Hinblick auf die Logik der Quantentheorie auch zu Recht stets von einer zu *modifizierenden* Ontologie[44] der Quantentheorie, die sich auf Pythagoras, Platon und Aristoteles bezog, gesprochen und nicht etwa von einer gänzlich neuen. Insoweit bewegt sich auch die Neue Physik *durchaus noch in den alten Bahnen der klassischen Ontologie, die Heisenberg für seine Zwecke* – und das ist das eigentlich Interessante – *zu modifizieren trachtete.* Wenn auch Heisenbergs Formulierungskunst häufig eher für Laien den Eindruck erweckte, als handele es sich bei seiner 'Weltformel' eben doch um eine Grundgleichung für die Natur 'an sich', der natura naturans, so war er es doch auch wieder, der beharrlich »auf die im Wesen der Abstraktion begründete *Begrenztheit* des in dieser Weise (d.h. naturwissenschaftlichen Weise) erreichbaren Naturverständnisses mit Nachdruck hingewiesen« hat[45]. Es war auch Heisenberg, der immer wieder deutlich zu machen versuchte, daß es sich bei der Herausarbeitung einer solchen 'Weltformel' vordringlich um das Verständnis der einheitlichen mathematisch-physikalischen Struktur der Natur in ihren ersten wenigen Umrissen handelt. »Es muß [...] betont werden«, so lautet ein willkürlich herausgegriffener Satz, »daß es sich bei dieser Gleichung zunächst um einen Vorschlag handelt, und daß erst die keineswegs einfache mathematische Analyse ihrer Konsequenzen im Vergleich mit den experimentellen Erfahrungen nach einigen Jahren ein sichereres Urteil darüber erlauben wird, wie weit man mit dieser Gleichung kommt. Für den Augenblick ist es vielleicht wichtiger, (erst einmal) die Denkmöglichkeiten zu studieren.« [46]

Eine gänzlich andere Frage ist, daß es offenkundig bis heute keine ernstzunehmende philosophische Auseinandersetzung mit Heisenbergs Platonverständnis gibt. Im Zusammenhang mit einer solchen Auseinandersetzung wäre dann aber erst die Frage zu stellen, was sich eigentlich abspielt, wenn die Neue Physik, die 'Jahrhundertphysik' Heisenbergs, immer wieder auf eine wenigstens 2000 jährige Ontologie zurückgreift, um *seiner* Physik heute die notwendige Abstützung zu geben? Indem sich Heisenberg zu einem solchen Schritt ständig gezwungen sah, verließ er den relativ engumgrenzten Bereich der Physik, um seinerseits nun philosophierend eine ontologische Absicherung seiner mathematisch-physikalischen Erkenntnis vorzunehmen. Er vollzog damit wortwörtlich stets 'Schritte über die Grenze'.

Nach allem, was wir bisher dargelegt haben, hätte hier ein Gespräch mit Heidegger einsetzen können, das aber, obwohl beide in Kontakt miteinander standen, merkwürdigerweise nicht wirklich und wenn, dann nur einseitig von Heidegger aus, stattgefunden hat. Stattdessen erfolgte von Heisenberg aus ein ständiger Rückgriff vornehmlich auf Platon und damit auch wieder ein Beharren in den Bahnen der klassischen Ontologie mit dem durchaus merkwürdigen Phänomen: daß die 'Jahrhundertphysik' aus der ontologischen Perspektive heraus gesehen im Grunde genommen heute 'nichts anderes' darstellt als eine Neuinterpretation der Seinslehre Platons, ohne ihr selbst aber offenbar gerecht werden zu können. Heisenberg muß das m.E. selbst so empfunden haben, wenn er in seinem Aufsatz für die Festschrift zum 70. Geburtstag Heideggers schreibt, daß die von ihm in diesem Aufsatz erörterten »Voraussetzungen zum großen Teil der Platonischen Philosophie fremd gewesen sein mögen.«[47]

Aber nicht genug damit: Wir denken gewöhnlich aufgrund unserer Sozialisation in klassischen ontologischen Begriffsschemata und werden von Heisenberg dazu aufgefordert, uns von diesen zu lösen, um gleichzeitig aber von ihm wieder mit der Forderung konfrontiert zu werden: uns gerade Platons Ontologie neu anzueignen. Diese paradoxe Situation bleibt, wenn ich richtig sehe, auch dann – und erst recht dann – bestehen, wenn Heisenberg möglicherweise Platon besser verstanden zu haben glaubte als Platon sich selbst. Danach existieren am »Anfang« gewisse Dreiecke, aus denen reguläre Körper gebildet werden: Tetraeder, Oktaeder etc. Damit sollte zum Ausdruck gebracht werden, daß die Atome Demokrits nicht unveränderlich sind, sondern sich aus solchen Dreiecken zusammensetzen, die nicht-materieller Natur sind. Aus diesem Ansatz heraus folgerte Heisenberg, daß künftig nicht mehr wie bisher *von* und *über* 'Materie' gesprochen werden könne, sondern, wie schon erwähnt, *nur noch von und über mathematische Formen*. Das heißt: Wenn ich »teile«, dann komme ich zu »etwas«, was schließlich nur noch Mathematik, nur Form ist, weithin nur noch eine geistige Struktur darstellt.[48]

Gerade wenn ich auf diesen, wie ich meine, *philosophisch* wesentlichen Aspekt der mathematisch-naturwissenschaftlichen Erkenntnis abhebe, dann kommt es mir darauf an zu unterstreichen, daß durch eine solche 'Weltformel', wie die Heisenbergs, der bis dato gewonnenen mathematisch-physikalischen Erkenntnis im Grunde doch ein gewisser zeitloser Charakter zugesprochen werden soll. Dem dient der Rückgriff auf Platon, aber vor allem und erst recht auf Pythagoras, durch den sich Heisenbergs Bemühen in die Tradition eines Kepler, Kopernikus, Galilei, Descartes und Newtons einordnet, *in deren Vorstellungen das Universum, das Weltall, letztendlich von zeitlosen und unwandelbaren mathematischen Gesetzen regiert wird*. Heisenberg: »Die kleinsten Teile der Materie sind [...] mathematische Formen«[49]; folglich müssen dann auch diese mathematischen Formen »Lösungen eines *unveränderlichen* Bewegungsgesetzes für die Materie sein«[50], in der, folgen wir Heisenberg, »die mathematische Symmetrie, die eine so zentrale Rolle bei den regulären Körpern der platonischen Philosophie spielt, den eigentlichen Kern« für die erwartete *Materiegrundgleichung* darstellen müßte.

Ohne an dieser Stelle noch weiter auf diese 'Weltformel' einzugehen – wir kommen an anderer Stelle noch einmal auf sie zurück – bleibt hervorzuheben, daß nicht zuletzt auch unter dem Einfluß dieser Neuen Physik unser heutiges Denken noch stark von der Idee geprägt ist, daß die obersten Gesetze der Natur zeitlos sind, ohne daß die Voraussetzungen für diese Vorstellung und Annahme weiter bedacht werden. Durch diese Idee, die wir vom 17. Jahrhundert und seiner starken neopythagoreischen Tradition geerbt haben, hat sich bis heute eine Zahlenmystik behauptet, die durch die Neue Physik – wie überhaupt durch die moderne Wissenschaft – noch einmal unüberhörbar stabilisiert wurde. Wir können daher auch sagen, daß in jedem Physiker im Grunde genommen nach wie vor ein neopythagoreischer Mystiker schlummert, der sich offensichtlich kaum in der Lage sieht, die mathematisch-physikalische Teilerkenntnis nicht schon für die Erkenntnis des Seinsganzen zu nehmen. Ich glaube, daß die Vorstellung eines von zeitlosen Gesetzen regierten Weltalls angesichts einer heute radikal zuendezudenkenden Kosmologie aber einen totalen Anachronismus darstellt *und daß die 'Gesetze der Natur' vermutlich eher mit der Zeit entstehen und sich mit der Zeit auch ändern, wobei die hier zitierte eigentliche Zeit nicht mit jener Zeit zu identifizieren ist, die als vorgestellte und definierte Zeit der mathematischen Erkenntnis des Naturwissenschaftlers zur Verfügung steht*. Denken, das von Idealisierungen ausgeht und getragen wird, impliziert offensichtlich stets neoplatonische Prämissen, die in Frage zu stellen man aber nicht zurückscheuen sollte, um nicht über kurz oder lang Mystifikationen zum Opfer zu fallen, die unserer 'Jahrhundertphysik' letzten Endes nur abträglich sein könnten.

5.

Wir haben schon mehrfach hervorgehoben: Die Erforschung der uns umgebenden und uns zugleich bestimmenden Natur erfolgt heute in zwei Hauptrichtungen: (a) der größten und (b) der kleinsten Dimension des Weltalls. Die Grenzen der subatomaren Welt liegen gegenwärtig bei $10^{-15}$ Zentimeter, also bei einem Hunderttausendstel eines milliardstel Millimeters. Und im Makrokosmos bei über 6 Milliarden Lichtjahren, also bei den entferntesten galaktischen Welten, die wir mit unseren Riesenteleskopen noch sichtbar machen können. Das letzte Thema habe ich im ersten Kapitel behandelt, über den subatomaren Bereich im darauffolgenden gesprochen. Uns interessierte dann nicht mehr so sehr die Frage nach der Entstehung bzw. Vergangenheit und Zukunft des Weltalls, wir wollten in diesem zweiten Kapitel dann schon mehr über die Materie selbst wissen und darin insbesondere die Frage zu beantworten versuchen: mit welchen Eigenschaften die Materie heute nach den Vorstellungen vor allem der Heisenbergschen Elementarteilchenphysik ausgestattet ist, ja was sie nach Vorstellung dieser Physik selbst ist, um so noch präziser als bisher in Erfahrung zu bringen, *was es mit der 'Natur-Vorstellung' der mathematisch-physikalischen Naturerkenntnis eigentlich auf sich hat.*

Betrachten wir unter diesem Gesichtspunkt jetzt noch einmal das, was etwa die Astrophysik als eine mathematisch-physikalische Naturwissenschaft in Theorien und Erklärungsmodellen im Einzelnen zu begründen und zu bewahrheiten versucht, dann ist für die Astrophysik das Weltall erst einmal nichts anderes als ein, wenn auch äußerst geheimnisvoller und komplizierter Gegenstand, 'bestehend aus' Materie, die erforschbar, d.h. mit durchaus verschiedenen Methoden 'aufschlüsselbar' ist. Dabei nimmt unter den naturwissenschaftlichen Methoden, wie wir inzwischen wissen, die Beobachtung und das Experiment den gleichen Rang ein; ihnen ist gemeinsam, daß das, was sie als mathematisch-physikalische Erkenntnis formulieren, auch durch ein und dieselbe, also nicht durch unabhängig voneinander existierende mathematische Theorien widerspruchsfrei beschreibbar sein muß. Das setzt nun wiederum erst recht die Vorstellung voraus, daß *alle* beobachtbaren und durch das Experiment erwiesenen Phänomene des genannten

Gegenstandes *ausnahmslos* nach 'universellen Gesetzen' ablaufen und ausnahmslos auch für *alle* Beobachtungen in Vergangenheit und Zukunft gelten müssen. Was wir auch immer unter der Vorstellung von einer allem zugrundeliegenden 'Materie' definieren, entscheidend ist auch jetzt wieder, daß die Natur des Weltalls, auf den Begriff eines mathematisch-physikalischen Materiegeschehens gebracht, bereits *einer bestimmten Auffassung von der 'Natur' folgt*, die keineswegs so selbstverständlich ist, wie viele Naturwissenschaftler dem Laien immer wieder glaubhaft machen möchten. Die mathematisch-physikalische Erkenntnis geht davon aus, daß 'Materie' stets nur in geordneter Form auftritt, wobei der Naturwissenschaftler vornehmlich den Selbstorganisationsgesetzen der 'Materie' nachgeht, um die dieser Selbstorganisation zugrundeliegende Dynamik, das eigentliche Organisationsprinzip bzw. den eigentlichen Organisationsprozeß der Materie zu identifizieren.

Diese bestimmte wissenschaftlich-technische Betrachtungsweise, diese spezifische Theorie, schließt neben einer ganz bestimmten Mathematik, auf die ich jetzt hier nicht weiter eingehe, *eine bestimmte Auffassung des 'Gegenstandes' der 'Jahrhundertphysik'* mit ein, die wiederum nicht aus dem Auge verloren werden darf, wenn wir ihrem Charakter gerecht werden wollen. Danach »zeigt« sich die 'Natur' durchaus auch jetzt wieder als ein Bewegungszusammenhang materieller Körper. Diese werden als solche und in ihrem Zusammenhang in der klassischen Physik als geometrische Punktmechanik und in der Neuen Physik, wie Heidegger bemerkt, »durch Titel 'Kern', 'Feld' vorgestellt.« Demgemäß ist »für die klassische Physik jeder Bewegungszusammenhang der raumerfüllenden Körper jederzeit zugleich sowohl nach Ort als auch nach Bewegungsgröße bestimmbar, d.h. eindeutig vorauszuberechnen. Dagegen läßt sich in der Atomphysik ein Bewegungszustand grundsätzlich nur nach Ort oder nach Bewegungsgrößen bestimmen.« Das besagt: Die klassische Physik geht davon aus, »daß sich die Natur eindeutig und vollständig vorausberechnen läßt, wogegen die Atomphysik nur eine Sicherstellung des gegenständlichen Zusammenhangs zuläßt, die statistischen Charakter hat.«[51] Es war vor allem Heidegger, der ständig darauf hinwies, daß sich gerade diese Auffassung vom 'Gegenstand' der Natur bis heute soweit durchgesetzt und gehalten hat, daß das Lebendige auch da, wo man ihm durchaus noch seinen eigenständigen Charakter bewahren wollte, inzwischen uneingeschränkt als Über- und Anbau zu allem Unlebendigen verdinglichte. Darauf werden wir noch zu sprechen kommen.

Entsprechend des eingehend erörterten mathematisch-physikalischen Erkenntnisideals darf also nur das als gesichert gelten, was *meßbar* und insoweit zu *messen* möglich ist. Das heißt mit anderen Worten: Die Methode, nach der die mathematisch-physikalische Erkenntnis – auch der Neuen Physik – vorgeht, ist immer noch vorrangig die des *Berechnens*, wobei das 'Berechnen' selbst nicht nur in dem verengten Sinne von Operieren mit Zahlen gemeint ist. Denn mit etwas rechnen heißt im Blick auf den »Gegenstand« 'Natur', daß wir uns 'als' Naturwissenschaftler darauf verlassen: daß die 'Natur' sich auch so verhalten wird, wie wir es von ihr erwarten. Daß dies auch für die Elementarteilchenphysik gilt, brauche ich sicher nicht noch einmal besonders hervorzuheben, da es sich schließlich auch hier um ebendenselben Vorgang handelt. Das heißt: daß alle Vergegenständlichungsversuche des Wirklichen ständig ein 'Rechnen mit', 'in Betracht ziehen', 'auf etwas rechnen', d.h. 'in die Erwartung stellen' bedeutet, mag dieses, wie Heidegger nicht müde wurde hervorzuheben, nun »kausal erklärend den Erfolgen von Ursachen nachsetzen, mag sie sich morphologisch über die Gegenstände ins Bild setzen, mag sie einen Folge- und Ordnungszusammenhang in seinen Gründen sicherstellen« – in jedem Falle ist die mathematische Erkenntnis nicht so sehr ein Rechnen im Sinne des Operierens mit Zahlen zur Feststellung quantitativer Ergebnisse – das ist sie sicher auch –, sondern eher ein »Rechnen, das überall den Ausgleich von Ordnungsbeziehungen und Gleichungen *in ihre Erwartung stellt. Sie erwartet* m. a. W., *daß sich die Natur gemäß diesen Ordnungsbeziehungen verhält und deshalb (ständig) im voraus schon mit einer Grundgleichung für jede nur mögliche Ordnung 'rechnet'«.*[52]

Wie wir schon aus den Geschichtsbüchern wissen, war es Galilei, der die neuzeitliche Form der Naturerkenntnis so ausrichtete, daß er fragte: *wie* die Natur *im vorhinein* von dem Naturwissenschaftler 'in den Blick' genommen und *bestimmt werden kann, »damit der Tatsachenbeobachtung überhaupt Naturtatsachen zugänglich werden.«* Er fragte, so Heidegger: *»Wie muß die Natur im vorhinein bestimmt und gedacht werden, damit das Ganze dieses Seienden als solches grundsätzlich der rechnenden Erkenntnis zugänglich« werden kann?* Galileis Antwort lautete nach Heidegger:

1. »Die Natur muß vorgängig [...] in dem, was sie ist, (so) *umgrenzt* werden, daß sie für die Naturwissenschaftler als ein geschlossener Zusammenhang von Ortsveränderungen materieller Körper in der Zeit *befragbar* und *bestimmbar*« wird;

2. »was die Natur als solche *eingrenzt* – Bewegung, Körper, Ort, Zeit – muß so gedacht werden, *daß eine mathematische Bestimmbarkeit ermöglicht wird.«* Und schließlich muß die Natur dann auch
3. *auf diese »mathematische Verfassung hin entworfen werden«*, wenn sie für den neuzeitlichen Naturwissenschaftler überhaupt be-greifbar werden soll.

Heidegger betont: »Galilei, der diesen primären Schritt (nämlich auf die neuzeitliche Naturwissenschaft hin) vollzog, vollzog diesen Entwurf stets aus und in dem Wissen um ontologische Grundbegriffe der Natur wie Bewegung, Raum, Zeit, Materie, die er aus der antiken Philosophie bzw. Scholastik übernahm, ohne sie *nur* in dieser spezifischen Form einfach zu übernehmen.«[53] Demzufolge gibt es also auch keine bloßen 'Tatsachen; von 'Tatsachen' kann immer nur »im Lichte des begründenden Begriffs und je nach Reichweite« einer solchen Begründung gefragt werden.[54]

Warum hebe ich aber gerade diese entscheidenden Grundvoraussetzungen der naturwissenschaftlichen Erkenntnisweise hier noch einmal hervor? Antwort: Weil wir m.E. heute sehen müssen, daß auch die Heisenberg'sche 'Jahrhundertphysik' nach wie vor im klassischen mathematischen Gewißheitspostulat gründet, *wobei die von Heisenberg ins Auge gefaßte Gegenständlichkeit des Gegenstands 'Natur' sich heute lediglich in Zonen der Unsichtbarkeit bewegt, ohne daß dies schon bedeutet, daß sich die Gegenständlichkeit als solche damit aufgelöst hätte.* Auch die Neue Physik bewegt sich, wie gesagt, im Grundentwurf des neuzeitlichen Naturentwurfs, wenn sie auch einige zugegebenermaßen schmerzliche Revisionen, die durchaus gravierende Modifikationen *innerhalb* des alten Entwurfs darstellen, vornehmen mußte, worunter die Aufgabe des Anspruchs auf absolute Wahrheit sicher die einschneidenste Revision darstellte.

*6.*

Bevor ich den nächsten Schritt in der Erörterung der grundlegenden Voraussetzungen der mathematisch-physikalischen Erkenntnis vollziehe, will ich noch ein letztes Mal unsere bisherigen Ergebnisse zusammenfassen:

1. Die naturwissenschaftliche Betrachtungsweise, die Theorie, stellt die Naturwirklichkeit gegenständlich fest, wobei auch das Ungegenständliche der Neuen Physik sich dieser Herausforderung nicht entzieht.

2. Das Experiment stellt »im weiten Sinne der prüfenden Beobachtungen« dabei *die* Weise dar, wie der jeweilige »Versuch anlegt und in welcher Absicht er unternommen wird (und) worin er gründet.«[55]
3. Das Mathematische der Mathematik, soweit sie die Grundlage der naturwissenschaftlichen Erkenntnis schlechthin darstellt, und so mit dem Experiment zusammen zum integralen Bestandteil jeder naturwissenschaftlichen Erkenntnis gehört, bringt im Rahmen dieser Grundintention eine bestimmte Absicht zum Ausdruck, unter der die Natur betrachtet, d.h. theoretisch und praktisch 'er-faßt' werden soll. So stellt das Mathematische der mathematischen Erkenntnis u.a. eine bestimmte Aneignungsform nicht nur der 'Natur', sondern ganz generell gesehen der uns umgebenden Dinge dar, was heißt: daß wir stets 'berechnend' von einem Ding Besitz ergreifen und über dieses Ding dann auch 'berechnend' verfügen.[56]
4. Die mathematisch-physikalische Naturerkenntnis vertraut auch heute noch darauf, daß die Natur im Grunde genommen einfach ist, ein ehrliches Spiel mit uns treibt und sich unter gleichen Bedingungen auch immer wieder an die gleichen Ge-setze und Regel-Vorschriften halten wird. Sowohl die Astro- als auch die Elementarteilchenphysik müssen davon ausgehen, daß sie sich insgesamt gesehen beide auf die Natur *verlassen*, ja daß sie unter den angegebenen Bedingungen auch immer mit ihr »rechnen« können. Damit möchte ich schon jetzt
5. auf einen weiteren Gesichtspunkt hinweisen, der leider sehr schnell bei all diesen Überlegungen, auch von namhaften Physikern, immer wieder unter den Teppich gekehrt wird: daß alle diese *Vor*-gaben und *Voraus*-setzungen nur für *die* Naturerkenntnis gilt, die in der beschriebenen Weise, nämlich *wissenschaftlich*, die Natur 'vergegenständlicht', nicht aber für die, die sich dieser Vergegenständlichung '*entzieht*'. Wir müssen uns mit anderen Worten zu jeder Zeit der Tatsache bewußt sein, daß das, was sich uns unter dem hier vorrangig zur Erörterung stehenden mathematisch-physikalischen Erkenntnisideal '*zeigt*', stets doch wieder nur einen Teil des Ganzen darstellt, so daß das, was sich unter der industriell (wenn ich hier an die Beschleuniger denke) – wissenschaftlich-technischen Perspektive, in der sich heute nun einmal unsere mathematisch-physikalische Erkenntnis ganz praktisch vollzieht, nicht 'zeigt', aber genauso wirklich ist, wie das, was sich 'zeigt', bzw. unserem von vornherein naturwissenschaftlich eingestellten Blick 'entbirgt'.[57]

Schon Einstein wurde nicht müde, immer wieder darauf hinzuweisen, daß das Unbegreifliche der Welt – und er dachte hier aus naheliegenden Gründen an die naturwissenschaftliche Welt – darin besteht, offensichtlich be-greifbar zu sein. Was aber vielleicht in diesem Satz noch nicht so deutlich zum Ausdruck kommt ist die Tatsache: daß die Natur vom Naturwissenschaftler stets zuerst *zum berechenbaren Objekt des wissenschaftlich-technischen Aneignungsprozesses »gemacht« wird*, so daß sich schließlich zurecht dann auch gleich die Frage stellt: ob sich nicht die Natur, gemeint ist sicher die natura naturans, durch ebendiesen Vergegenständlichungsprozeß des mathematisch-physikalischen Erkenntnisideals »entzieht«?

Jede Naturerkenntnis, das ist uns sicher inzwischen bewußt geworden, beginnt mit einem 'Entwurf', den wir der Natur entgegenhalten, wenn nicht gar überstülpen, mit einer bestimmten Betrachtungsweise, wie wir sagten, mithin einer Theorie, einem generellen *Vor*verständnis, dem die Prüfung erst nachfolgt. Kein Entwurf und keine Theorie kann dabei als endgültig bestätigt angesehen werden. Jede wissenschaftliche Aussage stellt vielmehr eine umfassende Verallgemeinerung von immer nur begrenzten Beobachtungen dar, wobei die Berechtigung zu einer solchen Verallgemeinerung wiederum auf der durchgängigen Prämisse beruht: daß man sich auf sie nur solange verläßt, solange sie nicht durch andere Erfahrungen widerlegt worden ist. Folglich beruht jede wissenschaftliche Erkenntnis von vornherein immer nur auf *»Mutmaßungen«* (Karl Popper) und auf nichts anderem.

Andererseits bleibt auch daran zu erinnern, daß die naturwissenschaftliche Erkenntnis auf die Natur im Sinne der natura naturans angewiesen bleibt, so daß Heidegger sagen konnte, daß »auch die noch so vergegenständlichte Natur, als Objekt und Gegenständlichkeit für die Naturwissenschaft, an der stets schon anwesenden Natur nie vorbei und [...] nie um (sie) herum« kommen kann[58], auch wenn sie sie natur*wissenschaftlich* gewissermaßen nicht 'greifen' kann. Mit anderen Worten: Unter Einbeziehung aller Vorbehalte, die wir im Hinblick auf das Naturverständnis der neuzeitlichen mathematisch-physikalischen Naturerkenntnis gemacht haben, wird und kann die Naturwissenschaft zu keiner Zeit mit der Natur, der natura naturans, »fertig« werden. So mag auch die Neue Physik »die allgemeinste und durchgängige Gesetzlichkeit der Natur aus der Identität von Materie und Energie vorstellen, dieses physikalisch Vorgestellte ist (dann) zwar die Natur selbst, jedoch unweigerlich (wieder) nur die Natur als Gegenstandsgebiet, dessen Gegenständlichkeit sich erst durch die physikalische Bearbeitung bestimmt und in ihr eigens erstellt wird.« Daraus folgt, daß die Natur der Naturwissenschaft auch unter den Gesichtspunkten Heisenbergs und seiner Schule stets wieder »nur *eine* Art« ist, *wie* sich unter den gegebenen Bedingungen die Natur dem Naturwissenschaftler 'zeigt'; »auch wenn (dabei) das Gegenstandsgebiet der Physik in sich einheitlich und geschlossen ist, kann diese Gegenständlichkeit (aber doch) niemals die Wesensfülle der Natur (schon) einkreisen.«[59]

## 7.

Indem der Naturwissenschaftler nach der Natur, d.h. in neuzeitlicher Weise nach den Grundprinzipien des nicht zuletzt uns in unserem Sein maßgeblich bestimmenden Naturgeschehens fragt, vollzieht er, wenn auch nicht immer bewußt, schon eine ganz spezifische Distanzierung seiner eigenen und der ihn umgebenden Natur gegenüber, eine Distanzierung, ohne die sich keine *wissenschaftliche* Erkenntnis, schon gar keine mathematisch-physikalische Erkenntnis, vollziehen kann und die als eine der fundamentalen Voraussetzungen der mathematisch-physikalischen Erkenntnis folglich auch nicht übersprungen werden darf, wenn man den *wissenschaftlichen* Erkenntnisprozeß verstehen will.

Dabei zeigt dieses Phänomen von vornherein eine ganz spezifische und mit anderen Lebewesen unvergleichbare Fähigkeit und Möglichkeit, d. h. Freiheit des Menschen an, das Ganze dessen, was existiert, überhaupt als 'Gegenstand' ('Weltall' bzw. 'Einheit' der Elementarteilchen) einer wissenschaftlichen, durch Beobachtung und Experiment, schließlich einer mathematischen Beschreibung überhaupt, zugänglich machen zu können. Es liegt im Wesen von uns Menschen, uns u.a. zu erkennbarem bzw. erkanntem Seienden, wie 'Natur und Geschichte', auf die wir im 2. Teil zu sprechen kommen werden, überhaupt verhalten zu können.[60] Wir können daher auch sagen: Der mathematisch-physikalische Erkenntnisprozeß erschließt eine *bestimmte* objektivierte Wirklichkeit, ohne daß wir von ihr schon auch auf das Ganze der Wirklichkeit, will sagen: der natura naturans schließen können. Die konkrete Frage lautet aber jetzt: *Wer* erschließt diese Wirklichkeit? Antwort: *wir*, der Mensch – hier in der Rolle des Naturwissenschaftlers. Das heißt wiederum nichts anderes, als daß der Mensch, insofern er 'als' Wissenschaftler nach der Natur fragt, stets auch schon immer miterfragt ist, wenn, wie wir es in diesem Kapitel hier tun, nach der Grundverfassung der Naturwissenschaft und hier insbesondere nach der Grundverfassung der Neuen Physik, der Jahrhundertphysik gefragt wird.

Bei der Analyse der Grundvoraussetzungen der Wissenschaft kann und darf mit anderen Worten also das handelnde Subjekt zu keiner Zeit ausgeklammert werden. Ganz im Gegenteil: Der Charakter der Wissenschaft, wie hier der mathematisch-physikalischen Naturwissenschaft – und später der Geschichtswissenschaft – erschließt sich erst dann, wenn wir alle Bedingungen, die mit der Wissenschaft *vor*gegeben sind, mit in unsere Erörterungen einbeziehen.

Inzwischen wissen wir: Die Naturwissenschaft fragt in einer spezifischen Weise nach der Natur; sie steht mithin unter einer *spezifischen* Perspektive, die wir beispielhaft gemacht haben: Distanzierend 'vergegenständlicht' sie die Natur, will sagen: stellt sie sie als 'Gegenstand' – in unserem Falle: als mathematisch exakt beschreibbares Materiegeschehen – vor, um sie so ihren Zielen und Zwecken 'verfügbar' zu machen. Am Ende scheint es so, als ob die Natur abgehoben von uns als 'Natur' da 'draußen' erscheint: als Natur der Physik (und der Biologie), nur noch nicht entdeckt in ihrem spezifischen »Natursein«, wobei dieses Seiende, dieser Gegenstand, dieses Objekt 'Natur', wenn es in der Naturwissenschaft überhaupt faßbar werden soll, dann auch erst wieder als Gegenstand bzw. als Objekt verstanden werden muß.

Daß aber der 'Gegenstand' der naturwissenschaftlichen Erkenntnis nicht das 'außerhalb' der menschlichen Geschichte und Praxis gesetzte Sein ist, daß es die immer schon geschichtlich vermittelte, durch die jeweilige gesellschaftliche Praxis konstituierte Realität ist, die zur Diskussion steht, das soll erst endgültig im 2. Teil dieser Untersuchung gezeigt werden. Gleichwohl will ich schon jetzt hervorheben, daß die Frage nach der Entstehung des Weltalls, nach seiner Genesis, insbesondere nach dem Hergang und der Zukunft unseres eigenen Planeten, von dem unsere Untersuchung ja ausging, ganz sicher in einem unmittelbaren Zusammenhang mit der Frage nach dem Woher, Wohin und Wozu unseres menschlichen und damit zur Verantwortung verpflichteten Daseins steht, wobei die *wissenschaftliche* Beantwortung dieser Frage nur *eine, wenn auch ganz wichtige, Weise* darstellt, auf diese Frage eine Antwort zu finden.

Wir erinnern uns in diesem Zusammenhang: Durch Messungen im Infraroten, in dem Spektralbereich, der zwischen dem sichtbaren Licht und der Radiostrahlung liegt, öffnet sich uns ein Tor, das uns einen Zugang zu den Phänomenen der Sterne, einschließlich unseres eigenen Planeten, ermöglicht. Damit darf aber nicht das Faktum übersprungen oder gar verdrängt werden, *daß es immer ebendieser neuzeitliche Mensch in einer ganz bestimmten geschichtlich-sozialen Situation ist, der von seinem Dasein aus,* in unserem Falle: in der Rolle des Wissenschaftlers, der *Erscheinungsmannigfaltigkeit der Natur nachfragt,* wobei er, wie wir gesehen haben ständig – und heute geradezu insistierend – auch nach der dieser Mannigfaltigkeit zugrundeliegenden 'Einheit' fragt.

Dabei ist das seit Descartes vertraute Subjekt/Objekt-Schema, in dem der Mensch die »Bezugsmitte« alles Seienden darstellt, ein, wie wir heute wissen, notwendiges Konstrukt, das aus der Beantwortung der Seinsfrage abgeleitet wurde und nach wie vor abgeleitet wird: daß die 'Wahrheit das Ganze' sei und dieses 'Ganze' das auf sich selbst gestellte Subjekt, dessen Geschichte die gestaltbare Welt und ihre Wirklichkeit einschließt. Für Heisenberg ist daher zurecht 'Wissenschaft' eine von Anfang an *vom Menschen geleistete Tätigkeit,* d.h. *eine bestimmte Form gesellschaftlicher Praxis, die sich auf spezifische Problemlösungen konzentriert.* Dabei gelangt die mathematisch-physikalische Naturerkenntnis »durch die Gespräche der in ihr Tätigen, die miteinander über die Deutung des Experiments beraten«, eben zu jenen Ergebnissen, die ich im ersten und zweiten Kapitel, aber auch in diesem Kapitel dieser Untersuchung schon kurz skizziert habe. Dazu gehörte u.a. die Einsicht, daß es sich heute verbietet, noch von Teilchen 'an sich' zu sprechen; wir können jetzt und in Zukunft nur noch sinnvollerweise von unserer mehr oder weniger beschränkten Kenntnis der Teilchen reden – exakter ausgedrückt: Nicht eine Existenz in Raum und Zeit 'an sich', sondern das Objekt in seiner Wechselwirkung mit Geräten, die nach wie vor der klassischen Beschreibung unterliegen, gerinnt jetzt zum Gegenstand: zum eigentlichen 'Objekt' der Physik, wie es im Unschärfetheorem Heisenbergs heißt. Wörtlich Heisenberg: »In den Experimenten über Atomvorgänge haben wir es mit Dingen und Tatsachen zu tun, mit Erscheinungen, die ebenso wirklich sind wie irgendwelche Erscheinungen im täglichen Leben. Aber die Atome oder die Elementarteilchen sind nicht ebenso wirklich. Sie bilden eher eine Welt von Tendenzen oder Möglichkeiten als eine von Dingen und Tatsachen« – ich darf hinzufügen: im herkömmlichen Sinne.

Das ist aber nur die eine Seite des Erkenntnisideals. Die andere findet im folgenden Satz Heisenbergs ihren Ausdruck: »Die Naturwissenschaft setzt den Menschen immer schon voraus«, schreibt er, »und wir müssen uns, wie es Bohr ausgedrückt hat, dessen bewußt werden, daß wir nicht nur Zuschauer, sondern stets auch Mitspielende im Schauspiel des Lebens sind.«[61] Da der Mensch also die 'Dinge' nicht direkt wahrnehmen kann, schreibt Heisenberg weiter, muß er sie zuerst in Vorstellungen und Begriffe transformieren, seine sinnlichen Eindrücke durch sein Vorstellungsvermögen ordnen und schließlich »ihre Gesamtheit gewissermaßen in eine Vorstellung, in ein zusammenhängendes, 'sinnvolles' Bild verwandeln.« Folglich sei auch stets zu prüfen, woher die Bilder für unsere Vorstellungen kommen, wie sie begrifflich gefaßt werden müssen und in welcher Beziehung sie überhaupt zu den Dingen stehen, *bevor* wir sicher über die durch sie gewonnenen »Erfahrungen« ein Urteil abgeben können. Damit hängt wiederum zusammen, daß nach Heisenberg ein Verständnis bezüglich der nicht direkt wahrnehmbaren 'Dinge' auch nur möglich wird, wenn man *mathematische Formen* in dem fast unentwirrbaren und unübersehbaren Gewebe der Naturerscheinungen entdecken kann, wie man generell auch heute noch davon ausgehen muß, daß die 'Natur selbst', d. i. wieder die natura naturans – und hier gerät Heisenberg eindeutig in den Bereich philosophisch-metaphysischer Spekulationen – mathematische Strukturen aufweisen muß: als Voraussetzung jener implizierten Verhaltens*erwartung*, auf die wir zu Beginn dieses Kapitels schon zu sprechen kamen. Was wir hier also ganz deutlich verfolgen können, ist, daß die Mathematik ganz sicher das letzte unbezweifelbare Ausdrucksmittel für das ist, was man physikalische Erkenntnis nennt, so daß die Physiker auch allzu leicht dazu verleitet werden, anzunehmen, daß sich die natura naturans von vorneherein *mathematisch verhält*. Das hat sich bis heute nicht wesentlich geändert, auch wenn wir bei Heisenberg auf ein- und derselben Seite das genaue Gegenteil formuliert finden. Wenn auch Platon schon namentlich in seinem 'Staat' die Mathematiker seiner Zeit dazu aufforderte, sich deutliche Rechenschaft über den eigentlichen Gegenstand ihrer Forschung abzulegen, so wies er gleichzeitig aber auch schon darauf hin, daß namentlich die Geometrie auf die *»Erkenntnis des immer unveränderlichen Seins«* ausgerichtet sei und ein Mathema schließlich als ein Seiendes anzusprechen von vorneherein schon einen Irrtum darstelle. Das Denken des Mathematischen gehöre dem Menschen nicht zu, sondern einzig und allein dem Sein, das sich in seiner vollkommenen Ordnung in vollkommener Weise dem menschlichen Denken offenbart.

Heisenberg unterstreicht diese Tendenz, wenn auch unter Einschränkungen, im folgenden immer wieder, was wir bisher mehrfach in dieser Untersuchung hervorgehoben haben, und was nicht wieder verloren gehen darf: daß es dem Naturwissenschaftler stets um ein- und dasselbe geht: um das, was er vorweg schon unter 'Natur' versteht bzw. immer schon verstanden hat: um jenen Entwurf der Seinsverfassung der Natur bzw. in der Heisenbergschen Terminologie: um jene »Urbilder« und »Ideen der Materie«, die Heisenberg, wie wir gesehen haben, mit den regulären Körpern in Platons 'Timaios' *vergleicht*, und die nach seinem Verständnis aber das ganze Geschehen bestimmen, präziser formuliert: auf eine ganz außergewöhnliche, nur im Staunen zu begreifende Art *gleichnishaft* verkörpern. Heisenbergs Credo lautet daher: »Diese Urbilder bestimmen das ganze weitere Geschehen. Sie sind die Repräsentanten der zentralen Ordnung. Und wenn auch in der Entwicklung der Fülle der Gebilde später der Zufall eine wichtige Rolle spielt, so könnte es sein, *daß auch dieser Zufall irgendwie auf die zentrale Ordnung bezogen ist.*«[62] Man ist versucht, wieder mit Einstein zu sagen: Gott würfelt auch nach den Vorstellungen Heisenbergs nicht. Das ist merkwürdig genug, wenn man daran denkt, daß Einstein diesen Satz gerade im Hinblick auf Heisenbergs Postulate formulierte.

*8.*

Vergegenwärtigen wir uns vorläufig noch einmal die Vorgehensweise der mathematisch-physikalischen Erkenntnis, von der sich vornehmlich auch Heisenberg leiten ließ, dann bleibt es eine unwiderlegbare Tatsache, daß die Objekte der gegenständlichen Welt schließlich auf die Anstrengung jenes menschlichen Verstandes verweisen, der die Welt der Objekte ein für allemal *einem einzigen Prinzip* zu unterwerfen sucht.

Dies war und ist auch heute wieder nur möglich durch die einst von Descartes inaugurierte Lehre von den zwei einander entgegenstehenden Substanzen: der Res extensa und der Res cogitans. Diese Lehre stellt bis heute für das neuzeitliche Realitätsverständnis eine Art Regierungserklärung des zur universalen Herrschaft über die Dinge gelangten neuzeitlichen Ich, das Naturwissenschaft betreibt, dar. Sie geht davon aus, daß dem denkenden und handelnden Ich die Welt der Dinge und Tatsachen gegenübersteht, wobei das denkende und alles sich vorstellende Ich zum alleinigen Ausgangspunkt aller Erkenntnis stilisiert wird. Die Sinne können täuschen, aber der Verstand, wenn er nur richtig gebraucht wird, kann dieses nicht. Was ist jedoch in dem Descarteschen wissenschaftlichen Erkenntnismodell der Verstand? Antwort: die mathematische Methode. Nur mit ihr und durch sie kann nach Descartes die wirkliche Welt, d.h. die Wirklichkeit, entdeckt und ihren Gesetzen gemäß aufgeklärt werden.

Schon in seinem 'Dialog über die Weltsysteme' spricht Galilei dieses neue Selbstbewußtsein des mathematischen Denkens aus: An Umfang ist das menschliche Denken nichts gegen den unendlichen Geist Gottes, aber an objektiver Gewißheit steht er ihm in den mathematischen Wahrheiten, auch wenn wir unsere Erkenntnis in kleinen Schritten vollziehen müssen, in nichts nach; als mathematische Methode ist menschliches Denken daher göttlich. Noch der naturwissenschaftliche Positivismus des 19. Jahrhunderts war, zunehmend gelöst von den herkömmlichen metaphysischen Bezügen, von diesem Optimismus bestimmt. Es war das Jahrhundert der angewandten Rationalität: der technischen Erfindungen. Es folgte die Wende zum wissenschafts- und fortschrittsgläubigen Naturalismus und schließlich, worauf ich jetzt nicht weiter eingehen will, die tiefe Zivilisationsskepsis in den 20er Jahren unseres Jahrhunderts.

Aber das ist auch nur wieder die eine Seite des vielzitierten Erkenntnisideals. Ihr gegenüber befindet sich die Res extensa: *die zur Gegenständlichkeit eingeengte Wirklichkeit*, die Realität, wobei – und das ist nunmehr das entscheidende – ihre Wahrheitsfindung letzten Endes unter Ausschaltung des beobachtenden, forschenden Subjekts erfolgen soll! Nachdem Descartes alles das, was mathematisch faßbar ist, zur unbezweifelbaren Gewißheit, zur certitudo, erklärt hatte, galt der Satz: daß nur das, was mathematisch bestimmbar, will sagen: in ein Kalkül einzubringen ist, überhaupt existiert. Damit wurde erstmals die neuzeitliche Naturwissenschaft – wenn auch schon in der Antike vorgezeichnet (zusammen mit den Möglichkeiten des Experiments) – begründet und gerechtfertigt. Sie beschäftigte sich ab sofort nur noch mit den in der Natur 'beobachtbaren' und 'meßbaren' Gegebenheiten und Vorgängen. Das forschende Denken, als Angelegenheit des alles sich vorstellenden verstandesgemäßen Ich, blieb danach 'an sich' evident. Cogito me cogitare: wenn ich denke, denke ich zugleich: daß ich es bin, ohne mich als Gegenstand des Denkens gleich schon mit ins Kalkül einzubeziehen. Ego cogito – sobald ich denke, denke *Ich*. Das Ich wird so zum Subjekt: dem die Objektwelt in Trennung gegenübersteht.

Diese vorgebliche Trennung führte, wie wir heute wissen, im Verlauf der neuzeitlichen Entwicklung der Naturwissenschaft zu dem bekannten und schon erörterten Objektivitätspostulat der Subjektbildung, die jedoch in unseren Tagen, wie schon durch die Heisenberg-Zitate angedeutet, von Seiten der Naturwissenschaft, insbesondere von der Physik und der Philosophie, hier vor allem durch die Existenzialontologie Heideggers, aufgegeben wurde. Ich möchte das, was ich damit sagen will, noch präzisieren.

Lag bisher der mathematisch-naturwissenschaftlichen Forschung die strenge Trennung von Erkennendem und Erkanntem zugrunde, so gelang es Heisenberg durch sein Theorem der Unschärferelation, das Subjekt nunmehr gleich mit in die physikalischen Überlegungen einzubeziehen, wenn er sich auch in seiner konkreten wissenschaftlichen Arbeit immer wieder in der Subjekt-Objekt-Polarisierung wiederfand. Dem ging Heidegger in 'Sein und Zeit' (1927) insoweit schon konsequenter nach, als er in seiner Rede vom Dasein als In-der-Welt-sein exakt die Gleichursprünglichkeit von Welt und Dasein in dem von Heisenberg angedeuteten Sinne aufwies: sofern es ist, ist das Dasein, ist der Mensch – ob er nun 'Natur'- oder 'Geschichts'-wissenschaft betreibt, ist dabei völlig gleichgültig – *zugleich schon in-der-Welt*, und nicht irgendwie erst »da« und dann auch noch irgendwie in einem nachträglichen wissenschaftlichen oder außerwissenschaftlichen Bezug in-der-Welt. Das Dasein ist, worauf Heidegger immer wieder hinwies, mithin also kein freischwebendes Ding, »das zuweilen die Laune hat, eine 'Beziehung' zur Welt aufzunehmen. Solches Aufnehmen schrieb er, »von Beziehungen zur Welt«, sei nun einmal nur möglich, weil Dasein: In-der-Welt-sein sei. Diese Seinsverfassung entstehe dabei nicht erst dadurch, daß außer dem Seienden vom Charakter des Daseins noch anderes Seiendes vorhanden sei und mit diesem zusammentreffe. 'Zusammentreffen' könne dieses andere Seiende 'mit' dem Dasein nur, »sofern es überhaupt innerhalb einer *Welt* sich von ihm selbst her zu zeigen vermag.«[63]

Die von Heidegger damit angesprochene Subjekt-Objekt-Beziehung bzw. Spaltung, von der die neuzeitlich-naturwissenschaftliche Erkenntnis, wie ausgeführt, spätestens mit Descartes ihren Ausgang nahm, hat diese hier erörterte Existenzialstruktur des In-der-Welt-seins also schon zur Voraussetzung. Dabei ist die »Beziehung«, um gleich zu präzisieren, das Ergebnis einer Spaltung von Seiendem in ein solches vom Charakter des Subjekts und in ein solches vom Charakter des Objekts – aber, wie gesagt, immer vor dem Hintergrund des In-der-Welt-seins. Wird diese fundamentale Tatsache verdrängt oder gar vergessen, dann entsteht das »Problem«: *wie* das Seiende vom Charakter eines »erkennenden Subjekts« aus seiner inneren 'Sphäre' hinaus überhaupt in eine 'andere und äußere' Welt gelangen soll? Es entsteht dann aber auch gleich noch die Frage, oder sagen wir das »Problem«: *wie* »das Erkennen überhaupt (dann noch) einen Gegenstand haben« kann – oder anders herum gesagt: »*wie* der Gegenstand selbst gedacht werden (muß), damit am Ende das Subjekt ihn erkennt, ohne daß es den Sprung in eine andere Sphäre zu wagen braucht?«[64]

Gegenüber diesem »Problem« muß mit Heidegger heute betont werden, daß das Erkennen von Anfang an schon ein Seinsmodus des Daseins als In-der-Welt-sein *ist*, wobei dem Erkennen das Vernehmen des Seienden wie des Seins: aufgrund dieses In-der-Welt-seins als 'Voraussetzung' vorausgeht, also überhaupt nicht ohne diese Voraussetzung denkbar ist. »Das Vernehmen«, das ich hier als die notwendige »Voraussetzung« des Erkennens anspreche, hat dann »die Vollzugsart des 'Ansprechens' und 'Besprechens' von 'etwas' als 'etwas'.« Auf dem Boden dieser Auslegung wird dann das 'Vernehmen' erst zum 'Bestimmen'; das Vernommene und Bestimmte erst in Sätze ausgesprochen und als solches dann Ausgesagte auch erst »behalten und bewahrt«. Das wiederum ist aber nur möglich, weil es das Dasein eben selbst ist, das als In-der-Welt-sein »erkennt«.[65] Ich spitze diese Argumentation aber gleich noch einmal zu: Mit Heidegger steht das von Heisenberg oben zitierte das Unschärfetheorem unter Erfolgszwang, nach dem aufgrund der Existenzialstruktur des »Daseins als In-der-Welt-sein« das Dasein eben nicht vom Sein getrennt werden darf, weil diese Trennung nur eine scheinbare, eine fiktionale ist. Das In-der-Welt-sein meint dabei eine »ursprüngliche« und nicht kategoriale Bestimmung des Daseins, die *wissenschaftlich* nicht, auch nicht von der Neuen Physik, eingeholt werden kann. Um bei unserem Thema zu bleiben: Die uns allen mehr oder weniger geläufigen Weltbilder – etwa das Bild der Physik, der Biologie, der Soziologie etc. von der »Welt« – sind unter dieser Perspektive gesehen auch nur denkbar und ausformulierbar unter der Voraussetzung dieser existenzialen Struktur des Daseins: als In-der-Welt-sein. Sie entsprechen dem objektivierenden Denken, zu dem nun einmal die mathematisch-physikalische Erkenntnisweise gehört, und das das 'Sein', die 'Zeit', die 'Welt' als 'Gegenstand' oder 'Ungegenstand', als, wenn auch möglicherweise nicht immer dingfest zu machendes, 'Objekt', etwa der 'Natur' und/oder der 'Geschichte' auf den Begriff zu bringen versucht.

Dies zu erkennen erlaubt uns erst in ihrer vollen Konsequenz jene Einsicht in die existenziale Struktur des Daseins, die uns dann auch erst endgültig von den metaphysischen Welt- und Leitbildern, die oft auch als wissenschaftliche Dogmen, als -ismen ihr Unwesen treiben, befreien kann. Eine solche Befreiung darf aber nicht wieder als eine gelegentlich nebenbei zu erledigende Aufgabe wahrgenommen werden: diese Aufgabe muß in offener und radikaler Kritik – wie in »Sein und Zeit« schon versucht – in aller Konsequenz dann auch vollzogen werden. Die Schwierigkeit der Durchführung dieser Aufgabe besteht sicher darin, daß wir heute alle bereits *in* einem von der objektivierenden Wissenschaft entworfenen industriell-wissenschaftlich-technischen Weltverständnis leben – obwohl uns nicht zuletzt gerade durch Heidegger in den letzten Jahren bewußt geworden ist, daß wir uns in Zukunft gerade nicht mehr aus solchen 'Weltbildern' verstehen und begreifen können.

Indem Heidegger auf das Faktum des Daseins als Faktum des In-der-Welt-seins hinweist, das *vor* allem Seienden liegt und jegliches Seiende noch *vor* seinem wissenschaftlichen und verstandesmäßigen Erkennen umfaßt, lösen sich die klassischen Erkenntnispostulate und damit eingeschlossen auch das klassische Realitätsverständnis von Subjekt und Objekt auf, was aber noch lange nicht heißt, daß die Wissenschaft, wie in unserem Falle die Naturwissenschaft, diesem Schema auch weiter folgen muß, wenn sie zu *wissenschaftlich* sinnvollen Ergebnissen gelangen will. Daher spricht Heisenberg zum einen zurecht davon, daß dem 'Beobachter' eine ganz entscheidende Rolle in der mathematisch-physikalischen Erkenntnis zukomme. Durchmustert man aber sein umfängliches Werk auf ebendiesen 'Beobachter' hin genau, so stellt dieser Beobachter nichts anderes als eine Größe in der arithmetischen Einheit der Erkenntnisgewinnung des naturwissenschaftlichen Forschers dar, ohne daß sich wesentliches am Grundcharakter der physikalischen Erkenntnisgewinnung geändert hätte; er selbst, der Beobachter, findet nach wie vor wenig Beachtung. Wir können auch sagen: Trotz eindeutiger Einführung des Beobachters bleibt Heisenbergs Blickrichtung auch jetzt noch fast ausschließlich auf die *Beobachtersituation* fixiert, um so ihn selbst doch wieder auszuklammern; er selbst als leibliches Wesen gerät nicht in den Blick.[66] »Heisenberg fühlte tief«, schrieb Carl Friedrich v. Weizsäcker, »welcher Abgrund durch die ungesuchte Entdeckung der Untrennbarkeit von Subjekt und Objekt in der Quantentheorie« eröffnet wurde, *»aber er empfand auch, daß man im* Abgrund nicht leben kann; er hielt sich an die präzise Erklärung der Rolle des Subjekts als Beobachter, als Experimentator.«[67] Ein solches Eingehen auf die Entdeckung der »Untrennbarkeit von Subjekt und Objekt« hätte von Heisenberg erfordert, sich wirklich ernsthaft mit Heideggers Daseinsanalytik auseinanderzusetzen, die ja gerade darauf gerichtet ist, die Grundverfassung desjenigen genau zu erörtern, der nach dem Sein und nach der Zeit fragt, nämlich des fragenden und Antwort suchenden Menschen, der u.a. 'als' Wissenschaftler auf ganz spezifische Weise nach ihren Gesetzmäßigkeiten fragt, um eine Antwort auf sein eigenes Woher, Wohin und Wozu zu erfahren.

Mit Heidegger können wir heute ganz sicher präziser als bisher begreifen, daß dem Menschen in seinem Verhältnis zur 'Welt' schon immer eine Welt erschlossen und *vor*-»gegeben« ist, eine Welt, die als Seinsstruktur ihrerseits in der *Zeitlichkeit* gründet und schon immer weiter draußen ist als die Beziehung von Subjekt und Objekt; ja aufgrund dieses In-der-Welt-seins kann dann auch das Dasein erst ein Verhältnis zu jeglichem Seienden 'haben und finden'. In der Erkenntnis dieses fundamentalen Zusammenhangs gewinnen wir schließlich auch erst ein besseres, weil präziseres Verständnis für die Reich- und Tragweite des bislang die naturwissenschaftliche Erkenntnis tragenden Subjekt-Objekt-Schemas, das nicht zuletzt durch die 'Jahrhundertwissenschaft' Heisenbergs voll in Frage gestellt, sieht man aber genauer hin, dann doch auch wieder verfestigt worden ist.

## *9.*

Bisher sollte deutlich geworden sein, daß Sinn und Tragweite der Naturwissenschaft kein naturwissenschaftliches Problem darstellen. Der Sinn und die Tragweite der Naturwissenschaft können nur im Zusammenhang mit einer grundsätzlichen Erörterung der Grundverfassung dessen, der nach der 'Natur' fragt, also des Menschen, angemessen diskutiert werden. Es handelt sich mit anderen Worten also um ein ausschließlich *philosophisches* Problem mit konsequenzhafter Ausstrahlung in die 'Natur'- und 'Geschichts'- bzw. Sozial*wissenschaft* hinein. Wird dies akzeptiert, dann wird auch die Einsicht unausweichlich, daß es zu der Merkwürdigkeit bzw. Eigentümlichkeit der Seinsweise des Menschen gehört, nach sich selbst und nach den Bedingungen seiner geschichtlich-sozialen Existenz überhaupt fragen, sich, wie ich weiter oben sagte, zu erkennbarem bzw. zu erkanntem Seienden wie 'Natur' und 'Geschichte' überhaupt verhalten zu können. Diese Verhaltensmöglichkeit gehört zu jenen *Möglichkeitsbedingungen des menschlichen Daseins*, ohne die von ihm als 'Menschen', als »biologisches« Wesen, nicht gesprochen werden kann. Was aber heißt das konkret?

Dem neuzeitlichen Gewißheitsträger gegenüber erschien die Natur nur noch als Objekt, wobei heute schon gar nicht mehr so wichtig zu wissen ist, daß diese Suche nach Gewißheit ursprünglich als Glaubens- und Heilsgewißheit auftrat und dann auch erst in der Physik »als Suche nach der *mathematischen* Gewißheit der Natur (Galilei)« sichtbar wurde.[68] Wichtig ist vielmehr, daß das auch noch und erst recht für die Heisenbergsche 'Weltformel' gilt, für jene nun schon oft zitierte Formel, die nach Heidegger im Grunde eine Hauptgleichung für das darstellt: »womit man (heute) rechnen muß, damit man in jedem Fall (heute überhaupt noch) auf etwas rechnen kann.«[69] Was in dieser Gleichung, wollte Heidegger damit sagen, das 'Objekt' anbelangt, so gilt trotz aller von Heisenberg vorgenommenen Revisionen und Einschränkungen immer noch: daß es von dem vorstellenden Bewußtsein des Physikers dazu gebracht werden muß, sich in ebendiesem »Gegenüber« zu halten, um so der mathematischen Berechnung auch in Zukunft zugänglich zu bleiben.

Wenn Heisenberg in seinen Schriften immer wieder darauf hinwies, »daß die heutigen Schwierigkeiten der Elementarteilchenphysik weitgehend auf einer mangelhaften Philosophie und den damit verknüpften falschen Fragestellungen beruhen«[70], so war Heisenberg, wie ich u.a. in dieser Untersuchung zu zeigen versuche, zu Lebzeiten schon in Heidegger ein kongenialer Partner erwachsen, auf den einzugehen für uns heute umso dringlicher wird, je intensiver wir uns mit den Fundamentalfragen der Heisenbergschen 'Jahrhundertwissenschaft', aber nicht nur mit ihr, auseinanderzusetzen haben.

Sofern nach dem Seienden wie hier nach der Natur (wie auch im 2. Teil nach der 'Geschichte') gefragt wird, bleibt daran zu erinnern, daß, wenn auch nicht immer ausdrücklich, damit auch nach dem Woher, Wohin und Wozu unseres menschlichen Daseins gefragt wird, die Frage nach der Natur mit erfragt wird; die Frage nach den näheren Ursachen und Gründen für diese oder jene Gesetzmäßigkeit bleibt daher stets einbehalten in ein letztes, wenn auch nicht ausdrücklich erörtertes 'Warum'. Dieser Bezug ist das, was den Menschen, der u.a. seine naturwissenschaftlich ausgerichteten und heute durch die Naturwissenschaft und Technik geprägten Fragen in Anspruch nimmt, herausfordert, so daß alle näheren Bestimmungen, die den eigentlichen naturwissenschaftlichen Untersuchungen definitiv schon immer *voraus*-'liegen', als überwiegend *philosophischen Ursprungs* angesprochen werden müssen. Wenn z. B. der *Pbysiker* sagt: daß der Raum sich ausdehnt, dann stellt der *Philosoph* die merkwürdige Frage: Wohin dehnt sich der Raum aus? – er »überfragt« also gewissermaßen gleich wieder die Antwort des Physikers. Wenn der *Physiker* z.B. sagt: der Raum ist gekrümmt, dann fragt der *Philosoph*, von was weg gekrümmt? und bringt so dem Physiker gleich wieder zu Bewußtsein, daß die Bilder, in denen er denkt, im Grunde genommen mit ihren Antworten nicht übereinstimmen. Wenn Heisenbergs Quantenphysik die allgemeine Mechanik beliebiger denkbarer Objekte zum Inhalt hat und wenn die Heisenbergsche Elementarteilchentheorie zeigen soll, welche wirklichen Objekte es geben kann und warum es sie überhaupt gibt, bringen die vorhin zitierten Heideggerschen Erörterungen bezüglich der Logik des klassischen Subjekt/Objekt-Schemas erst zu Bewußtsein: daß sich auch diese Physik nach wie vor in dem klassischen Muster bewegt, das maßgeblich von Descartes und späterhin von Kant geprägt wurde. Immer dann aber, wenn sich Heisenberg aus dem Subjekt-Objekt-Schema der klassischen Physik herausbewegte und der Dimension nachfragte, die dieses Schema möglich werden läßt, bewegte er sich auf die von Heidegger explizierte Struktur des In-der-Welt-seins zu, mithin auf jene Struktur, die der Subjekt-Objekt-Beziehung *voraus*-geht. Zu Bewußtsein kommt dann, daß die klassische Schnittfläche zwischen Subjekt und Objekt durchaus willkürlich gelegt ist: Das Ich ist »gesetzt«, ihm gegenüber befindet sich das Gesetzte. In jedem Fall bewegen sich aber die Fragen, die von dem so geprägten, ausschließlich neuzeitlichen Seinsverständnis an das, was ist, gestellt werden, stets *im* Horizont eines permanenten *Vergegenständlichungswillens*, der nur das für wirklich hält, *was sich nun einmal dem universalen Verdinglichungs- und Berechenbarkeitsprozeß zu unterwerfen in der Lage ist*.

Dies gilt in erster Linie für die Gegenstandsbereiche der mathematischen Naturwissenschaft, für die sich – wie ausgeführt – die Bestimmung der 'Natur' in ihrer Berechenbarkeit, d.h. der Berechenbarkeit der Gesetze der Bewegung zeigt. In dieses Konzept gehört aber auch jene universale Formel Heisenbergs, da auch sie alle Möglichkeiten der Bewegung in ihrer endlosen Mannigfaltigkeit abzuleiten und in ihre Berechnung einzubeziehen versucht.

Damit ist selbstverständlich noch keine Aussage darüber erfolgt, 'warum' sich in der neuzeitlichen, von Galilei und Descartes her aufgewiesenen Perspektive die Natur im Sinne der natura naturans so und nicht anders 'zeigt' bzw. 'entbirgt', sich uns so und nicht anders 'darstellt' bzw. sich uns in dieser Weise gegenüber 'verhält', so daß wir auf diese und keine andere Weise überhaupt Naturwissenschaft betreiben können. Auf diese Frage eine Antwort zu finden, gar diese Frage überhaupt noch zu stellen, darauf hat die neuzeitliche Wissenschaft *bewußt verzichtet*, wobei gerade im bewußten Verzicht auf die Erforschung vermeintlicher letzter Ursachen im Sinne eines letzten 'Warum' zugunsten der mathematisch-funktionalen Beschreibung des Energiebzw. Materiegeschehens der großartige Erfolg der neuzeitlichen Naturwissenschaft zu sehen ist.

# 4. Hypothese über die Entstehung des Lebens

*1.*

Nachdem, was wir bisher besprochen haben, drängt sich schon fast selbstverständlich die Frage auf: wie es auf der Grundlage der bisher verstandenen *mathematisch-physikalischen* Prozesse zur Entstehung von biologischen Strukturen aus dem Materiegeschehen kommen konnte. Dabei spielen ganz offensichtlich Biomoleküle, hier vor allem die Proteine, die entscheidende Rolle. Diese Proteine transportieren den Sauerstoff und übernehmen die Funktion von Katalysatoren. Um diese Phänomene jedoch *mathematisch-physikalisch* erklären zu können, müssen die Biomoleküle erst einmal als dynamische Systeme definiert werden. Das heißt: Erst, wenn wir bereit sind, die Biomoleküle als dynamisch arbeitende Systeme zu verstehen, sind wir auch in der Lage, die spezifischen Vorgänge, mit denen wir uns jetzt auseinandersetzen werden, im einzelnen *mathematisch-physikalisch* verstehen zu können.

Fest steht: Die Entwicklung jedes höheren Lebewesens aus der befruchteten Eizelle zum ausgewachsenen Individuum stellt eine Wiederholung des sogenannten Evolutionsprozesses dar, in dessen Verlauf sich die jeweilige Art entwickelt. Diese biologische Rekapitulation erfolgt so, daß sich z.B. während bestimmter Phasen der Embryonalzeit Organe ausbilden, die das ausgewachsene Lebewesen nicht benötigt, und die daher auch vor der Geburt wieder verschwinden. Daraus ist zu schließen, daß die betreffende Art vor Jahrmillionen in einem frühen Stadium ihrer Entstehung eine völlig andere biologische Umgebung, andere körperliche Funktionen und daher auch ein anderes Aussehen gehabt haben muß. Mit äußerster Präzision rekapituliert, man könnte vielleicht auch sagen: »erinnert« das Individuum so bei seiner Entstehung *die Entstehung seiner ganzen Art als vollständigen zeitlichen Ablauf*. Es liegt gleichsam ein biologischer Wiederholungszwang vor – der Wiederholungszwang eines der größten Experimente, die die Natur bisher hervorgebracht hat und die wir mit den gleichen, wenn auch differenzierten Methoden der exakten, will sagen: mathematisch-physikalisch ausgerichteten Naturwissenschaft zu erforschen und zu beschreiben versuchen. Der einzige Begriff, den man erst recht jetzt dieser Erkenntnis hinzufügen müsse, um das Leben zu verstehen, sei der Begriff der Geschichte, schreibt wiederum Heisenberg[71], auf den wir selbstverständlich in diesem Kapitel näher eingehen werden.

*2.*

Es mag Milliarden Jahre gedauert haben, bis die belebte Natur, d. h.: die »belebte« Materie, den richtigen Weg gefunden hat, der schließlich dann zum Erfolg führte. Wie viele Versuche dabei aber in Sackgassen endeten, kann heute höchstens erahnt werden; von ihnen ist keine Spur mehr übriggeblieben.

Auch wenn die elementaren Prinzipien des Entstehens von Leben auf unserem Planeten noch nicht vollständig geklärt sind – und vielleicht auch nicht vollständig geklärt werden können –, so kann man doch von biologischen, durch *Mutation* und *Selektion* hervorgebrachten »Erfindungen« sprechen. Dabei ist, gleich wieder auf den Menschen bezogen, eine Tendenz der Evolution zu einer zunehmenden Distanzierung von den Bedingungen der ur-sprünglichen Umwelt festzustellen.

Der am Uranfang vom nährenden Meer passiv getragene Meeresbewohner, der auf dem Lande einen großen Teil seiner Stoffwechselenergie allein schon dafür verbrauchte, sein eigenes Gewicht zu tragen, entwickelte sich in den folgenden Jahrmillionen immer mehr zu einem Lebewesen, das heute seiner Umwelt aktiv umgestaltend gegenübersteht. Am bisherigen Endpunkt dieser Evolutionsrichtung bildet sich ein Organ, das ebendiese umweltunabhängige Selbständigkeit in einem Maße zu verwirklichen gestattet, das »absolut« genannt werden kann: *das menschliche Gehirn*, das seinem Träger nicht nur den freien Umgang mit der Umwelt, die ihn hervorgebracht hat, ermöglichte, sondern schließlich auch noch die reflektierende Distanz sich selbst gegenüber zustande brachte.

Trotz dieser biologischen Erklärung der 'Entstehung' des Lebens bleibt dann aber immer noch die Frage unbeantwortet: was das Leben selbst ist, wobei es offenkundig kein Differential gibt, das sich zu einer Lebensform integrieren läßt – ganz im Gegenteil. Wir werden, wenn wir uns die einzelnen Bausteine des Lebens vergegenwärtigen, sehen, daß wenn man alle Lebewesen an ein Meßinstrument anlegen würde, auch immer nur ein dem jeweiligen Meßinstrument entsprechender Meßwert angezeigt werden würde. Das aber heißt, und das darf nicht in Vergessenheit geraten: daß alle mathematisch-physikalisch-chemisch vorstellbaren Prozesse, die wir bisher kennengelernt haben und noch kennen lernen werden, sicher notwendig, aber in keinem

Fall schon hinreichend für die Erklärung der Existenz von Lebewesen sind. Dies meine ich, wenn ich sage, daß es von den Lebensformen, die existieren, bisher keine Differentiale gibt.

*3.*

Die *Evolution* hat sich offensichtlich bisher in folgenden drei Schritten vollzogen:

1. In der *Chemogenese*, in der die Synthese komplexer organischer Stoffe durch eine Reihe nicht replikativer Mechanismen, wie eine einfache Zusammenlagerung von Materie, photochemische Prozesse, thermische, durch anorganische Katalysatoren bewirkte, und spontane chemische Reaktionen, stattfindet.
2. In der *Biogenese*, in der die Replikation des spezifisch angeordneten Kettenmoleküls DNS stattfindet, das nun wiederum die Zusammensetzung seiner Vermehrungsprodukte steuert – des Polymers RNS und der Eiweißstoffe, aus denen sich Zellen und Organismen bilden. Zufällige Fehler in der Vermehrung dieser Moleküle und die natürliche Auslese der daraus entstandenen Varianten erzeugen schließlich die Vielfalt des Erdenlebens.
3. In der *Kognogenese*, in der schließlich jene Evolution solcher Mechanismen stattfindet, die Warnung, Datenverwertung und den Gebrauch von Symbolen ermöglichen: die Grundbedingungen der Kommunikation und Tradition.

Trotz dieser Vielfalt in ihren äußeren Erscheinungsformen sind dieser Theorie zufolge alle *Organismen aus den gleichen Bausteinen zusammengesetzt*: den Nukleinsäuren, aus denen das genetische Material besteht, und aus den Proteinen, die den weitaus größten Teil der Struktur des jeweiligen Lebewesens bestimmen. Da jedoch bisher nicht ausgemacht werden konnte – und aller Wahrscheinlichkeit nach auch in Zukunft nicht ausgemacht werden kann – auf welche Weise sich die *ersten* Proteine und die *ersten* Nukleinsäuren gebildet haben, konnte auch bisher die Lebensentstehung *nicht* geklärt werden; insofern erübrigt sich auch eine Diskussion über einen Anfang oder Vor-Anfang der Evolution, auch wenn diese Diskussion noch so reizvoll ist.

Tatsache ist: Die von der Biochemie vorgenommenen Analysen der Eiweißstoffe und der Nukleinsäuren werden bereits als Manifestationen des *Lebens selbst* produziert, will sagen: *als Kopien von 'etwas', das bereits als vorhanden ange-*

*nommen wird: ohne mit den Methoden der Naturwissenschaft voll erklärt werden zu können.* Wenn dabei die Entstehung des Lebens vor allem an den Viren experimentell beobachtet wird, dann erfolgt dies aufgrund der einfachen Tatsache, daß in diesem Bereich die analytischen Methoden der exakten Naturforschung am besten anwendbar sind; oder etwas anders formuliert: weil bei den niedrigen Lebewesen der Anteil an physikalisch-chemischen Prozessen am größten ist bzw. weil, je 'lebendiger' das Leben wird, umso unzulänglicher wiederum die Differentialgesetze der Physik und der Chemie im Verhältnis zum Ganzen werden.

Nach dem fundamentalen Satz der molekularen Genetik, der wir uns nunmehr zuwenden, ist die heute so viel zitierte DNS die entscheidende Matrize zur Bildung von RNS, und diese ihrerseits kodifiziert die Synthese von *Protein*, d.h. *Eiweiß*. Die DNS-Moleküle enthalten – und darum haben diese Fragen heute einen so hohen Aktualitätswert – die in den Genen lokalisierte genetische Information. Die gesamte Enzymkinetik, die Abfolge aller Reaktionsmechanismen, die für die Entwicklung der Formen, für das Wachstum, den Stoffwechsel und die Vermehrung der Organismen verantwortlich sind, wird von der chemischen Struktur der Chromosomen bestimmt.

Diese Struktur, die das Individuum als angeborene Veranlagung in der Keimzelle mitbekommt, nennt man genetische Information. Nicht nur das Wachstum und die Ausbildung der Formen, sondern auch das instinktive Verhalten der Tiere wird durch dieses Programm, durch seine Erbkoordination in großem Umfang bestimmt.

Die DNS trägt gleichzeitig aber auch in sich die molekularen Grundlagen für die exakte Selbstverdoppelung, will sagen: für die identische Reproduktion der genetischen Information, und eignet sich daher auch ideal zur Speicherung der Information.

Ich darf erst noch folgende Daten nennen: In den doppelsträngigen DNS-Molekülen (in Gestalt der Doppelhelix des Watson-Crick-Modells) ist ein Strang komplementär zum anderen gebaut, d.h.: die als Sequenz der Basen Adenin, Guanin, Cytosin und Thymiden in einem Strang gespeicherte Information findet sich im zweiten wieder, wobei jeweils Adenin gegenüber Thymidin und Cytosin gegenüber Guanin liegt.

Die DNS ihrerseits bestimmt die lineare Sequenz der Basen in der RNS, die als einsträngiges Polynukleotid vorliegt. Die Basensequenz in der RNS bestimmt die Aminosäuresequenz in den sich bildenden Proteinmolekülen. Eine absolut bestimmende Rolle kommt dabei – das sagte ich schon – den Proteinen als Katalysatoren in den biochemischen Abläufen (Enzyme) und als Bausteine vieler Biostrukturen in allen Lebewesen zu.

Die im Protein vorliegende lineare Sequenz der Aminosäuren wird durch die lineare Sequenz der Basen im RNS-Molekül bestimmt. Während die Proteine aus zwanzig verschiedenen Aminosäuren aufgebaut sind, besteht die RNS aus nur vier verschiedenen Nukleotiden.

Nimmt man jedoch je drei Nukleotide zu einer Gruppe zusammen, so ergeben sich vierundsechzig verschiedene Möglichkeiten von Dreiersequenzen. Tatsächlich werden bei der Synthese von Proteinen immer solche Dreiersequenzen, sogenannte Triplets, abgelesen. Die Zuordnung verschiedener Triplets zu einer Aminosäure wird als genetischer Code bezeichnet.

Die Gene ihrerseits nun determinieren den Aufbau der Moleküle. Sie sind – wie bereits erwähnt – für die Synthese von Eiweißkörpern verantwortlich. Die Struktur – und damit die biologischen Eigenschaften der verschiedenen Eiweiße – sind durch die Anordnung der Aminosäuren in der Eiweiß-Molekülkette bestimmt. Da es – wie oben zitiert – rund zwanzig verschiedene Aminosäuren gibt, stellt ein solches Proteinmolekül einen Text dar, der in einem 20-Buchstaben Alphabet geschrieben ist. Das Gen, das den Aufbau dieses Moleküls bestimmt, ist aber wieder nichts anderes als ein Abschnitt auf einem Nukleinsäure-Riesenmolekül DNS. Die Nukleinsäure ist aus vier verschiedenen Bausteinen, den vier Nukleotiden, aufgebaut, deren Reihenfolge die genetische Spezifität ausmacht. Die Frage, die sich selbstverständlich aufdrängt, lautet: Nach welchem Schlüssel die Zelle den 4-Zeichen-Code ihrer genetischen Information in die 20-Buchstaben-Schrift der Proteine übersetzt?

Dieser Code konnte inzwischen weitgehend entschlüsselt werden. Crick und Brenner (Cambridge) gelang es, in einem rein genetischen Versuch das Codierungsverhältnis 1:3 – drei Nukleotide codieren eine Aminosäure – experimentell zu bestätigen.

Inzwischen stellte sich aber heraus, daß keineswegs jede Aminosäure durch jede andere ersetzt werden kann, sondern daß der Austausch ganz bestimmten Gesetzen unterliegt, die zusammen mit dem weitgehend bekannten Chemismus der Mutationsauslösung Schlüsse über die Natur des genetischen Codes zulassen. Auf diese Weise konnte inzwischen auch eine Liste von Nukleotid-Tripletts zusammengestellt werden, die jeweils den Befehl zur Herstellung einer bestimmten Aminosäure geben.

## 4.

Nach allem, was ich bisher ausgeführt habe, kann festgehalten werden, daß die Entwicklung der Lebewesen in jedem Fall eine Folge der chemischen Entwicklung ihrer genetisch wirksamen Nukleinsäure, also der Erbsubstanz-Moleküle, in den lebenden Zellen darstellt, *wobei das, was wir 'Leben' nennen, schon immer vorausgesetzt wird.* Wir können höchstens sagen, daß das, was wir unter der hier eingenommenen *wissenschaftlichen* Perspektive 'Leben' nennen, sich auf der Basis der chemischen Elemente Kohlenstoff, Wasserstoff, Sauerstoff und Stickstoff und schließlich des Lösungsmittels Wasser entwickelt hat; *mehr nicht.*

Unter 'chemischer Entwicklung' ist dabei der Vorgang *Mutation* zu verstehen; der erblichen Veränderung an den DNS-Molekülen, die für die Weitergabe der Erbinformation sorgen. Diese Veränderung kann z.B. von radioaktiver Strahlung oder durch chemische Einwirkungen hervorgerufen werden, sie kann aber auch eine für uns bislang noch nicht erkennbare Ursache haben.

*Ob* eine *Mutation* stattfindet *und welche* von den unzähligen Erbanlagen sie unter natürlichen Bedingungen trifft, ist nach dem gegenwärtigen Stand der Forschung »reiner Zufall«. Aber nicht nur bei dem initialen Geschehen der molekularen Strukturänderung ist der »Zufall« im Spiel. Von einer Reihe zufallsbestimmter Ereignisse hängt es offensichtlich auch ab, *ob* eine solche Veränderung an die nächste Generation überhaupt weitergegeben wird *oder nicht*.

Vom »Zufall« beherrscht ist z.B. das sogenannte crossing over, bei dem einzelne Stücke zweier gleichartiger Chromosomen ausgetauscht werden, ehe sie die mit einem doppelten Chromosomensatz versehene unreife Keimzelle in zwei Spermien bzw. Eizellen teilt, in denen jedes Chromosom nur einmal vorhanden ist.

Beim crossing over wird das veränderte DNS-Molekül, das Mutat, anderen in dem Chromosom liegenden Erbanlagen zugeordnet. Der 'Zufall' wiederum entscheidet dann darüber, *ob* unter den zahllosen Spermien oder Eiern, die ein Organismus produziert, gerade das an der Befruchtung teilnimmt, in dem sich das Mutat befindet.

Schätzungen für die Zahl der menschlichen Erbanlagen liegen zwischen 0,1 und 6,7 Millionen. Andererseits kann ein Gen an der Ausbildung mehrerer Merkmale beteiligt sein. Bei jeder Fortpflanzung kommt es zu zahlreichen Kombinationen des Neuen mit dem Alten. Das Zusammentreffen des mutierten Gens mit einem Gen A kann für das Lebewesen von Nachteil, die Kombination mit dem Gen B jedoch vorteilhaft sein.

Hier greift schließlich die *Selektion* ein, wobei sich die Vorstellungen über diesen Prozeß gerade in der letzten Zeit stark gewandelt haben. Die Selektion einzelner mutierter Gene ist kein Prozeß des radikalen Ausmerzens oder Bestehenlassens, sondern eher ein statistischer Vorgang, in dessen mitunter recht langwierigem Verlauf ein mutiertes Gen in einer Tier- oder Pflanzenart entweder angereichert oder unterdrückt wird. Jeder Neuerung, sagt *Monod* in: *Zufall und Notwendigkeit*[72], und jeglicher Schöpfung in der belebten Natur liegt einzig und allein der »Zufall« zugrunde; die elementaren Prozesse des Lebens folgen hingegen, wie wir gesehen haben, den *strengen Notwendigkeiten biochemischer Reaktionen*. Ich will auf diesen Satz eingehen und vor allem die Argumentationsebenen so präzise wie möglich hervortreten lassen, da sich an ihren Forderungen unser Grundthema verdeutlichen läßt.

*Monod* postulierte 1960 mit François *Jacob* das erste Regulationsmodell für Lebensvorgänge *auf molekularer Basis. Solche Regulationsprozesse sind die Voraussetzung für alle Lebensvorgänge, gleichgültig, ob es sich um Stoffwechselleistungen, Anpassungsmechanismen oder Differenzierungsphänomene handelt.* Eine solche Regulation ist auf verschiedenen Ebenen denkbar.

*Monod* und *Jacob* leiteten aus vielfältigen Experimenten an dem Darmbakterium Eschirichia coli ab, daß diese Steuerung direkt an den Genen der aus DNS bestehenden Erbsubstanz erfolgen müsse. Um seine physiologischen Funktionen erfüllen zu können, befiehlt ein Gen beispielsweise die Bildung bestimmter Enzyme oder Eiweißkörper. Dies geschieht nicht direkt, sondern unter Beteiligung anderer Stoffe.

Monod und Jacob unterschieden erstmals zwischen Strukturgenen und Regulatorengenen: Während das Strukturgen die Information für die chemische Struktur liefert, übt das Regulatorengen die Kontrolle über deren Synthese aus. Mehrere solcher Strukturgene können in einem Operon, einem geschlossenen Wirksystem, zusammengefaßt sein. Die Regulatorengene erzeugen Repressoren, die genau zu den zu regulierenden Operons – und nur zu diesen – passen.

Als »genetisches Schloß« sind die Repressoren in der Lage, das gesamte Operon und damit dessen Enzymproduktion zu blockieren. Der Repressor kann wiederum durch Moleküle, die von außen in die Zelle gelangen oder von dieser synthetisiert werden, inaktiviert werden.

Mit diesem Modell gelang es erstmals, komplizierte Lebensprozesse auf Schaltkreise mit einem einfachen Rückkoppelungsprinzip zu reduzieren. Die Komplexität der höheren Lebewesen beruht darum letztlich auf dem Ineinandergreifen unzähliger solcher Schaltkreise.

Dieses zunächst aufgrund der genetischen Analyse des molekularbiologischen Verhaltens von Bakterien abgeleitete Modell der Genregulation, das uns auf eine nächst höhere Abstraktionsstufe führt, ist inzwischen bestätigt worden. Alle Komponenten des Systems sind isoliert und weitgehend charakterisiert worden; es gehört ohne jeden Zweifel heute zu den fruchtbarsten Hypothesen der Molekularbiologie.

Gleichzeitig hatte Monod die Bedeutung der Bakterien für die molekular-biologische Forschung erkannt und sie gewissermaßen zu den Haustieren dieser Forschungsrichtung ernannt. Er hatte sich in den letzten Jahren seines Lebens zwar selbst von den Bakterien wieder abgewandt und dafür genetische Untersuchungen an Würmern begonnen. Denn auch er glaubte inzwischen, daß es sehr bald möglich sein werde, die Funktion der komplizierter gebauten Gene der höheren Lebewesen zu entschlüsseln. Dies hat sich aber dann als weitaus schwieriger erwiesen als ursprünglich anzunehmen war.

Wirkliche Fortschritte sind bis heute auf diesem Sektor (noch) nicht erzielt worden. Es ist deshalb auch nicht überraschend, daß Monod schließlich wieder die Rückkehr zu den Bakterien forderte. Die inzwischen möglich gewordene genetische Manipulation, die die Einschleusung des Erbmaterials höherer Lebewesen in Bakteriezellen ermöglicht, sollte deren Erforschung schließlich erheblich erleichtern.

Die Notwendigkeit der Einführung eines »Repressors« innerhalb des Regulationssystems hatte Monod zu einem weiteren, inzwischen voll bestätigten Postulat geführt. Der Repressor mußte, um seine steuernde Funktion erfüllen zu können, irgendwie flexibel sein, d.h.: seine Form auch ändern können. Diese Umlagerung bezeichnete Monod als Allosterie. Die Vorhersage der Allosterie, die alle durch Wechselwirkungen an der Molekularoberfläche ausgelösten Formationsänderungen eines Eiweißkörpers umfaßt, um die geheimnisvollsten und kompliziertesten physiologischen Erscheinungen erklären zu können, gehörte dabei ganz sicher zu den genialsten Einfällen des naturwissenschaftlichen Denkens im letzten Jahrzehnt. Erfuhr das *wissenschaftliche* Werk Monods eine weltweite Anerkennung, so blieb jedoch das *naturphilosophische* Werk, das mich hier vornehmlich interessiert, von Anfang an heftig umstritten.

Seine auf Demokrit zurückgehenden Vorstellungen, daß alles das, was existiert, die Frucht des »Zufalls« und der »Notwendigkeit« sei, wurde kaum ernst genommen. Daß es sich bei diesen Monodschen Reflexionen aber um Fragen handelte, die in bezug auf den 'Zufall' *den Beginn des Lebens* überhaupt betreffen, wurde – wie ich vermute, in Unkenntnis des Voraussetzungsproblems nicht zuletzt der Molekularbiologie – nicht gesehen. Ich habe schon hervorgehoben: Die eigentliche Argumentationsebene beginnt für Monod exakt an der Stelle, wo die Frage nach der *Ursache*, die das *Spiel des Lebens in Gang gesetzt hat und die das Leben auch in seinem weiteren Verlauf bestimmen soll,* gestellt wird. Monods These lautete: daß kein Plan und kein Ziel dem evolutionären Geschehen die Richtung weisen kann; daß vielmehr der bare »Zufall« (in Gestalt endloser Mutationen) die Entwicklung vorantreibt, wenn auch dessen Resultate von eherner »Notwendigkeit« eingefangen und schließlich konserviert werden. Um die Folgen des Lebensspiels aus Zufall und Notwendigkeit (Gesetzmäßigkeit), Folgen wie Gleichgewicht, Wachstum und Evolution einsichtig zu machen, haben inzwischen Manfred Eigen und Ruthild Winkler – Monods Argumente unterstützend – derartige Prozesse anhand von statistischen Kugelspielen simuliert, die für den Bereich der großen Moleküle ebenso repräsentativ sind wie für die Wirtschaft, die Politik und womöglich auch für den Kosmos geistesgeschichtlicher Ideen. Eigen/Winkler: »Alles Geschehen in unserer Welt gleicht einem großem Spiel, in dem von vornherein nichts als Regeln festliegen.« Dabei ist der Mensch »Teilnehmer an einem großen Spiel, dessen Ausgang für ihn offen ist.«[73] Schließlich: »Zufall und Regel sind die Elemente des Spiels. *Einst von Elementarteilchen, Atomen und Molekülen begonnen, wird es nun von unseren Gehirnzellen fortgeführt.«*[74]

Durch die Einführung des 'Prinzips Spiel' durch Eigen/Winkler werden die von Monod vorgetragenen Argumente zusätzlich vertieft.

In dem als großes Spiel des Materiegeschehens bezeichneten biologischen Geschehen liegen danach von vornherein nur die Regeln fest; diese sind objektiver, d.h. *wissenschaftlicher* Erforschung auch zugänglich. Aber weder mit den Regeln allein, noch mit der Kette von Zufällen, die seinen Ablauf individuell gestalten, ist das Spiel schon definiert; das Spiel ist beides zugleich. Anders formuliert: Alle Bereiche der Welt und des Lebens können unter dem Aspekt dieses spieltheoretischen Ansatzes jetzt auf ihre Gesetzmäßigkeiten hin untersucht werden, wobei sich die 'Einheit der Natur' jetzt nicht mehr in Strukturen äußert, sondern allein nur noch in Beziehungen zwischen den Strukturen, und zwar in dem Sinne, in dem ich diese Beziehungen in den letzten Kapiteln schon begrifflich zu fassen versucht habe. Danach wurde, um das Gesagte jetzt auf biochemische Probleme anzuwenden, die Doppelhelix-Struktur durch eine Art von kombinatorischem »Spiel« an ad hoc gebauten 'Modellen' entworfen und nach zahlreichen experimentell bedingten Berichtigungen am 'Modell' im Molekül selbst durch Diffraktion von Röntgenstrahlen verifiziert. Die so ermittelte Struktur heißt jetzt nichts anderes als: *die räumliche Anordnung der Atome in einem DNS-Molekül.*

Mathematisch wäre die Behauptung falsch, die Struktur – und daher die Erbinformation – sei eine »Funktion« der Anordnung, wenn man damit 'kausale Abhängigkeit' meint. Die Bestimmung der Struktur als mathematische Funktion der Lage der Atome würde nur eine eindeutige Zuordnung oder 'Abbildung' etwa in einem *n*-dimensionalen »Raum« angeben, und zwar von einem oder mehreren »Elementen« einer Menge – hier: der Menge der Atome, die man als »unabhängig Veränderliche« ansetzt – zu je nur einem Element einer anderen Menge, die man als von der ersten »abhängig Veränderlichen« anzusehen hat. Die Gesamtheit dieser »Zuordnungen« bilden dann eine mathematisch-funktionelle Struktur. Viel entscheidender aber ist: Im *wissenschaftlichen* Sinne schließt der hier gemeinte Strukturbegriff keine Teleologie und keine Metapher mehr ein; er ist ein *hypothetisches Apriori*, das durch Bestätigungen und/oder Berichtigungen zu einem experimentell wiederholbaren, ein bestimmtes Phänomen oder eine bestimmte Reihe von Phänomenen beschreibenden Aposteriori wird.

Nach diesem Exkurs, der die methodische Seite dieses spieltheoretischen Unternehmens kurz aufzeigen sollte, will ich nun wieder zum Ausgangspunkt zurückkehren.

Nach Eigen/Winkler ist das erkenntnisleitende Interesse ihres spieltheoretischen Konzepts so etwas wie eine 'einheitliche Feldtheorie', aufgrund der jeder einzelne Forschungsbereich der exakt arbeitenden Naturwissenschaft analytisch erfaßt werden und alle zusammen zu einer Synthese vereinigt werden können. Eigen/Winkler sind nun nicht so zu verstehen, als würde jetzt von der Anziehung und Abstoßung der Atome bis zu den Interaktionen unter Menschen und den Gesetzen der Ästhetik alles genetisch auseinanderentwickelt werden können. Vielmehr ist das durchlaufende Prinzip an den 'Beziehungen' zwischen den Strukturen der einzelnen Bereiche, wie auf der Theorieebene bereits formuliert, ausgerichtet. Mit anderen Worten: Spielend dringt – nach Eigen/Winkler – der Leser jetzt in die Rätsel des Kosmos ein, begleitet von dem Bewußtsein, daß diese Rätsel bereits eine rationale Lösung gefunden haben. Es wird ihm gleichzeitig bewußt, daß er als Mensch an einem großen Spiel teilnimmt, dessen Ausgang noch völlig offen ist. Er muß daher seine Fähigkeiten auch voll entfalten, um sich als Spieler überhaupt behaupten zu können und nicht zum Spielball des Zufalls werden zu müssen. Das kann er aber nur in dem Maße, in dem er begreift, daß es eben die Konsequenzen des Zufalls sind, die einer Steuerung anheimgegeben sind. Sie zu übernehmen und ethisch zu sichern, ist nach Eigen/Winkler die Aufgabe aller auf dem begrenzten Planeten Erde; »Was alle angeht, können nur alle lösen«, schreiben sie.[75]

## 5.

Gehen wir daher einen Schritt weiter. Die große Leistung des Darwinismus bestand darin, daß er die auch von uns heute vielbewunderte Zweckmäßigkeit in der Natur durch die natürliche Auslese deuten konnte: Die Selektion läßt bei der Entwicklung der Formen nur das zu, was zu dem bereits Vorhandenen paßt. Aber der Darwinismus gibt uns bis heute leider keine befriedigende Antwort auf die Frage: *warum* es überhaupt diese Höherentwicklung gibt, und *warum* diese unwahrscheinliche Steigerung der Komplexität im Fortschritt der Evolution eintritt?

Für die Entstehung des Neuen ist nach Darwin der 'Zufall' verantwortlich. Aber die Erklärung für ebendiesen 'Zufall' konnten die Nachfolger Darwins nicht geben. *Wie ist es z.B. vorstellbar, daß allein durch das Schütteln der Moleküle derart komplizierte Mechanismen zustande kommen, wie sie für das Zusammenspiel von Nukleinsäure und Eiweißstoffen bei der Vermehrung einfachster Zellen nun einmal erforderlich sind?* Je detaillierter unsere Kenntnisse von diesen molekularbiologischen Prozessen werden, um so unwahrscheinlichere Leistungen müßte man daher dem Zufall abverlangen – und schließlich: die Rede vom Zufall wäre dann letztlich auch illusorisch. Bereits Demokrit hatte diese angeblichen Erkenntnisse als Deckmantel der offenkundigen Ratlosigkeit bezeichnet.

Hier führt die Eigensche Theorie, die ich zitierte, sicher einen Schritt weiter. Gesetze, schreibt er, steuern den Zufall. Dabei handelt es sich jetzt nicht um biologische Gesetze, sondern um *physikalisch-chemische Mechanismen*, genauer: um Reaktionsgeschwindigkeiten und stationäre Fließgleichgewichte, wie sie sich *aufgrund der atomaren und molekularen Kraftfelder* ergeben.

Diese Kräfte, deren physikalische Deutung erst der Quantenmechanik gelungen ist, besitzen die besonderen Eigentümlichkeiten, daß sie sich gegenseitig beeinflussen. Daher kann sich die Bindung zweier chemischer 'Partner' lockern, wenn ein dritter hinzutritt. Das hat wiederum zur Folge, daß durch das Zusammenspiel Energieschranken erniedrigt und Reaktionen ermöglicht, beschleunigt und gesteuert werden. Und das wiederum erklärt: wie es dazu kommt, daß komplizierte chemische Systeme bei geeigneter Anordnung aufgrund der Reaktionsgeschwindigkeit überlegen sind. Der Chemiker macht hiervon Gebrauch, wenn er durch Zugabe von Katalysatoren chemische Reaktionen katalysiert und damit lenkt.

So läßt sich jetzt das biologische Geschehen als ein umfassend katalytischer Prozeß verstehen, dessen Komplexität und Differenzierungsgrad, dessen Ineinandergreifen der Glieder alle katalytische Kunst der Chemie übertrifft.

Die Vorgegebenheit der atomaren und molekularen Kraftfelder aber, die in der Struktur der Materie im Wettbewerb der Reaktionsgeschwindigkeiten ihren Grund hat, ist Ursache dafür, daß die komplizierten Systeme den Stofffluß an sich ziehen, sich in stationären Zuständen, in Fließgleichgewichten, stabilisieren und sich aus diesen stationären Zuständen heraus im Wettbewerb der Reaktionsgeschwindigkeiten weiterentwickeln.

Die Leistung der Eigenschen Theorie besteht schließlich darin, daß sie einen *mathematischen* und *experimentell* gut belegten Zusammenhang zwischen der Struktur der Materie, wie sie in den Kraftfeldern der chemischen Elemente zum Ausdruck kommt, und der Aggregation dieser Elemente zu höheren Formen und Prozeßstrukturen aufweist. Das sind dann die 'Gesetze', von denen die Rede ist. Sie besagen, daß die Höherentwicklung kein 'Zufall' ist und auch kein 'Wunder', sondern daß nun einmal die Höherentwicklung Naturgesetzen folgt und überall mit Sicherheit eintreten wird: *wo eben die Begleitumstände dieses gestatten.* Diese Gesetze legen den Entwicklungsprozeß nicht schon im Detail fest, sondern bestimmen nur die Ausrichtung auf eine höhere Komplexität und einen höheren Differenzierungsgrad. Innerhalb dieser Randbedingungen »ereignen« sich im Laufe der historischen Entwicklung schließlich dann *Zufallsentscheidungen,* die Weichenstellungen von erheblicher Bedeutung zur Folge haben. Eigen und Rechenberg haben inzwischen diesen Prozeß mit einer technischen Optimierung verglichen, bei dem ein System aufgrund seiner Programmierung eine *bestimmte Ausrichtung* besitzt, aber seinen konkreten Weg aufgrund der Möglichkeiten, die es antrifft, der »freien Parameter«, selbst aufsuchen muß.

Die Rolle des Zufalls bei der Entwicklung ist ein bekanntes Phänomen. So sind z.B. bei der geschlechtlichen Fortpflanzung aufgrund der Durchmischung des Gen-Bestandes bei einem Elternpaar über 10 Millionen verschieden veranlagte Kinder möglich, zwischen denen der Zufall bei der Reifeteilung die Auswahl trifft.

Der mathematische Formalismus der Eigenschen Theorie gestattet es, bei den frühesten Stufen der Entwicklung, bei der sogenannten präventalen Evolution, Zufall und Gesetzmäßigkeit durch Spielregeln zu bestimmen, wobei der Zufall durch die Struktur der Würfel und die Möglichkeiten der Spielfelder dargestellt wird. An diesen Modellen wird deutlich, *welche* Regeln erfüllt sein müssen, damit eine Ausrichtung zustande kommt, und *welche* Entscheidung für den Weg im Detail dem Zufall anheimgegeben sind. Glücksspiele haben so gesehen den Vorzug, daß Gesetzlichkeit und Zufall durch die Mechanik des Spiels besonders deutlich gegeneinander abgegrenzt sind; von sechs Würfelflächen fällt *mit Notwendigkeit eine, aber welche fällt, ist nicht voraussagbar*!

Nachzutragen bleibt noch: Nach Eigen/Winkler tritt die Evolution durch Selbstorganisation der Moleküle mit Notwendigkeit in offenen Systemen auf, die zu Mutation und Selektion, also zu einer Bewertung ihrer Resultate befähigt sind. Der Weg, den der Optimierungsprozeß dabei einnimmt, ist auf allen drei Stufen: mikro- und makromolekularen, wie der Stufe der vielzelligen Systeme, also auch der Entstehung des Bewußtseins, intendiert, will sagen: die Resultate der Spielregeln steuern auch hier den Zufallsentscheid. Die auf dem genannten Spielbrett mit einigen Dutzend Kugeln demonstrierbaren Vorgänge spielen sich in der Natur allerdings mit einer ungeheuren Variabilität ab, wobei umweltbedingte, u.a. auch sozioökonomische Selektionsmechanismen, für eine Auslese der optimalen Varianten sorgen. Diese Mechanismen wirken bereits auf der Ebene der biologischen Makromoleküle – wie Nukleinsäuren und Proteine sowie deren a-biotisch gebildete Vorstufen.

Aber auch dies bleibt noch nachzutragen: Unter den klassischen Annahmen sprach man bisher von Strukturen, will sagen: von statistischen Kraftwirkungen zwischen materiellen Teilchen, die sich in unmittelbarer Nähe des thermodynamischen Gleichgewichts abspielen, also durch ein Minimum an freier Energie gekennzeichnet sind. Unter den *nicht*-klassischen Annahmen ist es aber jetzt erlaubt, von dissipativen Wirkungen zu sprechen, die fernab vom thermodynamischen Gleichgewicht komplexe Strukturen unter dauernder Dissipation von Energie und Materie aufbauen.

Dabei entsteht Information in lokalem Maßstab: durch selektive Rauschfilterung, jedoch stets auf Kosten von innerer oder von außen her eingespeister Energie. Dissipatives

System und Umwelt sind also mit anderen Worten durch eine Entropiezunahme gekennzeichnet.

Die Entstehung von Ordnung, Struktur und Gesetz verläuft völlig konform mit den Forderungen des Entropiehauptsatzes; es sind zu deren Verständnis weder Maxwellsche Dämonen noch meta-physikalische Prinzipien erforderlich. Dissipative Strukturen sind für die Gestaltbildung und für die räumliche Organisation der Materie selbstreplizierende Systeme von absolut grundlegender Bedeutung. Sie werden entscheidend von den Randbedingungen und Begrenzungen des Systems beeinflußt, sind jedoch in diesem und in dem von der Quantenphysik gegebenen Rahmen völlig determiniert; d.h. daß der Herstellung künstlicher Lebewesen keine prinzipielle, sondern nur praktische, wirtschaftliche und ganz sicher auch moralische Schwierigkeiten im Wege stehen; die bei hochentwickelten Lebewesen involvierte Komplexität ist dabei sicher ungeheuerlich. Dennoch liegt mittelfristig die Schaffung von völlig neuartigen belebten Systemen durchaus im Bereich der Möglichkeiten; sie wird wahrscheinlich durch die Kombination von Gen-Material verschiedenen Ursprungs mit Hilfe des durch Enzyme gegebenen molekularen Instrumentariums in naher Zukunft erfolgen.

Spezifisch geordnete Strukturen sind, das sagte ich schon, nicht voraussehbar, denn deren Entwicklung erfolgt über eine astronomische Zahl von Differenzierungen, wobei der Entscheid sehr häufig durch quantenphysikalische Einzelereignisse gegeben wird. Dennoch ist jede biologische Struktur mit dieser Theorie vereinbar: Der Mensch – oder auch irgendein anderer Organismus *mußte nicht, er konnte entstehen, also aus dem unübersehbaren Katalog der Möglichkeiten durch eine einzigartige Kette von gesteuerten Zufällen ausgewählt werden.*

## *6.*

Aber auch jetzt müssen wir uns wieder der Tatsache bewußt werden, daß das, was wir molekularbiologisch erforschen, *nicht schon die Natur selbst ist, auch nicht das Leben als solches*, sondern in erster Linie die Natur bzw. das Leben, »die unserer Art der Fragestellung ausgesetzt ist«, wobei uns erst jetzt der Satz von Niels Bohr: »daß wir im Schauspiel des Lebens gleichzeitig Zuschauer und Mitspielende sind«, wirklich bedrängt.[76]

Gerade wenn wir nach der *naturwissenschaftlichen Grundverfassung des Lebens* fragen, ist es sicher wieder ratsam, sich noch einmal daran zu erinnern, daß der Erdplanet seit 4.600

Millionen Jahren existiert. Der Mensch, dieser merkwürdige Bewohner dieses Planeten, ist vor ca. 2.4 Millionen Jahren nachgewiesen worden. Die Saurier starben vor ca. 65 Millionen Jahren aus, nachdem sie mehr als 80 Millionen Jahre im Tierreich dominierten.

Die ersten Landpflanzen sind vor ca. 410 Millionen Jahren erschienen; vielzellige Organismen wie Algen, Schwämme und Würmer tauchten erstmals vor ca. 570 Millionen Jahren auf, wobei diese vielzelligen Organismen bereits ein hohes Entwicklungsniveau des Lebens darstellten.

Ihm vorausgegangen war eine lange Periode der Herrschaft einzelliger Lebensformen vor rund 3.5 Millionen Jahren, wobei natürlich bei allen solchen Zahlen auch wieder gleich daran gedacht werden muß, daß sich hinter solchen und ähnlichen Zahlen eine ständige Umgestaltung der Oberfläche des Erdplaneten verbirgt. Der Anblick von Kontinenten und Meeren, so wie sie heute unser Globus zeigt, ist mit anderen Worten sicher nur eine winzige Momentaufnahme. Diese Momentaufnahme besagt u.a., *daß das Leben entstanden ist, als die Temperaturen an der Erdoberfläche soweit abgesunken waren, daß einfachste biologische Systeme überhaupt überleben konnten!* Die Frage nun, wie sich der Übergang von chemischen Systemen zu lebenden Organismen vollzogen hat, ist, wie schon erwähnt, noch völlig offen. Auf jeden Fall müssen die dafür notwendigen chemischen Bausteine, also u.a. Kohlenstoff, Sauerstoff und Stickstoff, bereits in reicher Menge vorhanden gewesen sein. Die erste These lautet daher: es handelt sich um elektrische Entladungen in der Erdatmosphäre, die zunächst primär als Methan und Ammoniak in Zusammenwirken mit dem Wasser der Ur-Ozeane bestanden hat. In Laborversuchen konnte gezeigt werden, daß in der Tat auf diese Weise organische Moleküle bis hin zu Aminosäuren entstehen können. Die zweite These lautet, daß in der Umgebung von Vulkanen aus verschiedenen Gründen die Möglichkeit für die Bildung von *Lebens*bausteinen besonders günstig war. Man könnte auch noch von einer dritten These sprechen, nach der im Universum selbst in jenem ungewöhnlichen Milieu von extrem verdünnten Gasen, kosmischem Staub und tiefen Temperaturen unter der Einwirkung ultravioletter Strahlung große Mengen chemischer Moleküle von erstaunlicher Komplexität entstehen konnten. Die Radioastronomie hat bereits mehr als 60 solch verschiedener Bausteine für die Entstehung des Lebens in den Dunkelwolken unserer Milchstraße nachweisen können, wobei diese Entdeckungen schon zu der Spekulation Anlaß gab, die Erde habe bei ihrer Wanderung um das Zentrum der Galaxis diese Bausteine förmlich angesammelt und damit die Voraussetzungen für das Leben aus dem Weltraum geschaffen. In entsprechenden Labortests entstanden zahlreiche komplizierte Moleküle, die extrem reaktionsfähig sind. Sie können sich rasch zu größeren Einheiten zusammenlagern und bilden so ideale Bausteine des Lebens. Da sich dieses Material auf den kosmischen Staubpartikeln befindet, kann es weitgehend im Originalzustand, und das heißt: ohne Zersetzung durch die Atmosphäre, fallend auf die Erdoberfläche gelangen. In den ersten 500 bis 700 Millionen Jahren der Erdgeschichte wurden demzufolge mindestens eine Million Tonnen komplexer chemischer Moleküle pro Jahr 'Dunkelwolken-Durchquerungszeit' von der Erde 'aufgesammelt!

Selbst bei sehr vorsichtiger Annahme müßte die Erde, folgt man dieser These, einige Milliarden Tonnen an 'Lebensbausteinen' aus dem Weltraum aufgelesen haben. Damit ist natürlich immer noch nichts darüber gesagt, *wie* sich denn wohl der entscheidende Schritt von der »toten« Chemie zu den lebenden, reproduktionsfähigen Systemen vollzogen haben mag? Francis Crick behauptet inzwischen[77], daß das Leben in Form von Bakterien vor 4 Milliarden Jahren gezielt auf die Erde gebracht worden sei und sich dann zu jener Vielfalt entwickelt habe, von der auch wir ein Teil sind. Ergänzend dazu behaupten heute Fred Hoyle und Chandra Wickramasinghe[78], daß alles Lebendige auf Erden erst durch irdische Gene aus dem Weltraum grundlegend in seinem biologischen Aufbau verändert werde und auch verändert worden sei. Gehe man zeitlich zu den ältesten Gesteinen zurück, finde man in den Fossilien frühester Lebewesen keinen unkomplizierten chemischen Anfang. Auch wenn uns versteinerte Bakterien, Algen oder Pilze im Vergleich zu einem Hund oder einem Pferd »einfach« vorkämen, bliebe doch ihr Informationsgehalt unvorstellbar hoch. Daraus folgt: Die biochemische Kompliziertheit muß schon existiert haben, *bevor* sich das erste Oberflächengestein auf Erden gebildet hatte. In 39 000 Meter Höhe wurde schließlich auch nachgewiesen, daß jährlich rund $10^{10}$ Gramm, das sind 10 Millionen Kilogramm der durch den Weltraum segelnden Keime, auf die Erde fallen.

Sowohl Crick als auch Hoyle/Wickramasinghe setzen ihre Kritik an der schwachen, aber alles entscheidenden Stelle der herkömmlichen Vorstellung über die Entstehung des Lebens aus einer chemischen »Ursuppe« an. Bekannt ist, daß selbst beim Vorliegen komplizierter organischer 'Bausteine' die Wahrscheinlichkeit für den Übergang von der Chemie zu lebenden Systemen, wie wir sie kennen, extrem gering ist. Die gängige Lehrmeinung versucht daher, diese Klippe zu umschiffen, indem sie auf die langen Zeiträume sowie auf das schon zitierte Zusammenwirken von 'Zufall und Notwendigkeit' verweist, also m.a.W. auf eine wachsende Selbstorganisationsfähigkeit der Systeme.

Einer scharfen mathematischen Nachprüfung hält diese Behauptung nach Hoyle jedoch bis heute nicht stand. Nehmen wir trotzdem aber einmal an, daß aus der komplexen Chemie Leben entstanden sei, dann bleibt natürlich die Behauptung widersinnig, daß sich dieser Vorgang auf den vielen anderen Planeten, auf denen erdähnliche Bedingungen herrschen, zwangsläufig wiederholt haben muß. Dies ist unwahrscheinlich. »Würden wir«, schreibt Crick, »falls die Erde noch einmal ganz von vorne anfinge mit geringen Abweichungen, damit sich die Ereignisse nicht genau wiederholen würden, erwarten, daß das Leben ein zweites Mal beginne? Oder genauer: Falls es irgendwo einen weiteren Planeten gibt, der der Erde ähnlich ist – wie groß sind (dann) die Aussichten, daß dort Leben entstehen könnte?«[79]

Natürlich besteht »selbst in diesen angenommenen Fällen eine starke psychologische Neigung zu glauben, derartige Vorgänge müßten, wegen des Beispiels des Lebens auf der Erde, äußerst wahrscheinlich sein. Leider ist diese Überlegung (aber) irrig«, da ihm ein »statistischer Trugschluß« zugrunde liegt.[80]

Interessant ist, daß beide Autoren aber zu dem gleichen Schluß kommen. Beide wiesen darauf hin, daß die ältesten Mikrofossilien – sie sind mindestens 3.5 Milliarden Jahre alt – bereits einen sehr hohen Entwicklungsstand repräsentieren, in dem wahrscheinlich schon die Photosynthese benutzt worden ist. Das führt nun wieder zu dem Schluß: daß das Leben nicht auf unserem Planeten entstanden sein kann. Daher spricht Francis Crick auch von einer »gelenkten Panspermie«, von einer gezielten Übertragung des Lebens auf die junge Erde. Er meint, daß eine intelligente Zivilisation irgendwo in unserer Galaxis vor mehr als 4 Milliarden Jahren Raumsonden mit Bakterien zur Erde oder zu zahlreichen anderen Planetensystemen in der Milchstraße geschickt habe, wodurch das jungfräuliche Milieu, die Ur-Ozeane dann gewissermaßen geimpft worden seien. Alles andere sei ein Produkt der Evolution und dies bis hin zum Menschen. Sofort drängt sich natürlich wieder die Frage auf: *wer* denn wohl der »Absender« des »Bakterienraumschiffs« gewesen sein könnte, und wie sich der Transport über welche Zeiträume und Distanzen praktisch vollzogen haben könnte?

Offensichtlich kommt es bei all diesen Fragen heute auf eine präzise Antwort auf eine so präzise gestellte Frage gar nicht an, handelt es sich hier doch eher um ein *Modell*, mit dessen Hilfe die bisherigen Ungereimtheiten in der landläufigen Entstehungstheorie des Lebens in aller Schärfe aufgezeigt werden können. Vieles, was bislang als »gesichertes Wissen« ausgegeben wurde, entpuppt sich so schnell als Legende oder pures Wunschdenken. Trotzdem bleibt es doch recht erstaunlich, daß die früheste Geschichte des Lebens weit besser als bisher verstanden werden kann, wenn man diese außerirdische Infizierungsaktion, d.i. das Beimpfen unseres Planeten mit Mikroorganismen, als nun einmal »gegeben« annimmt. Hoyle und Wickramasinghe betonen daher: »Wenn wir unter 'Schöpfung' das Eintreffen auf der Erde von außen verstehen, dann ist die Einheit der Schöpfung in unserem Bild das Gen (und) nicht die funktionierende Anordnung von Genen. Welche Genanordnungen am Leben bleiben und welche nicht, hängt (dann) von der Umwelt auf der Erde ab. Das Lebenspotential ist kosmisch, seine Verwirklichung (jedoch) irdisch.«

## 7.

Wir haben in den ersten beiden Kapiteln dieser Untersuchung in atomaren bzw. galaktischen Maßstäben gesprochen; wir fragten in diesem Kapitel molekularbiologisch nach der Herkunft und Zukunft des Menschen, wobei wir, bezogen auf das Leben, neben der Physik und Chemie inzwischen wieder die *Geschichte* mit in unsere Untersuchung aufgenommen haben. Aber auch jetzt stoßen wir wieder – wie schon in den beiden ersten Kapiteln – schnell an Grenzen, die, wenn wir sie überschreiten, zu *philosophischen* Reflexionen führen. »Am Ziel der Reise«, schreibt Heisenberg, »sind die Biologen auf jenes Bündel von Informationen gestoßen, die auf der Doppelkette der Nukleinsäure wie auf einem Lochblatt einer elektrischen Rechenmaschine chemisch aufgeschrieben sind und die den Bauplan des Organismus enthalten. Man kann diese Gesamtheit der Informationen oder ihre verschiedenen chemischen Korrelate als eine Art Urlebewesen bezeichnen. Doch ist dabei zu bedenken, daß sich an diesem unteren Ende die Grenzen zwischen belebter und unbelebter Materie«, wie Heisenberg sagt: »verwischen«, so »daß man also auch nur von einem sehr komplizierten Molekül sprechen könnte.«[81] Heisenberg fährt dann einige Seiten weiter fort: »Am Ziel stellt sich (nun wieder) die alte platonische Frage nach dem Wirklichen. Ist jenes Bündel von Informationen (dann) wirklich das Lebewesen, oder ist es nur seine Form, während die darstellenden chemischen Moleküle das wirkliche lebendige Gebilde ausmachen?« Heisenberg gibt nach seinen philosophischen Prämissen die einzig folgerichtige Antwort: »Die Gesamtheit der Informationen ist gewissermaßen die platonische Idee des Lebewesens«, wodurch wir noch einmal »zu dem uralten Problem zurückgekehrt (sind), ob die Idee wirklicher sei als die materielle Realisierung« – und erst jetzt folgt der sehr entscheidende Hinweis: »wobei dann der Zweifel auftaucht, ob es sich vielleicht nur darum handelt, herauszufinden, oder zu definieren, *was das Wort 'wirklich' (überhaupt) bedeuten soll.*«[82] Der Text schließt: »Vielleicht kann man etwas überspitzt sagen, daß am Ziel der Reise nicht mehr Leben und nicht mehr Welt zu finden ist, wohl aber Verständnis und Klarheit im Hinblick auf die *Ideen, nach denen die Welt konstruiert ist.*«[83]

Griff Heisenberg hier also noch einmal auf das ontologische Grundschema der klassischen Philosophie zurück, um so für sich selbst und seine 'Jahrhundertphysik' ein sicheres Fundament zu finden, so stand Jacques Monod am Ende seines Weges diese Möglichkeit schon nicht mehr offen; bei ihm spüren wir ein gänzlich anderes Klima. So schreibt er: Die Molekularbiologie sagt uns heute ganz eindeutig, daß wir Menschen ganz einfach Glück hatten, daß wir eine unter zwei Millionen Tierarten darstellen und daß jede dieser Spezies ein Einzelereignis ist. Solche Einzelereignisse sind jedoch nicht notwendig, sie hätten sich geradesogut auch nicht abspielen können; ihre Wahrscheinlichkeit war äußerst gering. Weder mußte alles Seiende entstehen, noch war seine Entstehung von Anfang an streng determiniert. Von einer notwendigen Evolution kann daher gar keine Rede sein.

Das gilt selbstverständlich auch für die Geschichte des Menschen insgesamt, für die noch gegen Ende des 19. Jahrhunderts eine geheimnisvolle, unbekannte und prinzipiell nicht erkennbare Kraft angenommen wurde. Aber auch das genaue Gegenteil wurde postuliert. Noch in den 60er Jahren unseres Jahrhunderts fand die Theorie Teilhard de Chardins Beachtung, die alles erklärte und alles arrangierte. Sie stellte den Menschen ins Zentrum eines universellen, göttlichen Plans, der im sogenannten Punkt Omega eine transzendentale Verklärung finden sollte. Diese Theorie spiegelt jedoch nichts anderes als eine Variation des Animismus wider, dem die Vielfalt des Lebens, die Möglichkeiten des Menschen nicht anders erklärbar sind, als daß schon das Atom von Geburt an schwanger war.

Die Animisten reagierten dann auch mit größter Heftigkeit auf den von rein *naturwissenschaftlichen* Erkenntnissen abgeleiteten Schluß: daß es überhaupt nichts ausmachen würde, wenn es den Menschen nicht gäbe, daß er rein zufällig in einer gleichgültigen Welt entstand und daß auch alle seine geistigen Regungen und Schöpfungen auf molekularen Mechanismen beruhen. Da die Biosphäre und der Mensch, wir alle also, nicht Teile eines großen Projekts sind, daß sie vielmehr geradesogut auch nicht hätten entstehen können, ist für viele unverständlich und unannehmbar und verleitet sie nun ihrerseits wiederum zu *metaphysischen Spekulationen*, die in allem, was den Menschen betrifft, einen inhärenten Sinn, insbesondere einen solchen, der absolute Sicherheit und Gewißheit verspricht, abzugewinnen versuchen. Diese offenkundig zutage liegende Tendenz entspricht, was auch jetzt wieder deutlich geworden ist, unserer Neigung, alles das, was ist, also die Wirklichkeit, in eine mehr oder weniger objektive Gegebenheit, ja in eine vorgegebene Idee zu verwandeln *und festzuschreiben.*

So ist letzten Endes die Geschichte der naturwissenschaftlichen Erkenntnis ein Prozeß, in dem sich ständig, wie wir gesehen haben, eine Verwechslung der eigenen Konstruktion mit dem angeblich oder vorgeblich ontologisch Realen wiederholt, wobei diesem ontologisch Realen die unterschiedlichsten Auslegungen der Seinswirklichkeit entsprechen, die wir im Verlaufe der abendländisch-europäischen Geschichte von Platon bis hin zu Sartre oder Camus, auf den sich Monod berief, kennengelernt haben. Auf diese Weise trägt auch jeder Naturwissenschaftler, welcher Dimension er sich auch zuwendet, bewußt oder unbewußt (häufig unbewußt) eine Metaphysik mit sich herum, in der *wissenschaftliche Aussagen* in irgendeiner Weise die tatsächlich existierende Wirklichkeit abzubilden versuchen. In Wahrheit jedoch sind solche Aussagen von apriorischen *An*-nahmen mitbestimmt, ohne daß diese *An*-nahmen aber schon, wie ich hoffentlich überzeugend gezeigt habe, mit etwas Ewig-Gültigem oder Transzendentalem gleichgesetzt werden dürfen. Gerade Heisenbergs 'Jahrhundertphysik' zeigt, daß das Apriorische heute mit in die Bewegung geschichtlicher Ereignisse hineingerissen ist, wodurch letzten Endes die traditionelle Auffassung des Apriorischen gebrochen und die Gewinnung neuer Erfahrungsgehalte wieder möglich wurde.

## *8.*

Der Übergang vom Nichtleben zum Leben hat, wenn nicht alles täuscht, offensichtlich auf der Erde stattgefunden, wobei eine letzte Klärung der Frage: *wie* er stattgefunden hat, also nicht erreicht werden konnte. Zwar existieren etliche Theorien, die alle ihre Plausibilität haben, doch welche Theorie die zutreffende ist, diese Entscheidung scheitert am Mangel an Daten; ein präbiotisches Protokoll existiert nicht. Man geht daher weiter davon aus, daß jedes Leben ein biochemisches System ist, das sich aus den immergleichen Substanzen zusammensetzt: aus Lipiden, Kohlehydraten, Proteinen und Nukleinsäuren. Ebenso existieren in allen biochemischen Systemen gemeinsame Prinzipien der Genetik. Die Vielfalt läßt sich dabei auf wenige Prinzipien reduzieren – Prinzipien, die ihrerseits sicher nur eine Teilmenge aller Systeme darstellen, die in einer präbiotischen Phase »ausprobiert« wurden, die aber den Kriterien von natürlicher, molekularer Selektion und irreversibler Thermodynamik bisher genügten, sich mit anderen Worten: durchsetzen konnten.

Diese evolutionstheoretischen Kriterien treffen nun ganz sicher auch auf die Entwicklung des Bewußtseins zu: »Der Geist des erwachsenen Menschen«, schreibt in diesem Zusammenhang Max Delbrück, »hört im Kontext der Evolution auf, eine geheimnisvolle Erscheinung zu sein, er ist kein Ding für sich mehr. Er wird statt dessen als adaptive Antwort auf selektive Zwänge angesehen, was gleichermaßen für nahezu alles andere in der lebendigen Welt gilt.«[84]

Der Geist des erwachsenen Menschen, von dem Max Delbrück spricht, wurde entwickelt, wie alles in der Natur, um das Prinzip der idealen Reaktion auf natürliche Bedingungen zu vervollkommnen. Was aber im Hinblick auf unsere Untersuchung noch weit wichtiger ist: Er ist das Resultat einer enorm gesteigerten Wahrnehmungsfähigkeit als Folge einer enormen Entwicklung der Wahrnehmungsorgane.

Neben den Primaten (und den Katzen) ist der Mensch das einzige Lebewesen, bei dem die Augen in den Frontbereich verrückt sind. Damit wurde die Wahrnehmung durch perspektivisches Sehen und damit das Erkennen von Abständen und Bewegungen mit einer höheren Wahrnehmungsfähigkeit von Farben verbunden und insoweit verschärft. Die plötzliche Flut einsetzender, komplizierter Wahrnehmungsdaten zog eine Vergrößerung des Gehirns nach sich, wobei man sich im klaren darüber sein muß, daß in der bewußten Wahrnehmung Operationen enthalten sind, die gewissermaßen *vor*-bewußt ablaufen. Wichtig zu sehen ist aber auch, daß das, was wir Wahrnehmung nennen, bereits eine Abstraktionsleistung unseres Gehirns darstellt. Der Sinneseindruck als solcher dringt nicht ins Gehirn – und damit selbstverständlich auch nicht ins Bewußtsein ein. Sicher vorschnell wäre aber der Schluß, daß alles, was uns nie als Wahr-nehmung aufscheint, schon ein solipsistisches Trugbild sein muß. Der Erfolg dieses Verfahrens bestätigt dabei durchaus seine Wirklichkeitsnähe; wörtlich Delbrück: »Vom Standpunkt der Evolution aus stellt sich dieses Verfahren als äußerst sinnvolle Adaption dar. Denn dadurch erhält der Geist die Möglichkeit, sich um die wirkliche Welt zu kümmern [...] Wenn sich bei der Drehung der Augen die Bilder der betrachteten Objekte mitbewegen, dann schließt der Apparat der Wahrnehmung daraus, daß die Gegenstände in Wirklichkeit ruhen. Alle diese Vorgänge dienen dazu, Informationen zu abstrahieren, die frei von Schrullen der Sinnesorgane sind und die uns folglich erlauben, aus den empfangenen Wahrnehmungen eine objektive Welt zu konstruieren«.[85]

Die Verschiebung der Augen in den Frontbereich wurde, wie wir heute wissen, allerdings mit einem großen Nachteil erkauft: der Verengung des Gesichtkreises. Wir werden anfälliger für Gefahren aus dem Bereich des Rückens. Deshalb entwickelten die Primaten – und in der Folge wir Menschen – Schutzgemeinschaften, Sozialwesen, in der sich offensichtlich die Sprache aus Zurufen bei Gefahr herausbildete. *Obwohl auch die Bildung der Sprache wie die Entstehung des Lebens nicht restlos rekonstruiert und erklärt werden kann,* was auch Delbrück bezeugt, so steht doch Delbrück zufolge gleichzeitig wissenschaftlich fest: *daß die Fähigkeit zur hochentwickelten Sprache gerade nicht auf die biologische Struktur des Gehirns zurückzuführen ist.* Das menschliche Gehirn zeige, so Delbrück, keinen organisch bestimmten Unterschied zum Gehirn der Primaten, der auf eine *physikalisch gegründete Sprachkompetenz* schließen ließe. Die Entwicklung des Geistes – ich sage gleich noch präziser: *des Bewußtseins*, – brachte aber »vielleicht«, wie Delbrück meint, zusammen mit der Sprache eine wesentliche Neuerung mit in das Leben ein, die er als die Fähigkeit zu lernen bezeichnet. Die phylogenetische Kompetenz konnte damit ontogenetisch erweitert werden. Dabei ist dieses ontogenetische Lernen ganz sicher keine Beigabe, sondern eine Vervollkommnung des Nervensystems. Mit dieser Annahme würde sich dann auch die Streitfrage lösen, was schließlich wertspezifisch vererbt und was vom Individuum angelernt wird. Es gibt Dinge, die liegen dem Individuum a priori vor, artspezifisch werden sie dagegen a posteriori entwickelt. Die Offenheit des Bewußtseins besaß dann von Anfang an phylogenetisch gesehen Grenzen. *Warum* sie aber von Natur so weit gesteckt wurden, *warum* sich überhaupt im Menschen ein Nervensystem herausbildete, das wesentlich mehr konnte, als ursprünglich von ihm verlangt wurde: dafür konnte bislang keine Erklärung gefunden werden, so daß auch die in diesem Kapitel gestellten Fragen im Grunde genommen wieder offen ausgehen.

## 5. 'Natur' als Einheitsvorstellung der Naturwissenschaft

### *1.*

In der Frage der Differenz zwischen der Naturwissenschaft und der Philosophie unterscheidet sich die Gegenwartsphysik und -philosophie in keiner Weise von der klassischen Physik bzw. klassischen Philosophie. Die Physik fragte spätestens seit Galilei und Newton nur noch danach, *wie* sich dieses oder jenes verhält, oder anders ausgedrückt: sie fragte schon hier nicht mehr nach den letzten Ursachen ihrer Anfangsbedingungen. Dafür bezeichnete sie nur noch das aus Gesetzmäßigkeiten *nicht mehr Ableitbare* und jeweils als Gegebenheit Hinzunehmende als 'Anfangsbedingung', d.h. sie interessierte nur noch, *wie* dieser oder jener Zusammenhang zu erklären ist, nicht aber mehr, *warum* sich 'etwas' so und nicht anders verhält.

Newton konzentrierte sich dabei auf die Mechanik und die Wirkung der Schwerkraft. Er formulierte mathematische Gesetze, die eine genaue Berechnung und Vorhersage ermöglichten. Auf diese Weise konnte die Theorie durch Beobachtung und Experiment allererst geprüft bzw. bestätigt oder widerlegt werden. Newton begnügte sich also damit, nur noch zu konstatieren, nach welchen Gesetzen zum Beispiel die Schwerewirkung mit der Entfernung abnimmt. Das heißt aber nicht, daß für ihn die Frage nach dem 'Warum' überhaupt nicht mehr von Interesse gewesen wäre. Weil er aber für eine Erklärung im Blick auf die klassische Warum-Frage keine Antwort, nicht einmal mehr einen sachhaltigen und sachgerechten Ansatzpunkt fand, zog er das Schweigen vor.

Das mag noch einsehbar sein. Merkwürdig genug aber muß heute anmuten, wie sehr die Newtonsche Physik in der Folgezeit sowohl nach der formalen als auch nach der inhaltlichen Seite hin dogmatisiert wurde, wobei der bedeutsame Satz Newtons, daß er die Hypothesen, auf denen er seine Physik aufbaue, nicht erfinde, von den Naturwissenschaftlern des 18. und 19. Jahrhunderts in allen ihren Variationen wiederholt wurde. Es waren Jean de Roud d'Alembert und Auguste Comte, später Ernst Mach und Gustav Kirchhoff, die aus dem empirischen Rationalismus Newtons den Positivismus entwickelten, wobei die 'Hypothesenfeindlichkeit', die hier in Newtons Satz zum Ausdruck kommt, auf die Spitze getrieben wurde.

Die Übersteigerung und Dogmatisierung Newtonscher Auffassungen durch seine Schüler und Nachfolger erstreckte sich dabei auf fast jeden Aspekt seiner Physik. So hatte Newton in der Diskussion über die Natur des Lichts seine Vorliebe für die geschleuderten Lichtkorpuskeln und gegen die Schwingungsvorstellungen mehrfach bekundet, sich letztlich aber nicht definitiv entscheiden können. Im 18. Jahrhundert galten aber die Lichtkorpuskeln mit Berufung auf Newton als unanfechtbar. Das Massenanziehungsgesetz wurde, wie von Newton formuliert, für alle nachfolgenden Physiker Muster eines physikalischen Gesetzes schlechthin; eine abweichende Form konnte und durfte es nicht geben. Auch als im 19. Jahrhundert immer neue physikalische Erscheinungen entdeckt wurden, glaubten die Physiker weiterhin, das Ergebnis im Sinne der Newtonschen Physik interpretieren zu müssen. Neben der Masse, also der wägbaren Materie, nahm man sog. »unwägbare Materien« an – das elektrische und das magnetische Fluidum und den Wärmestoff – und suchte nach Kraftgesetzen, die der Newtonschen Massenanziehung entsprechen würden. Ein wesentlicher Punkt blieb die Annahme einer instanten, ohne Vermittlung des dazwischen liegenden Raumes wirkenden »Fernkraft«. Newton hatte diese Auffassung nicht gebilligt, sondern den Mechanismus bewußt offengelassen. Seine Nachfolger dogmatisierten dieses Konzept (der »Fernkraft«) und beriefen sich dabei, subjektiv, aber nicht objektiv berechtigt, auf ihn. Erst Faraday und Maxwell führten 150 Jahre nach Newton die Physik dann auf neue Wege.

Die Dogmatisierung Newtons erstreckte sich auch auf die Grundbegriffe der Physik wie Raum und Zeit. Newton sah über sich den Mond und stellte als erster die Frage nach dem Grund: wieso dieser stets um die Erde kreist und nicht in gerader Fahrt im Weltall verschwindet. Da fiel jener oft zitierte Apfel vor ihm ins Gras, der ihn auf die Idee gebracht haben soll, daß die Kraft, die den Apfel zur Erde reißt, vielleicht auch den Mond an die Erde bindet. Der Mond möchte in gerader Linie von der Erde fort ins All enteilen, aber unausgesetzt zieht eine Kraft den Mond um den Mittelpunkt der Erde. Ständig fällt der Mond aus seiner geraden Bahn heraus und krümmt jene zu einem Kreis um den Mittelpunkt der Erde. Wir können auch sagen: der Mond fällt ständig dem Mittelpunkt der Erde entgegen, ohne ihn jedoch zu erreichen.

Man kannte den Fallweg des Mondes, d.h. seine Abweichung von Sonnen durch Gravitation. Sie läßt die jüngeren Sonnen sich zusammenziehen. Durch den hierbei in ihrem Inneren entstehenden Druck werden die Atome aneinandergepreßt und beginnen zu verschmelzen. Der dadurch entstehende Brand der Atome läßt die Sonnen für Milliarden von Jahren glühen. So treibt und bewegt die Gravitation das Geschehen im All. Was jedoch diese Gravitation selbst ist, ist bis zum heutigen Tage rätselhaft geblieben.

Merkwürdig genug bleibt: Es existieren kugelförmige Sternhaufen, bestehend aus 100 000 Sonnen. Zwischen ihnen und auch im Zentrum dieser Kugelhaufen ist leerer Raum. Und trotzdem geht, wie Newton erkannte, ausschließlich vom Mittelpunkt dieser Haufen, wo kein Stern steht und nur der leere Raum zu finden ist, die Anziehungskraft aus, die alle Sterne des Haufens zusammenhält. Je mehr Sterne der Kugelhaufen enthält, umso stärker wird die Kraft aus dem Leeren in seiner Mitte, die die Sterne sich nicht in das All zerstreuen läßt.

Mit Einstein, der die Newtonsche Theorie in entscheidenden Punkten erweiterte, gilt: daß die Gravitation eine Eigenschaft des Raumes ist. Schon Newton ahnte dies, bezeichnete er doch den Raum als das Sensorium Gottes. Gott war für ihn kein *über*-menschliches Wesen mit menschlichen Zügen, sondern abstrakt das treibende Prinzip in den Dingen und im Raum. Neben der Newtonschen Gravitation sind später jene Kräfte der Elektrizität und des Magnetismus und die Wechselwirkungskräfte in den Atomen getreten, wobei die Nachfolger Newtons mit Demokrit die Existenz von Atomen und den zwischen ihnen liegenden eigenschaftslosen leeren Raum annahmen.

Gegen Newton wurde u.a. eingewandt, daß es keine Wirkung auf Distanz geben könne, weil kein Körper dort wirken könne, wo er nicht sei. Dieser Einwand führte schließlich zu einer Umformulierung des Gravitationsgesetzes in dem Sinne, daß man nicht mehr eine direkte Wirkung der Gravitation über Entformungen annahm, sondern eine durch sie bewirkte »Verspannung« des Raumes.

Diese Konsequenzen haben wiederum Einstein dazu geführt, sowohl den Begriff der absoluten Zeit als auch den der Gleichzeitigkeit zu kritisieren, um ihn schließlich in der von ihm ausformulierten Relativitätstheorie aufzuheben. Damit verschwand das 'Vorurteil' mit: daß das raumzeitliche Strukturgefüge des Weltalls ein euklidisch-geometrisches Ebenmaß haben müsse. Das Strukturgefüge erwies sich als gekrümmt, wobei jeder Körper sich in ihm zwar auf kürzestem Weg bewegt, dieser Weg jedoch keine Gerade, sondern eine geodätische Linie darstellt.

2.

Mit diesen kurzen, zusammenfassenden Sätzen sollte noch einmal deutlich werden, daß sowohl für Galilei als auch für Newton, sowohl für Einstein als auch für Heisenberg bei dem von ihnen verfolgten Fortschritt der Physik allein nur von Interesse ist, *wie* dieser oder jener Zusammenhang zu erklären ist, nicht aber, warum etwas sich so und nicht anders verhält. In diesem, von Galilei und Newton schon vollzogenen *Verzicht* verbarg sich jener ungeheuere neuzeitliche Fortschritt der Naturwissenschaft und Technik, der heute ganz offensichtlich in eine Sinnkrise geraten ist. Diese Krise weist u. a. auch auf eine fundamentale Veränderung des klassischen 'Natur'-Verständnisses hin: des mathematisch-physikalischen, dem gemäß sich die 'Natur' als ein raumzeitlicher, auf irgendeine Weise vorausberechenbarer Bewegungszusammenhang darstellt. Der neuzeitliche mathematische Entwurf der 'Natur' hebt letzteres ausdrücklich hervor und bestimmt so die vorgestellte 'Natur' als eine in sich konsistente Einheit, was, um jetzt wieder mit Heidegger zu sprechen, »bislang in aller beobachtenden, experimentierenden, rechnenden und messenden Naturerkenntnis unausdrücklich immer schon gemeint war«[86]. Heidegger setzt hinzu (und nimmt hier die Heisenbergsche 'Jahrhundertwissenschaft' nicht aus): erst mit diesem mathematischen Entwurf gewinne die Seinsverfassung des Seienden, die wir 'Natur' nennen, seine »ausdrückliche Bestimmung«. Um es noch präziser zu sagen: »In der Umgrenzung durch die Grundbegriffe Körper, Bewegung, Geschwindigkeit, Ort (und) Zeit« werden »bestimmte Naturtatsachen als Naturtatsachen (für den 'Natur'-Wissenschaftler erst) zugänglich, so daß sich festhalten läßt, daß in ebendiesem mathematischen Entwurf, der primär eine Vergegenständlichung dieses Seienden, der 'Natur', vollzieht, die Konstituierung der naturwissenschaftlichen Erkenntnis erfolgt.«

Wenn dieses zutrifft, dann hat Heidegger recht, wenn er schreibt: »Das Entscheidende und Folgreiche der Leistungen Galileis und Keplers war nicht (die) Tatsachenbeobachtung und (das) Experiment, sondern die (von ihnen vollzogene) Einsicht, daß es so etwas wie pure Tatsachen gar nicht gibt (und) daß Tatsachen als solche erst erfaßt und in den Versuch eingestellt werde können, wenn das Gebiet der Natur als solches (bereits) umgrenzt ist.«[87]

Nichts anderes gilt auch, wie wir im vorigen Kapitel gesehen haben, für die biochemische- bzw. biophysikalische Forschung, die das 'Leben' auf seine Grundelemente bzw. Bausteine hin analysiert und diese Grundelemente bzw.

Bausteine in ihrem Funktionszusammenhang, den wir 'Leben' in der Sprache der Physik und Chemie nennen, zu begreifen versucht. Präziser formuliert: Die Chemie beschäftigt sich mit denselben Atomen und mit denselben Kräften zwischen ihnen wie die Physik, so daß die Grundlagen der Chemie im Grunde genommen wieder physikalischer Natur sind.

In dem vor allem von Monod verwendeten Begriff des »Zufalls«, der keineswegs außerhalb des von ihm verfolgten mathematischen Grundentwurfs steht, sind bereits zwei wesentliche Voraussetzungen mit enthalten:

– Zwischen zwei Ereignissen besteht eine völlige Unabhängigkeit und

– das Zusammentreffen der beiden Reihen ist nicht voraussehbar.

Die Rede vom Zufall hat also *allein auf der Ebene kalkulierbarer Ereignisse einen Sinn*; der Zufall bezeichnet gleichwohl den uns schon aus der Quantenphysik bekannten Sachverhalt: daß man bestimmte Ereignisse im streng kausaldeterministischen Sinne nicht voraussehen kann. Wenn diese bestimmten Ereignisse eintreten, spricht man von »Zufall«. Man verwendet diesen Zufalls-Begriff, weil man zwar die kausalbedingten Ursachen, die ein solches Ereignis hervorrufen, aufweisen, aber keinen Grund für das Zusammentreffen heterogener Kausalketten angeben kann, der den Sinn von Ereignissen enthüllen würde. Ich kann dasselbe auch noch anders formulieren: Die Replikation der genetischen Information funktioniert in der »Doppel-Helix« mit einer Konsequenz, die die Konstanz der Arten erklärt. Als unendlich seltener Vorgang entsteht, präziser: »ereignet« sich aber mit der Wahrscheinlichkeit nach Null ein Proton mit einer neuen enzymatischen Aktivität, will sagen: »ereignet sich« ein »Unfall« in der Eiweißsynthese, wobei das »Ereignis«, das ist: die Mutation, genausowenig vorhersehbar ist wie jene Quantenschritte in der Heisenbergschen Physik; das »Ereignis«, von dem hier die Rede ist, ist mit anderen Worten »zufälliger« Natur. »Accident« wird aus dem Französischen mit »Unfall« oder »Zufall« übersetzt. Damit hängt zusammen, daß der Mensch inzwischen schon zu einem »Unfall in der Natur« erklärt wurde. Die Evolution erfolgt danach aus jenen Mutationen, die sich schließlich als 'lebens'fähig erwiesen. Sie waren selektiv begünstigt und brachten die Welt der Lebewesen in Bewegung. Die Unvorhersehbarkeit der Mutationsschritte innerhalb der Evolution – auch das möchte ich noch einmal hervorheben – steht dabei unzweifelbar fest. Wenn die Mutation in diesem Sinne nicht vorhersehbar ist, dann ist auch die Richtung der Evolution, wie wir im letzten Kapitel sagten, nicht vorhersehbar, sie ist und bleibt »offen«. Es ergibt sich gewissermaßen von selbst – und das ist das eigentlich Aufregende dieser 'Jahrhundertwissenschaft' – daß sowohl Eigen/Winkler als auch Monod in ihren Arbeiten schon immer über den relativ eng gesteckten *wissenschaftlichen Rahmen hinausgehend auf der meta-physischen Ebene* nach der Bedeutung des »Zufalls« – und damit nach der Entstehung des Lebens selbst – nicht anders fragen als dies Heisenberg im Hinblick auf seine kosmologischen Perspektiven *in naturphilosophischer Absicht* tat. Sie bezeichneten den »Zufall« – also das, was sich *im Prozeß selbst* »ereignet«, als Schöpfung, während sie das, was mit dem Anfang gegeben ist, aber erst im Laufe der Entwicklung erkennbar wurde, Offenbarung nannten. In bezug auf solche 'Schöpfung' sprachen sie auch von einer »Selbstorganisation« der Materie. Der Zeit-Spiel-Raum, hier mit der Betonung auf Spiel, wurde von ihnen in bezug auf das menschliche Dasein, das offensichtlich ihr Hauptinteresse erregte, schließlich ontologisch-metaphysisch ausgedeutet. Denn trotz ihrer physikalisch-chemischen und zugleich biologischen Erklärung der Entstehung des Lebens blieb auch für sie die Frage unbeantwortet: *was das 'Leben selbst' ist,* wobei es – worauf ich schon hinwies – offenkundig bis heute kein Differential gibt, das sich zu einer Lebensform integrieren läßt. Ganz im Gegenteil: Wir werden, wenn wir uns die einzelnen Bausteine des Lebens vergegenwärtigen, sehen, daß, wenn man alle physikalisch-chemischen Meßinstrumente, die es bisher gibt, an alle Lebewesen anlegen würde, immer nur ein dem jeweiligen Meßinstrument entsprechender Meßwert angezeigt werden würde. Das aber heißt – und darf nicht in Vergessenheit geraten –, daß alle physikalisch-chemisch vorgestellten Prozesse notwendig, aber in keinem Falle hinreichend für die Erklärung der Existenz von Lebewesen sind.

Die gleiche Argumentation ist auch auf die so sehr mißverstandene sog. 'Weltformel' Heisenbergs noch einmal anwendbar, würde sie doch, wenn sie den Ansprüchen der Öffentlichkeit gerecht werden wollte, ein System von Differentialgleichungen implizieren, das sich zu einem 'Welt-Gesetz' integrieren lassen müßte. Da alle physikalisch-chemischen Gesetze nun einmal Differentialgesetze sind, deren mathematische Erfassung durch das Differential- und Integralkalkül von Leibniz und Newton der Physik zu ihren großen Erfolgen verholfen hat, würde eine solche 'Weltformel' stets nur wieder den *nicht*-lebendigen Teil der Welt erfassen, das heißt: Der Mensch beschriebe mit ihr eine

Welt, von der er sich von vornherein selbst wiederum ausschließen würde und auch ausschließen müßte.

Die Idee, daß die Natur überhaupt, die Welt, das Leben, das Schicksal, sich wie ein Spiel »ereignet«, das ohne über sich hinauszuweisen, sich selbst genügt, finden wir bereits bei Heraklit und heute im Spätwerk Heisenbergs und Heideggers wieder.

Wesentlich aber ist, daß es sich bei all diesen Fragen nicht mehr um eigentlich naturwissenschaftliche Fragen handelt. Die Antworten, die Monod und Eigen/Winkler geben, sind heute *Gegenantworten* gegen die Vorstellung einer Geborgenheit der Natur wie der Geschichte überhaupt, mithin *gegen* den Gedanken eines bestimmten, bereits ausdefinierten Plans der Natur bzw. *gegen* die Vorstellung einer lenkenden Weltordnung; ihre Ausführungen implizieren in aller Radikalität die Aufhebung des alten, onto-theo-ego-logischen Gewißheitspostulats[88], das leichtfertig Eingang in die Wissenschaft des 19. Jahrhunderts gefunden hat. Monod: Dem Menschen ist – jedenfalls von der Wissenschaft aus gesehen – zuzumuten, »aus seinem tausendjährigen Traum (zu) erwachen und seine totale Verlassenheit, seine radikale Fremdheit (zu) erkennen. Er weiß nun, daß er seinen Platz wie ein Zigeuner am Rande des Universums hat, das für seine Musik taub ist und gleichgültig gegen seine Hoffnungen, Leiden und Verbrechen.«[89]

## *3.*

Ich hoffe, bisher ist deutlich geworden, daß wir im Blick u. a. auf Heisenbergs und jetzt u.a. Monods *Grenzüberschreitungen* zu der wesentlichen Einsicht hingeführt wurden, daß jeder vermeintlichen reinen Tatsachenforschung schon immer *Vormeinungen* über die Bestimmtheit des Gebietes zugrundeliegen, »innerhalb dessen sie aufgefunden werden«, so daß »sie Tatsachen für sich [...], die Seinsverfassung als solche« auch zu keiner Zeit aufzuhellen in der Lage ist.[90] Das heißt konsequent zu Ende gedacht, daß »alle Wissenschaft [...] latent und im Grunde Philosophie« ist[91]. Heidegger: »Dort wo die eigentliche, aufschließende Forschung geschieht, ist (heute) die Lage nicht anders als vor 300 Jahren; auch jene Zeit hatte ihren Stumpfsinn, so wie umgekehrt die heute führenden Köpfe der Atomphysik, Niels Bohr und Heisenberg, durch und durch philosophisch denken und nur deshalb neue Fragestellungen schaffen und vor allem in der Fragwürdigkeit aushalten«[92], auch wenn sich der gewöhnliche Wissenschaftler darüber nicht im klaren ist und sich vielleicht darüber auch nicht im klaren zu sein braucht. Heisenberg: »Alle wissenschaftliche Arbeit geschieht ja bewußt oder unbewußt auf der Grundlage einer philosophischen Einstellung, einer bestimmten Denkstruktur, die diesem Denken einen festen Halt gibt. Ohne eine solche Einstellung könnten die Begriffe und die gedanklichen Verknüpfungen kaum den Grad von Klarheit und Eindeutigkeit erhalten, der für die naturwissenschaftliche Arbeit die Voraussetzung ist. Fast jeder Forscher ist auch bereit, neue Erfahrungsinhalte aufzunehmen oder neue Ergebnisse anzuerkennen, wenn sie in den Rahmen seiner philosophischen Einstellung passen. Es kann aber im Fortschritt der Wissenschaft vorkommen, daß ein neuer Erfahrungsbereich nur dann vollständig verständlich wird, wenn die enorme Anstrengung geleistet wird, diesen Rahmen zu erweitern und die Struktur des Denkens selbst zu ändern.«[93] Um eine solche Veränderung vornehmen zu können, ist es unabdingbar erforderlich, die apriorischen Strukturen der Wissenschaft, hier der mathematisch-physikalischen Erkenntnis, offenzulegen und vor allem deutlich zu machen, von welchen Grenzmarken an es sich um *wissenschaftliche* Aussagen und von welchen Grenzmarken an es sich um Fragen der *philosophischen Besinnung* im Hinblick auf die Grundvoraussetzungen handelt, die zu dieser oder jener *wissenschaftlichen* Aussage geführt haben. Um es zuzuspitzen: Die Ontologie Platons ist noch lange nicht wissenschaftlich bestätigt worden, wenn unter bestimmten Umständen Heisenberg auf sie zurückgriff. Und Ilya Prigogine argumentiert beileibe noch nicht auf der philosophischen Ebene Heideggers, wenn er 'Vom Sein zum Werden' spricht. Da wird man schon genauer lesen müssen. Erörtert Heidegger 'Sein und Zeit' fundamentalontologisch, so Prigogine das Sein und die Zeit der Natur *innerhalb* der Naturwissenschaften, wie es schon der Untertitel seines bedeutenden Werkes andeutet.[94]

Ausgehend von der Thermodynamik als einer 'Physik des Werdens' wird hier die Naturvorstellung durch und durch verzeitlicht, und das heißt: mit einer vielgestaltigen 'Geschichte' *ausgestattet*. Eine solche Geschichte kommt ihr aber nur zu, wenn die *naturwissenschaftlich vorgestellten Naturprozesse* reversibel und offen sind, d.h. wenn die Zukunft dieser Natur nicht deterministisch vorhergesagt werden kann. Diese Bedingungen sieht Prigogine bei den sogenannten »dissipativen« Strukturen erfüllt, bei Strukturen also, die aus gewaltigen Schwankungen resultieren, die durch Energie- und Materialflüsse aufrechterhalten werden. Damit wird deutlich, daß Prigogines Interesse chaotischen, gleichgewichtsfernen Systemen gilt, was aber nun nicht gleich wieder zu dem Mißverständnis führen darf,

Prigogine spräche vom χάος im Sinne der griechischen Mythologie. Wenn Prigogine, wenn überhaupt, vom Chaos spricht, dann hat er ein komplexes System vor Augen. Wenn dieses komplexe System seine Stabilitätsgrenze überschreitet, gelangt es nach Prigogine an einen »Verzweigungspunkt«, der die Wahl zwischen mehreren Zuständen offenläßt. Dabei sieht es so aus, »als wäre jedes Molekül über den Gesamtzustand des Systems 'informiert'.« Prigogine fährt fort: Nur unter der Bedingung einer Art 'Kommunikation' zwischen seinen Elementen könne sich dann ein komplexes System auf spezifische Weise reorganisieren; von einem »Zögern« in der Nähe solcher Verzweigungen zu sprechen, sei hinwiederum aber zu anthropomorph gedacht – ein Hinweis, der uns sehr deutlich die Schwierigkeit anzeigt, in einer solchen Sprache überhaupt sprechen zu können.

Wenn schon Lukrez davon gesprochen hatte, daß die Welt aus Turbulenzen hervorgegangen sei, dann spricht er eine gänzlich andere Dimension an als heute Prigogine, der *im Rahmen des naturwissenschaftlichen Entwurfs und der mathematisch-physikalischen Erkenntnis* hervorhebt, daß nichts kreativer zu denken ist als das Chaos, das potentiell eine Vielfalt von Strukturen enthält, wobei ungeahnte Neu-Ordnungen spontan aus Verhältnissen der Instabilität und eines ins Schleudern geratenen Gleichgewichts erwachsen. Dazu sind wiederum 'Zufall und Notwendigkeit' gleichermaßen beteiligt.

Wir erinnern uns noch einmal daran: Auch Jacques *Monod* hatte die Irreversibiliät der Evolution auf eine statistische Basis gestellt, auf dieselbe wie den Zweiten Hauptsatz der Thermodynamik. Während nun Monods Zukunftsperspektive bei seiner *meta*-physischen Ausdeutung eher pessimistisch anmutete, weil der Mensch, d.h. wir, wie alles Leben, eine marginale und passagere Existenz fristeten, so bewertet heute Prigogine das notwendige Zufallsmoment im Schwanken der Systeme als durchaus *befreiend*, was es ja wohl auch ist. Daraus wurde geschlossen: Prigogine mache die Welt wieder offen für eine kreative Zukunft. Was bei solchen Formulierungen aber unterschlagen wird, ist der Hinweis, daß Prigogine (nicht anders als Monod) dabei *über die Grenzen des naturwissenschaftlichen Entwurfs hinausgegangen ist und Aussagen, die sich auf den naturwissenschaftlichen Entwurf beziehen, verallgemeinernd auf das Ganze des Seins und seine Geschichte ausgedehnt hat.*

Die Theorie der Verzweigung, Bifurkationstheorie genannt, geht auf Henry Poincarés Untersuchung dynamischer Systeme zurück. Später versuchte René Thom die Tatsache, daß eine geringfügige Modifikation der Ausgangsbedingungen einen durchaus dramatischen Wechsel der darauffolgenden Entwicklung bewirken kann, *mathematisch* zu erfassen. Gleichwohl blieben seine Aufschlüsse mehr qualitativer als quantitativer Natur. Er nannte als typisches Beispiel für die sensible Abhängigkeit eines Systems von den Antezedenzbedingungen das sogenannte »Badewannenexperiment«. Was geschieht, so lautete die Frage, in einer perfekt zylindrischen Badewanne, die mit vollständig ruhendem Wasser gefüllt ist, wenn wir den Stöpsel am Boden herausziehen? Antwort: Dann wird sich das Wasser in einer kreisförmigen Bewegung zu drehen beginnen, deren Richtung praktisch unbestimmt ist. Das heißt: Welche Determinaten wir auch anführen, der hier zustande gekommene »Symmetriebruch«, die Entscheidung des Systems für eine Drehrichtung, läßt sich weder ableiten noch formalisieren; in anderen Fällen – in bestimmten einfachen Fällen, wie Prigogine dazu anmerkt – können formbildende Prozesse jedoch durchaus topologisch präzise fixiert werden. Thom sprach in bezug auf den verzweigten Formwandel – z.B. in der Embryologie – aber explizit von »Katastrophen« an den Verzweigungspunkten. Danach bewirkt die innere Dynamik von Systemen aufeinanderfolgende 'Katastrophen', die nun ihrerseits wiederum zu stabilen Zuständen tendieren.

Nun, diese Theorie ist höchst willkommen, insofern sie das Qualitative, Diskontuierliche, Differenzielle und die strukturelle Vielfalt betont und die Möglichkeit eines dynamischen Systems geradezu nach seinen intern verfügbaren 'Katastrophen' bemißt, und weil man endlich der Katastrophe insoweit etwas Universelles und vor allem Positives abgewinnen konnte, als man jetzt davon ausgehen konnte, daß das Universum selbst als einheitlich chaotisch anzusehen ist.

Auch im 3. Kapitel dieser Untersuchung hatte ich schon darauf hingewiesen, daß das Feigenbaum-Phänomen mathematische Regelmäßigkeiten beim Übergang eines Systems ins Chaos benennt und dafür eine universelle Gültigkeit für die Systeme beansprucht, deren Zustandsgrößen periodisch schwingen. Was aber schon damals nicht unter den Tisch fallen durfte, war die Tatsache: *daß auch Feigenbaum dabei nur an Zahlenfolgen dachte, daß also seine Rede vom Chaos nichts anderes als eine ganz bestimmte Verwilderung von Zahlenfolgen-Werten bezeichnet. Von einer Entwicklung in Natur und/oder Geschichte sind diese Zahlenfolgen demnach so weit entfernt wie »befreundete Zahlen« von der Völkerfreundschaft.* Wenn er und alle anderen Chaos-Forscher vom Chaos reden, dann geht es einzig und allein darum, *das Chaos in dynamischen Systemen berechenbar zu machen, und dies innerhalb des von ihm gewählten ausschließlich naturwissenschaftlichen Forschungsanspruchs.*

In der Naturvorstellung der Naturwissenschaft wechseln sich Ordnung und Chaos ab, wobei allen Kausalitäten zum Trotz das Chaos offensichtlich die Regel ist. Daß wir so u.a. den Sonnenaufgang exakt vorausberechnen können, liegt ganz sicher an der geringen Anfälligkeit der uns bekannten Himmelsmechanik für unzählige kleine Störfaktoren. Es dauert von System zu System unterschiedlich lange, bis minimale und geringfügige Einflußgrößen im zitierten Chaos münden. So lassen sich z.B. beim Billiardspiel die Bahnen schon nach der achten Karambolage nicht mehr realistisch prognostizieren, da jede beliebige Bahn in Frage kommt, ohne daß schon gleich daran gedacht wird, daß sich u.a. auch die Gravitationskraft der Spieler mit leicht veränderten Luftverhältnissen auf die Kugelbewegungen kombiniert auswirkt. Jede noch so unwichtige Einflußgröße kann sich irgendwann und irgendwo geltend machen. Sogar ein einzelnes Elektron am Rande des Universums könnte den Kausalprozeß durchbrechen und auf diese Weise ein weit entferntes System *unberechenbar* werden lassen. In jedem Fall wollen die Chaos-Forscher neben dem, was ich schon genannt habe, Erklärungsmodelle an das Chaos herantragen, *um so letzten Endes der Unordnung doch wieder eine Ordnung abgewinnen zu können!*

Prigogine würdigte zu recht Whitehead als einen bislang verkannten Propheten einer 'Natur'-Auffassung, die den Prozeß, d.h. dem Werden, den entscheidenden Vorrang vor den Dingen einräumte. In der ersten Hälfte unseres Jahrhunderts lösten sich so auch unter den naturwissenschaftlichen Maßstäben die materiellen Objekte in Relationen und Strukturen auf; in der zweiten Hälfte werden sie offensichtlich in Gradienten und Prozesse überführt. Diese Entwicklung widerspricht aber keineswegs der Tatsache, daß auch jetzt in der vom Menschen betriebenen Naturwissenschaft über Sachverhalte etwas festgestellt wird, *noch bevor* sie uns vor Augen geführt werden können. Heidegger sagt: »ehe sie uns gegeben werden«, so daß eine solche apriorische, d.h. erfahrungsfreie, vor aller konkreten empirischen Erfahrung vollzogenen »Feststellung« auch erst dem Naturwissenschaftler ermöglicht, daß diese Sachverhalte und Gegenstände ihm zugänglich, ihm »gegeben werden können als das, was sie sind.« Ich betone das hier zum Abschluß dieses Absatzes deshalb noch einmal, weil alle diese Versuche, einschließlich auch die von von Weizsäcker, ständig die Gefahr in sich bergen, physikalische Probleme so umzuschichten, daß ihre Bewältigung imaginär vorgetäuscht wird und sie uns so ein völlig falsches Bild, ja Verständnis der

Naturwissenschaft vermitteln. Dabei verengt die Erkenntnis der apriorischen Festsetzungen bzw. Voraussetzungen unser Wissen von den Sachverhalten und Gegenständen der naturwissenschaftlichen Erfahrung solange nicht, solange sie uns transparent bleiben. Zu diesen Voraussetzungen gehört u.a. auch der Grundsatz der Beharrlichkeit der Substanz, aber auch der der Kausalität, wobei diese hier nur beispielhaft genannten Sätze mit anderen Worten a priori etwas über die Natur aussagen wollen, darüber, was überhaupt zur 'Natur' gehören soll, die ich 'als' Naturwissenschaftler begreifen und dingfest machen will. Noch einmal Heidegger: »In ihnen liegt (bereits) eine Erkenntnis dessen, was Natur ist, und gleichwohl sind doch diese Erkenntnisse nicht durch die Erfahrung begründet. Daß jede Veränderung die Wirkung einer vorangehenden Ursache ist, das sagen wir nicht, weil wir es öfters beobachtet haben. Aufgrund der Beobachtung konnten wir nur sagen: Bisher zeigte es sich so, daß jede Veränderung auf eine Ursache zurückgeht. Ob das aber überall und jederzeit von den Naturvorgängen gilt, (das) ist nicht auszumachen.«[95]

In diesem Sinne haben wir auch weiter oben schon an das klassische Kausalitätspostulat, den Satz: »Keine Wirkung ohne Ursache« zu erinnern versucht und waren hier zu dem Schluß gekommen, daß Heisenberg nicht, wie häufig zu lesen, die Kausalität als solche, sondern ihre Spezifizierung als Laplaceschen Determinismus in Frage stellte. Dieses Kausalitätspostulat besagt: daß für jedes beobachtbare Ereignis irgendetwas in der Vergangenheit verantwortlich gemacht werden muß, da es keine Wirkung ohne Ursache gibt. Nach quantenphysikalischer Einsicht kann aber nicht verlangt werden, daß eine ganz bestimmte Ursache nur eine ganz bestimmte Wirkung hervorbringen muß. Ganz im Gegenteil. Die Quantentheorie zeigt heute vielmehr, daß der Zusammenhang zwischen Ursache und Wirkung im mikro-physikalischen Bereich nur statistischer Natur ist und *daß eine gegebene Ursache nur eine bestimmte Wahrscheinlichkeit vorschreibt, aus der dann eine gewisse Wirkung hervorgeht.* In diesem Sinne hängt die Wirkung wohl kausal mit der Ursache zusammen, ist aber nicht eindeutig von ihr determiniert.

Die kausale Verknüpfung und die Lückenlosigkeit der Kausalkette zwischen Ursache und Wirkung (und zwar zunächst nicht in einem der mathematischen Kontinuumsvorstellung entsprechenden, sondern nur in einem faktisch feststellbaren Sinne) sind aber erst die Grund-'*voraus*'setzungen für eine Naturerscheinung in Form von Bewegungsgesetzen. Sie führen dazu, daß die Kenntnis bestimmter Ereignisse der Gegenwart nur erst die Möglichkeit einer beschränkten Vorhersage zukünftiger Ereignisse erlaubt. Auch die Elementarteilchenprozesse verlaufen in diesem Sinne 'kausal', wobei eine unmittelbare Folge dieses Umstandes darin zu sehen ist, daß sich die Gesetze des Materiegeschehens, wie ich bisher schon mehrfach unterstrichen habe, immer in eine bestimmte einfache mathematische Form gießen lassen müssen (jedenfalls 'erwarten' wir dies, wir 'rechnen' damit), die die Struktur von hyperbolischen Differentialgleichungen bezüglich der Zeit haben: wenn man die faktisch feststellbare Lückenlosigkeit der Kausalkette *mathematisch* zu einem kontinuierlichen Zusammenhang verschärfen will.

### *4.*

In den vorangegangenen Kapiteln und Abschnitten kam immer wieder das recht merkwürdige und eigentümliche Bedürfnis der Physik zum Ausdruck, alles das, was existiert, zu einer 'Einheit der Natur' hin »vereinheitlichen« zu wollen. Dabei geht es nicht darum, dieses spezifische Bedürfnis, das u.a. darauf zurückzuführen ist, daß »die Einheit niemals unmittelbar gegeben ist«[96], gleichwohl aus wissenschaftsimmanenten Gründen aber angestrebt werden muß, von mir aus ad absurdum zu führen; ganz im Gegenteil. Was mir allein wichtig zu sein scheint, ist, auch von hier aus noch auf die ganz entscheidende 'Voraussetzung' hinzuweisen, daß immer dann, wenn wir 'als' Naturwissenschaftler nach der Grundverfassung der Natur fragen, wir *so* fragen: daß wir implizit schon immer ihrer »Einheit« nachfragen.

Wenn wir dem jetzt vorliegenden Lebenswerk von von Weizsäcker folgen, dann stellt sich heute in der Tat die Geschichte der Naturwissenschaft als eine Entwicklungsgeschichte der Physik zu ihrer 'Einheit' dar. Dabei zeigt von Weizsäcker äußerst überzeugend, daß sich zunächst getrennte Disziplinen inzwischen schrittweise zusammengeschlossen haben; die Wärmelehre und die Mechanik durch die spezielle Relativitätstheorie, die Chemie und Physik durch die Quantentheorie; heute schickt sich die Biologie an, sich mit der Physik über Begriffe der Kybernetik zu verbinden. Die Physik wird demzufolge fundamental und universal zugleich; sie wird zu einer allgemeinen Lehre von der Natur, und hier darf ich hinzufügen: von *der mathematisch-physikalischen 'Natur'-Wissenschaft.*

Dieses ist die eine Seite des Vorgangs. Die andere ist die, daß von Weizsäcker die 'Einheit' der Physik nicht mittels einer allgemeinen Transformationstheorie aufstellt, sondern im Auffinden gewisser einfacher Grundbegriffe möglicher Erfahrung überhaupt, die über die beschränkte physikalische Erfahrung hinausgeht, diese 'Einheit' ausfindig machen will.

Dabei ist der Ansatz der Transzendentalphilosophie Kants unübersehbar. Aber nach von Weizsäcker ist die vollständige Analyse der Bedingungen der Möglichkeiten der Erfahrung erst *nach* Vollendung der Erfahrung überhaupt möglich; erst dann sei jede mögliche Erfahrung aus ihren Bedingungen ableitbar. Von Weizsäcker erwartet, daß nach der von ihm so bezeichneten Vollendung der Physik in einer allgemeinen Quantentheorie der Elementarteilchen erst jene Grenze wegfallen werde, die einst Kant so viel zu schaffen gemacht habe: die Grenze zwischen den Grundgesetzen, welche er für a priori erkennbar hielt, und den speziellen Gesetzen, die man nur durch Erfahrung (hier bleibt zu ergänzen: wissenschaftliche Erfahrung) lernen kann. Die Quantentheorie der Elementarteilchen wird nur sein, was ihr Name sagt, wenn sie grundsätzlich – obgleich angesichts der mathematischen Komplikationen nicht praktisch – jede empirische Gesetzmäßigkeit zu deduzieren gestattet. Mit anderen Worten: Es wird schließlich eine Frage der Praktikabilität sein, ob man sie überhaupt noch mißt, d.h. »aus der Erfahrung gewinnt«.

Die Grundbegriffe, nach denen von Weizsäcker fragt, sind die der entscheidbaren Alternative und der Zeit. In diesen Begriffen versucht er die Grundzüge jeder möglichen Erfahrung festzumachen. Dabei kommt im Begriff der Alternative zum Ausdruck, daß in der Erfahrung ein Gegenstand jeweils durch ein bestimmtes Merkmal, eine Eigenschaft, als gegeben betrachtet wird. Man kann daher auch sagen, daß ein Gegenstand genau dann und nur dann ein Gegenstand der Erfahrung ist, wenn man bereit ist, ihn als ein Bündel jener Bestimmungen zu denken, die an ihm festgestellt werden können. Eine einfache Alternative ist ein Paar von sich ausschließenden Möglichkeiten, von denen man feststellen kann, welche von beiden vorliegt. Sie ist im genannten Sinne ein Objekt einfacher Art. Alle anderen Objekte sind eine ständige Einengung neuer Alternativen. Die Möglichkeiten 'zu sein' nehmen mit anderen Worten in der Welt ständig zu, ihre Zukunft ist 'offen'. In dieser Dimension soll die von Weizsäckersche Theorie der entscheidbaren Alternativen mit der von ihm anvisierten – leider bis heute noch nicht veröffentlichten – Zeittheorie verschmelzen. Ihre geschichtlich erfahrbare Struktur wird dabei, wie der Begriff der Alternative, aus dem Grundzug jeder Erfahrung entwickelt; Erfahrungen machen heißt dann, aus der Vergangenheit für die Zukunft zu lernen; das Vergangene ist faktisch, das Zukünftige möglich. Diese Zeitstruktur ist schließlich universalisierbar: der Naturprozeß im Ganzen ist danach ein einmaliges, nicht umkehrbares Geschehen.

Von den Begriffen der Alternative und der Zeit – mit wenigen Annahmen über die Zusammensetzung von Alternativen – glaubt von Weizsäcker, daß es gelungen sei, die Quantentheorie axiomatisch aufzubauen; dabei braucht insbesondere weder die Raumstruktur noch ein Bewegungsgesetz eigens eingeführt zu werden. Aus steht für von Weizsäcker noch eine Theorie der Wechselwirkung, jenes Stück also, das ich in den vorangegangenen Kapiteln erwähnte, das Problem einer, von Heisenberg bereits anvisierten allgemeinen Feldtheorie.

Mit diesem Versuch wird die Natur – und hier darf ich wieder hinzusetzen: wird *das durch die mathematisch-physikalisch bestimmte Naturwissenschaft vorgestellte Materiegeschehen* dann als ein System entscheidbarer Alternativen gedacht und damit noch einmal die Subjekt-Bezogenheit jeder naturwissenschaftlichen Erkenntnis, auf die Heisenberg so nachdrücklich insistierte, unterstrichen. Dieser Gesichtspunkt bleibt für die weiteren v. Weizsäckerschen Überlegungen wesentlich.

Die 'Einheit' der Physik als 'Einheit' der Naturwissenschaft folgt schließlich aus dem von v. Weizsäcker formulierten »Prinzip der semantischen Konsistenz«. Dieses Prinzip besagt in seiner allgemeinsten Formulierung, daß alle Begriffe, mit denen die Physik unabhängig von ihrer Herkunft umgeht, ihre Legitimation allein von den Erkenntnissen der Physik herleiten müssen, und dies – wenn es sein muß – auch noch nachträglich. In diesem Sinne erweist der zweite Hauptsatz der Thermodynamik die semantische Konsistenz eines Ansatzes mit modalisiertem Zeitbegriff. Denn der Satz von der Entropiezunahme bei natürlichen Prozessen, der sich konstant nur bei Voraussetzung einer modalen Zeitstruktur aufrechterhalten läßt, bestimmt seinerseits das irreversible Naturgeschehen; er rechtfertigt so die Unterscheidung von Vergangenheit und Zukunft.

Die Formulierung des Prinzips der semantischen Konsistenz unterscheidet sich von einer zweiten Formulierung: daß die Apparate, mit denen man Erfahrungen über Gegenstände einer bestimmten Theorie macht, sich durch ebendieselbe Theorie beschreiben lassen müssen. Das heißt u.a., daß die Meßapparate, mit denen man Messungen an quantenphysikalischen Objekten vornimmt, auch der Quantentheorie gehorchen müssen. Diese Meßapparate werden gewöhnlich als makroskopische Objekte mit den Mitteln der klassischen Physik, etwa der Mechanik und Elektrodynamik, beschrieben.

Die Forderung von Weizsäckers besagt nun wieder, daß sich diese Beschreibung ersetzen lassen muß. Da die Zustände der Meßapparate insofern selbst wieder gemessen – etwa durch ein Auge registriert – werden, geht die erhobene Forderung der semantischen Konsistenz, über die Kette von Zustand und Ablesung, jetzt über in die einer quantenphysikalischen Beschreibung des Gehirns. Und das Gehirn, von diesem Gesichtspunkt aus gesehen, ist dann auch wieder nichts anderes als ein Meßapparat.

Die dritte Formulierung des Prinzips der semantischen Konsistenz besagt, daß sich auch die schon genannte Subjektivität mit den Begriffen der Quantenphysik beschreiben lassen müsse. Dieser Satz folgt logisch aus der vorhin formulierten 'entscheidbaren Alternative'. Von Weizsäcker versteht sie als Explikation dessen, was ein Begriff ist. Etwas begrifflich denken heißt, es in der Weise anzusprechen, daß es als ein A bestimmt oder *nicht* bestimmt angetroffen werden kann.

Da die Physik als Theorie entscheidbarer Alternativen aufgebaut wurde, reicht sie soweit, wie begriffliches Denken überhaupt reicht.

Durch eine informationstheoretische Interpretation des Begriffs der 'entscheidbaren Alternative' sucht von Weizsäcker im Anschluß hieran schließlich den Nachweis zu erbringen, daß sein Ansatz auch die heute kybernetisch interpretierten Vorgänge der Biologie und den Bereich der sogenannten Geisteswissenschaft mit abdeckt; die Entscheidung einer einfachen Alternative (ja und nein) stellt für ihn nichts anderes dar als die Gewinnung der Information von einem bit. Umgekehrt muß sich der Informationsfluß bei der Ablesung eines Erbcodes oder auch bei Verstehensprozessen allgemeiner Art als Entscheidung von Alternativen deuten lassen: Denken selbst ist dann ein Prozeß der Entscheidung von Alternativen.

Wichtig scheint mir noch zu sein, daß von Weizsäcker bei seinen Bemühungen, zu einer 'Einheitsvorstellung' der 'Natur' zu kommen, davon ausgeht, daß die biologische Evolution des Organismus von den gleichen Gesetzen bestimmt wird wie die der anorganischen Natur. Er versteht den Darwinismus im aristotelischen Sinne als die Entfaltung und Verwirklichung des dem Grundgesetz der Natur nach möglichem. Danach sind der Löwe, der Elefant und auch der Mensch seit Anbeginn ebenso der realen Möglichkeit nach vorhanden, wie im kosmischen Raum verstreute Wasser- und Sauerstoffatome mit ihren Kraftfeldern bereits die Möglichkeit der Eisblumen enthalten. Und in der Tat: Die Quantentheorie konnte zeigen, daß die Unbestimmtheitsrelation nur begreifbar ist, wenn man neben dem Beobachteten auch den Beobachter in das Geschehen mit einbezieht. Dieser Ansatz wird jetzt durch von Weizsäckers »*Identitätshypothese*: Bewußtsein und Materie sind verschiedene Aspekte derselben Wirklichkeit«[97] aufgefangen. Aber nicht genug damit. »Man soll bereit sein«, schreibt er, »zu glauben, daß (physikalische) Gesetzmäßigkeiten ein Grund sind für die Strukturen, die wir im Seelischen vorfinden.«[98] Dabei ist für ihn Materie wieder ein unzulänglicher Ausdruck für das, was den Dingen zugrunde liegt; die eigentliche Substanz, das Tragende, ist für ihn weder Materie noch Energie, sondern – wie schon bei Heisenberg – allein die Form (eidos), mithin: eine geistige Struktur.

Ich präzisiere jetzt noch einmal: Von Weizsäckers Identitätshypothese steht, wenn ich sie richtig verstehe, für eine nahe Verwandtschaft des Menschen mit der belebten und der unbelebten Natur ein. Mit dieser Auffassung wäre nach von Weizsäcker dann durchaus ein 'Panpsychismus' vereinbar, der davon ausgeht, »daß alle faktischen Ereignisse, wenn auch in noch so rudimentärer Form, Züge dessen tragen, was wir in sehr spezialisierter Gestalt unter dem Namen eines Bewußtseinsaktes kennen«.[99] Und weiter: »Wenn Materie Form und Form Geist ist, so ist die Beschränkung des Geistes auf den Menschen nicht selbstverständlich. Die neuplatonische Lehre, daß die Ideen sich selbst wissen, erscheint (dann) nur natürlich«.[100] Die so gesuchte 'Einheit der Natur' ließe sich nach Hegel dann als ein fassender Akt des Wissens, das sich selbst weiß, verstehen.

## 5.

In der Physik bedeutet 'verstehen' – wie wir sehen – zweierlei:

– die Gesetze, dargestellt durch mathematische Gleichungen, die das Verhalten der Kraft oder der durch sie hervorgerufenen Wechselwirkung beschreiben und

– die Art, wie die Gesetze vermittelt werden bzw. vermittelt werden müssen.

Strenggenommen liegt so das meiste dessen, was es zu wissen gilt, bzw. was die Physik gerne wissen möchte, auch heute noch im Verborgenen. Das Dunkle aufzuhellen, bemühen sich, wie ich im ersten Kapitel zu zeigen versuchte, die Astrophysiker am einen Ende der Skala und wie ich im zweiten Kapitel zu zeigen versuchte, die Elementarteilchenphysiker am anderen; hinzu treten heute die Biophysiker.

Aber auch jetzt scheint mir wieder entscheidend zu sein, daß durch die naturwissenschaftliche, hier insbesondere durch die mathematisch-physikalische Erkenntnis, die 'Idee der Einheit' der Natur eine *Einschränkung* erfährt, so daß die N-Dimensionalität des Naturgeschehens zu keiner Zeit erreicht werden kann. Denn die auch von von Weizsäcker ins Spiel gebrachten Naturgesetze der 'Jahrhunderphysik' schöpfen – und das liegt selbstverständlich wieder am Charakter der 'Jahrhunderphysik' *als* Wissenschaft – bei *weitem noch nicht die Wirklichkeit der Natur, der natura naturans, aus,* wobei ich auch an dieser Stelle noch einmal in Anlehnung an Ausführungen Heideggers daran erinnern will, daß uns die natura naturans *stets nur einen*, – wenn ganz sicher auch für uns wichtigen – Aspekt 'zeigt' *und uns ihr wahres Wesen gerade dadurch 'verbirgt'.* Auch bei von Weizsäcker besitzen die Naturgesetze die Form von Wenn-dann-Aussagen, will sagen: Wenn diese und jene Bedingungen gegeben sind – und auf sie geht er ausführlich ein – wird dieses und jenes der Fall sein. Aber was dann wirklich der Fall ist, hängt davon ab, ob die jeweiligen Voraussetzungen bzw. die Anfangs- und Randbedingungen, wie wir schon sagten, auch erfüllt sind. Nicht was wirklich ist, sagen uns demnach die Natur-Gesetze auch der 'Jahrhundertphysik', sondern nur das, *was unter bestimmten Umständen möglich ist;* auch sie stecken mit anderen Worten erst den Spielraum für das ab, was unter bestimmten Voraussetzungen möglich sein kann, aber nicht unbedingt schon sein muß. Anders formuliert: Auch die 'Naturgesetze' der 'Jahrhundertphysik' beziehen sich wieder nur auf Annahmen über eine 'als' Energie- bzw. Materiegeschehen *zuvor* vergegenständlichte Natur, *die erst durch die Anwendung dieser Methode der Bearbeitung durch die Wissenschaft zugänglich gemacht und ihrem wissenschaftlichen Herrschaftsanspruch unterworfen wird.*

Jede Vorstellung und jede Aussage ist gegenüber dem Ganzen der Natur, der eigentlich 'schaffenden' Natur (physis), der natura naturans, wiederum stets nur eine Abgrenzung und Gegenüberstellung. Es ist das begriffliche Erfassen selbst, das zum begrifflich Unfaßbaren, zum heute nur negativ Umschreibbaren führt. Auch dem begrifflich Unfaßbaren, auf das gerade Heisenberg immer wieder zu sprechen kam, geht das zitierte Bedürfnis nach 'Vereinheitlichung' voraus, das seinerseits nun wiederum einem grundlegenden Bedürfnis nach Sicherheit und Gewißheit bis in die menschliche Selbstvergewisserung hinein entspringt und hier eine gewisse Befriedigung erfährt.

Die Gefahr, die in einem Satz wie diesem aber zum Ausdruck kommt, liegt darin, daß in der Idee der 'Einheit der Natur' wohl das Verständnis für die Naturvorstellung der Naturwissenschaft gefördert, aber dabei nicht immer deutlich genug gemacht wird, daß die von ihr verfolgte Naturvorstellung beileibe nicht schon identisch ist *mit der Natur, die uns jenseits irgendeines Herrschaftsanspruchs anspricht.* Daher müssen nicht zuletzt auch aus diesen Gründen immer wieder die Bedingungen des naturwissenschaftlichen Erkenntnisprozesses deutlich gemacht und das Bewußtsein für die versteckten Implikationen, die die Grundverfassung der Naturwissenschaft charakterisieren, geschärft werden. Ob es so »Descartes Glaube an die Euklidsche Geometrie ist oder an seine besondere Formulierung der Kausalität«, schreibt in seiner jüngsten Studie Kurt Hübner, »ob es Kants Glaube an die transzendentale Apperzeption ist oder Hegels Glaube an die Notwendigkeit des Beginns seiner Logik usw. – überall finden wir letzte Axiome, die durch seine Einsicht, seine Vernunft, seines Denkens *für gültig gehalten* und folglich *für ewige Wahrheiten* angesehen werden.« Aber, fährt Hübner zu Recht mahnend fort: »Immer wieder lehrt uns (gerade) die Geschichte, daß als für ewig gültig gehaltene Axiome wieder aufgegeben werden [...] Die Wissenschaftsgeschichte von Aristoteles bis heute ist (so) wesentlich eine Geschichte von Axiomen und ihren revolutionären Umwälzungen. Es scheint ein unausrottbarer Zug des Menschen zu sein, jede neue Revolution für die Enthüllung einer endgültigen oder wenigstens angenäherten Wahrheit anzusehen, die nur noch verbessert werden müßte.«[101]

In diesem Kontext gesehen bleibt bei voller Respektierung der Grundintention von Weizsäckers einzuwenden, daß von Weizsäcker an entscheidenden Stellen seines Werkes die 'Natur'-Vorstellung der Physik (ob nun in ihrer klassischen oder neoklassischen Form, ob nun willkürlich oder nicht) immer wieder scheinbar, und damit mißverständlich, gleichgesetzt mit der 'Natur an sich', mit der physis, der natura naturans, die, dies wäre doch wenigstens einzukalkulieren, eben in keiner Weise für alle Zeiten den Gesetzen des neuzeitlichen Energie- bzw. Materieverständnisses zu »gehorchen« braucht bzw. sich nicht unter die angenommenen Gesetzmäßigkeiten der mathematisch-physikalischen Naturwissenschaft »zwingen« zu lassen braucht; das aber wird bei ihm nicht sichtbar. Der Erfahrungshorizont naturwissenschaftlicher Erkenntnisse ist statt dessen stets *ein Horizont möglicher Erfahrung* und darf nicht dem leisesten Anschein nach die Grenzen der mathematisch-physikalischen Erfahrung überschreitend verallgemeinert und universalisiert werden. Dies führt im Grunde genommen zu einer a-historischen und dogmatischen Haltung zurück, die für den Fortgang der Physik in Zukunft mehr hinderlich als förderlich wäre. In diesem Sinne könnte mit Adorno gegen Hegel noch einmal variierend gesagt werden: das Ganze, die 'Einheit der Natur', wäre in diesem Sinne ganz gewiß jetzt das Unwahre.

Die Philosophie hat spätestens seit Nietzsche auf den Anspruch verzichtet, oberste Wirklichkeitserkenntnis zu liefern. Und so, wie wir heute die Philosophie als Meta-Physik nicht mehr an Totalitätsansprüchen messen, sollte auch die Physik jetzt endgültig auf derartige Ansprüche verzichten und in ihrem wohlverstandenen Eigeninteresse *bescheidener werden.* Die Philosophie hat einen Anspruch in der angegebenen Richtung vielleicht noch am ehesten im späten Mittelalter erheben können, wo sie in Gestalt der aristotelischen Scholastik in Verbindung mit der christlichen Theologie die offizielle Staats- und Weltanschauung bildete. Ähnlich machtvoll war die Philosophie weder früher noch später – und ist sie auch heute in begrüßenswerter Weise nicht mehr. Die Physik sollte in der Sprache von Weizsäckers der Metaphysik auch in Zukunft nicht den Rang ablaufen wollen, hatten doch gerade Heidegger und, unter gewissen Einschränkungen Heisenberg, jeder von seiner Forschungsrichtung her gesehen, gezeigt, daß hier ein Mehr an Verzicht der Physik insgesamt Entscheidendes zurückgibt, was sie vordem an Substanz verlieren zu müssen glaubte. In diesem Sinne möchte ich Heisenberg verstehen, der 1972 in Lindau u.a. sagte (und damit das Problem, das ich hier noch einmal auf wenige Sätze zugespitzt habe, unmißverständlich deutlich machte): »Ich bin dafür, wenn ich von naturwissenschaftlichen Dingen spreche, die Ebene der Naturwissenschaft durchzuhalten, aber sich bewußt bleiben, daß es diese anderen Begriffe (Gott, Evolution und Metaphysik) und die Wirklichkeit, die mit den Begriffen gemeint ist, gibt und daß wir die auf keinen Fall leugnen können.«

## *6.*

Die Grundbedingung des naturwissenschaftlichen Erkenntnisprozesses besteht neben den Kriterien, die in den vorausgegangenen Kapiteln und in diesem genannt wurden, darin, *daß die Natur* (physis, natura naturans) *in keiner Weise restlos verdinglicht und unter der Perspektive des neuzeitlichen Machtwillens der Uniformierung und Funktionalisierung,* bei gleichzeitiger Subjekt-Objekt-Polarisierung, *restlos unterworfen werden kann.* Uniformierung meint, daß die Natur nicht mehr in ihrer Mehrdimensionaliät, d.h. in ihrer ganzen *Seinsfülle* begriffen, sondern von Anfang unter *eine* Perspektive, namentlich die *Machtperspektive*, gestellt wird, so daß sie der naturwissenschaftlichen Erforschung überhaupt zugänglich und dienstbar gemacht werden kann. Indem sie auf diese Weise auch *verfügbar gemacht* wird, wird sie unter dem Absolutheitsanspruch des Menschen und seiner Zielsetzung zugleich auch *funktionsfähig gemacht.*

Durch *Vergegenständlichung, Uniformierung* und *Funktionalisierung* wird die vorgegebene Natur (physis, natura naturans) schließlich – wie wir gesehen haben – auch *berechenbar* und *beherrschbar* gemacht. Am Ende dieses Prozesses wird sie *herstellbar bzw. ausschließlich zum Material der menschlichen Arbeit transformiert.* In dieser Weise erscheint sie gegenwärtig als *Verbrauchs- und Tauschwert*, auch wenn es heute der wissenschaftlich-technischen Verwertungsindustrie – die in vielerlei Hinsicht auch dann dem militärisch-industriellen Komplex verbunden ist, wenn der Wissenschaftler noch glaubt, gänzlich 'zweckfrei' zu forschen – allmählich dämmert: daß auch diesem 'Mechanismus' »natürliche« Grenzen gesetzt sind.

Die genannten Kriterien gelten, wie ich zu zeigen versucht habe, ebenso für die 'Jahrhundertphysik', auch wenn nicht zu leugnen ist, daß sie auf den Absolutheitsanspruch der klassischen Physik verzichtet und demjenigen, der heute Naturwissenschaft betreibt, gegenüber dem klassischen Subjekt-Objekt-Verhältnis eine weit entscheidendere Bedeutung eingeräumt hat als dies bisher, unter den ausschließlich klassischen Bedingungen, der Fall war. Auf was aber auch die 'Jahrhundertphysik' nicht verzichtet hat, ist, die Natur wie bisher in ihren ausschließlich mathematisch-physikalischen Gesetzmäßigkeiten verstehen zu wollen[102], wobei es ihr heute, wie nun schon mehrfach gesagt, vordringlich darum geht, »ein Grundgesetz für die Materie zu finden, aus dem alle Elementarteilchen und ihre Eigenschaften mathematisch hergeleitet werden können.«[103] Die verschiedenen Elementarteilchen werden dabei »auf einen *universellen Grundstoff*« zurückgeführt, »den man Energie oder Materie nennen mag«, wobei »keines der verschiedenen Elementarteilchen [...] von den anderen grundsätzlich (noch) als ein besonders 'fundamentales' Elementarteilchen unterschieden werden kann.«[104] Die Energie, so Heisenberg, sei die *Substanz*, »denn ihr gesamter Betrag ändert sich nicht, und die Elementarteilchen können tatsächlich aus dieser Substanz gemacht«, also *hergestellt* und *produziert* werden.[105] Daß dies aber erst möglich ist, wenn ich diesen spezifischen Produktionsprozeß *beherrschen*, ja mich ihm gegenüber auch *durchzusetzen* gelernt habe, liegt offen zutage, *wird jedoch von Heisenberg verschwiegen.*

Das grundlegende Bewegungsgesetz, auf das Heisenbergs Augenmerk schließlich gerichtet blieb, die sogenannte 'Weltformel', versuchte »das Naturgesetz, nach dem alles Geschehen abläuft«, schließlich so genau wie möglich zu formulieren. Heisenberg: Die Situation »ist hier ähnlich wie in der Einsteinschen Relativitätstheorie, wo Einstein zwar eine grundlegende Feldgleichung aufstellte, aber doch noch verschiedene kosmologische Modelle annehmen konnte, die gewissermaßen verschiedene Lösungen derselben Gleichung darstellten.« Und jetzt kommt die entscheidende Formulierung: »So entsteht immer wieder dieselbe Grundsituation wie bei Newton: ein Naturgesetz in der Form einer mathematischen Gleichung kann noch verschiedene Lösungen zulassen; daher gibt es in der Natur immer noch verschiedene Möglichkeiten, auch wenn die Grundgleichung den festen Rahmen abgibt, den man nicht mehr ändern kann.«[106]

Mit anderen Worten: Auch die 'Jahrhundertphysik' unserer Zeit stellt die Natur unter Ansprüche und Herausforderungen, und zwar, wie wir zu zeigen versuchten, auf einen bestimmten mathematisch-physikalischen Entwurf hin, wobei die Verpflichtung der Natur auf diesen mathematisch-physikalischen Entwurf hin über den Exaktheitsgrad der Naturwissenschaft entscheidet, durch den schließlich und endlich auch die Ergebnisse der wissenschaftlichen Forschung festgelegt und festgestellt sind. Gerade wenn wir heute den massiven Einfluß des Industriekapitals auf die Hochenergiephysik, der nach dem Sputnik 1957 einsetzte, und in der Folge die Entdeckung der meisten uns heute bekannten Elementarteilchen begünstigte, in Rechnung stellen, dann kommen wir zu guter Letzt auch an der Erkenntnis nicht mehr vorbei, *jetzt erst recht auch den durch und durch technischen Charakter der heutigen naturwissenschaftlichen Forschung zu sehen, der auch dann nicht,* wie wir schon bei Heisenberg sahen, *frei von einer gewissen Aggressivität ist, wenn ihm ein neopythagoreisches bzw. platonisches Fundament beigegeben wird.* Die 'Jahrhundertphysik' fordert die natura naturans auf ihre *Berechenbarkeit* und *Beherrschbarkeit* schließlich auch dann noch heraus, wenn sie immer wieder den Eindruck zu vermitteln versucht, daß ihr diese Zielrichtung gänzlich fern liege. Aber gerade Heisenberg konnte zeigen, daß diese Art von 'Objektivität' heute nicht mehr aufrechtzuerhalten ist, sondern daß die Naturwissenschaft schon immer ein Teil jenes »Wechselspiels zwischen Welt und uns selbst« darstellt, bei dem wir uns – ich setze jetzt hinzu: *in unserem Herrschaftswillen* –, nicht gänzlich ausschalten können. Heisenberg wollte gerade damit zum Ausdruck bringen, daß es sich bei der Welt des Naturwissenschaftlers um eine Welt handelt, »die der Mensch erkennen kann«, so daß diese Welt infolgedessen auch schon immer eine »vermenschlichte Welt« ist[107], die, wenn wir jetzt die Geschichte mit in unsere Untersuchung einbeziehen, bereits *unter einer spezifischen Perspektive steht,* die zu Bewußtsein gebracht werden muß, wenn wir die Komplexität, die Vieldeutigkeit und die Besonderheit des naturwissenschaftlichen, hier insbesondere des mathematisch-physikalischen Erkenntnisprozesses endgültig verstehen wollen. Mit anderen Worten: Auch heute vollzieht sich ein offener und – wenn wir an die, hier konstatierten Verklärungstendenzen der 'Jahrhundertphysik' denken – gleichzeitig auch wieder ein sehr subtiler Machtanspruch in der Weise *über* die Natur, daß alles das, was ist, einem generell verstandenen *Verdinglichungsprozeß* unterworfen wird, um alles das, was möglich, wie gesagt, auch *beherrschbar* und *kontrollierbar zu machen.* Der Rest wird dem Irrationalverdacht bzw. dem Verdikt der Romantik bzw. der Spiritualität überantwortet.

Alles das, was ist, »ding«-fest machen zu wollen heißt: alles das, was ist, *beherrschen* und *kontrollieren zu wollen*, d.h. *gewaltsam zu sein,* wobei hier die Naturwissenschaft wieder bloß dem Grundzug des abendländischen Denkens, ein spezifisch 'gewalt'-tätiges Denken zu sein, auf ihre Weise zu entsprechen versucht. Gerade sie wird, um mit Heidegger zu sprechen, »zum Besteller« eines »Bestandes«, um sich »in das unbedingte Herstellen« ständig neuer und nach Möglichkeit unbegrenzt verwertbarer Erkenntnisse auch dann noch zu verlieren, wenn, angesichts der Katastrophen dieses Zeitalters, von ihr ein generelles Umdenken gefordert wird.

Dieses generelle Umdenken hätte sich erst einmal wirklich der Situation zu vergewissern, in der sich der Naturwissenschaftler heute befindet, um vermutlich schon recht bald zu erkennen, inwieweit die auch für ihn bisher relevante Machtperspektive ihn in der Wahr-nehmung dessen, was ist, *beschränkt*, ja *ohnmächtig gemacht hat,* ohne daß ihm diese Beschränkung und Ohnmacht bis heute schon recht zu Bewußtsein gekommen ist. Wird das Denken auf *Berechnung* und *Herrschaft* in dem jetzt hier endgültig zur Sprache kommenden Sinne *eingeschränkt*, wobei der Rest den 'Schönen Künsten' oder wie bei von Weizsäcker der 'Meditation' geweiht wird, dann wird selbstverständlich auch jede zu gewinnende neue Erfahrung schon von vornherein auf diese Gesichtspunkte hin *eingeschränkt* und *eingeengt*, ja eine wirklich *ur*sprüngliche Erfahrung zu gewinnen kaum mehr möglich sein. Am Ende tritt jene Ohnmacht des Wissenschaftlers ein, von der Nietzsche im Hinblick auf die sich heute ausbreitende Wüste gesprochen hat.

Die uns bekannte naturwissenschaftliche Erfahrung wird, über das Grundraster unseres mathematisch-physikalischen Erkenntnisvermögens vermittelt, bloß noch zu einem *Ersatz* für Erfahrung, und die dieser Erfahrung folgende Logik zu einer *Konstruktion* aus mehr oder weniger leblosen Symbolen, die schließlich die Erfahrung auf einer Eins-zu-eins Basis nachbaut. Dabei entspricht diese Erfahrung 'Grundsätzen des Denkens', d.h. des neuzeitlichen Denkens, mit dessen Hilfe wir nicht nur die Wirklichkeit, in der wir leben – die industriell-wissenschaftlich-technische-, sondern auch uns selbst be-'greifen', so daß es auch dem heutigen Naturwissenschaftler gar nicht mehr darauf kommt, zu erfahren, daß es möglicherweise auch noch eine gänzlich andere Art des Umgangs mit der Natur als die heute vorherrschende geben könnte.

Dieses Verdikt betrifft aber natürlich nicht nur den Naturwissenschaftler, sondern den heutigen Menschen überhaupt, für den es offensichtlich (gerade wenn er sich der Herausforderung der inzwischen planetarisch gewordenen industriell-wissenschaftlich-technischen Gesellschaft stellt) keine Denk- und Handlungsalternative mehr zu geben scheint, trifft er doch, wohin er sich auch wendet, immer wieder auf *ebendiese* 'Wissenschaftsgesellschaft'.[108]

Wir werden daher im nächsten Kapitel analog zur Entwicklung der 'Jahrhundertphysik' die gesellschaftliche Entwicklung, die diesen industriell-naturwissenschaftlich-technischen Fortschritt nicht zuletzt nach wie vor trägt und *vorwärts treibt*, herauszuarbeiten versuchen, wobei wir unser Augenmerk schließlich auf den diesen Fortschritt lenkenden und ihn motivierenden 'Willen zur Macht' richten wollen, unter dem in Wirklichkeit alles Seiende, 'Natur und Geschichte', heute steht und durch den beide, 'Mensch und Sein', gegenwärtig bis ins Äußerste herausgefordert werden. Dem 'Willen zur Macht' geht es dabei in seiner Grundtendenz nicht so sehr um die Bewahrung der Reichhaltigkeit und des Überflusses der Natur, ja des Lebens schlechthin. Für ihn ist vielmehr entscheidend: daß die Natur *ihm ständig zur Verfügung steht* und *als verwertbares Produkt*, vor allem auch als *verwertbares Weltanschauungsprodukt*, zu jeder Zeit einsetzbar ist. Das hinwiederum ist aber nur möglich, wenn die Natur *zuvor* als ein *berechen- und beherrschbarer Gegenstandsbereich konstituiert* – Heisenberg sagt 'idealisiert' – und als solcher zum jederzeit verfügbaren »Bestand« geworden ist, mit dem man auch in Zukunft 'sicher' »rechnen« kann. Damit wird zwar die Natur bzw. die Wirklichkeit auf wenige Bestimmungsgründe eingeschränkt, entscheidend aber ist, daß sie, nunmehr schon sozial-wissenschaftlich formuliert, so für den real-kapitalistischen bzw. real-sozialistischen Verwertungsprozeß gesichert, *zur Verfügung steht.* Damit wird zwar, wie Heisenberg schreibt, »auf alle jene Dinge in den Phänomenen verzichtet, die sich mit diesen Begriffen«, d.h. auch mit den genannten physikalischen Begriffen, »nicht mehr fassen lassen«, viel entscheidender jedoch ist, daß es nur so möglich ist, auch dem quantenphysikalischen Erkenntnisideal zu entsprechen. Heisenberg betont: wenn man sich dieser Einschränkungen bewußt bliebe, dann könnten daraus keine Gefahren und auch keine nennenswerten Fehleinschätzungen erwachsen. Ich denke aber, nicht nur in diesem Kapitel schon deutlich genug gemacht zu haben, daß Heisenberg an anderer Stelle seines Werkes, wenn er auf Platon und sein Verständnis von Symmetrieeigenarten der Natur zu sprechen kommt, genau dieser Gefahr erlegen ist. An diesen Gefahrenpunkten spricht Heisenberg nicht mehr nur von sprachlich zu beachtenden Vorbehalten, sondern von der Natur, *als ob es sich hier um die Natur als solche, die sich so und nicht anders zu allen Zeiten verhält, handelt.* Dabei handelt es sich aber doch gerade beim quantenphysikalischen Verfahren wiederum um ein und dasselbe: *daß das Unbekannte zum Unbekannten einer gesicherten und beherrschbaren Grundgleichung wird, so daß letzten Endes damit auch das Unbekannte zum Altbekannten wird, noch ehe eine Sprache, ein passendes Wort dafür gefunden worden ist. Die Natur* ist auch unter der quantenphysikalischen Perspektive stets *das mathematisch zu Erfassende*, wobei selbst das, was nicht in eine mathematische Berechnung eingeht, doch soweit »von mathematischen Theoremen umstellt«[109] wird, daß es dem ursprünglichen, in keiner Weise von der Quantenphysik revidierten klassischen Erkenntnisideal doch noch gerecht wird. Heidegger wörtlich: »Am Parametercharakter von Raum und Zeit haben auch die neuen Theorien, d.h. Methoden der Raum- und Zeitmessung, Relativitäts- und Quantentheorie und Kernphysik nichts geändert. Sie können eine solche Änderung auch nicht bewirken. Könnten sie dies, dann müßte das ganze Gerüst der modernen technischen Naturwissenschaft in sich zusammenbrechen«, und Heidegger ergänzt: »Nichts (aber) spricht heute für die Möglichkeit eines solchen Falles. Alles spricht dagegen, allem voran die Jagd nach der mathematisch-theoretischen physikalischen Weltformel. Allein der Antrieb zu dieser Jagd entstammt (aber) nicht erst der persönlichen Leidenschaft der Forscher. Deren Wesensart ist selber schon das Getriebene einer (fundamental zu nennenden) Herausforderung, in der das moderne Denken im Ganzen gestellt« ist[110] – und die im 'Willen zur Macht', wie ich noch zeigen werde, ihre höchste Aktualität in unserem Zeitalter gewonnen hat.

# II. Teil

# 6. Naturwissenschaft, Philosophie und die geschichts- bzw. gesellschaftswissenschaftliche Ausgangsfrage

*1.*

Die Naturwissenschaft ist durch jenes System von Grundbedingungen bzw. Grundvoraussetzungen bestimmt, das wir in den bisherigen Kapiteln zu kennzeichnen versucht haben. Danach ist auch das 'Objekt' dieser, wie aller Wissenschaft überhaupt, nur durch diese Bedingungen bestimmbar; ich will damit sagen: daß die Wissenschaft nach einem Satz von Heisenberg nicht der Natur als solcher, *sondern nur noch sich selbst gegenübersteht.*

Die Wirklichkeit, besagt ein Satz wie dieser, kann dann aber auch *nicht mehr allein* durch das Rechnen und das experimentelle Messen und Forschen in ihrem ganzen Wesen und Umfang ausgemessen und festgestellt werden, so daß letzten Endes mit dem zur Stunde stattfindenden Abschluß der klassischen Physik – und dazu rechne ich hier auch die Bemühungen von Monod, Eigen und Winkler – generell durchaus eine neue Freiheitsdimension den naturwissenschaftlichen Erkenntnissen gegenüber gewonnen wurde. Darin scheint mir der wesentliche Erkenntnisfortschritt der 'Jahrhundertwissenschaft' zu liegen, der durch voreilige Schlüsse in Richtung auf eine noch so reizvolle generelle Seinslehre nicht verloren werden darf.

Mit dieser neu gewonnenen Freiheitsdimension ist auch ein neues emanzipatorisches Potential gegenüber dem heute noch anerkannten Herrschaftsanspruch der neuzeitlichen Naturwissenschaft freigesetzt worden, ohne daß diese Tatsache schon von jedem, der sich damit auseinanderzusetzen versucht, begriffen worden ist.

In zunehmenden Maße wird heute erkennbar, daß die klassische Naturerkenntnis in ihrem Wesen von Grund auf technischer Natur ist, da, wie wir zeigten, die Natur als Energie- bzw. Materiegeschehen im vorhinein schon als Gegenstand einer *durch den Menschen*, in diesem Falle: *durch den Naturwissenschaftler* bewirkten *Hervorbringung 'nach Gesetzen'* angesehen wird, so daß, wenn der Mensch die *Erzeugung*, die *Hervorbringung*, die *Produktion* der Dinge bzw. der Materie insgesamt kennt, er auch in die Lage versetzt ist, die Bedingungen herauszufinden, durch die er selbst ihre *Produktion* in Zukunft bewerkstelligen kann. Insofern ist jede theoretische Erkenntnis heute schon in sich selbst technischer, schließlich industrieller Natur; sie ist darüberhinaus die Grundweise, wie sich uns heute das, was wir als Natur erfahren, 'zeigt' und 'darstellt'.

Schon Kant ging von der Überzeugung aus, daß das menschliche Vernunfts- und Verstandesvermögen in der Lage sei, die Dinge, ihr Sein und Wesen – wenn auch unvollkommen – zu erkennen. Wenn es möglich ist, die Wirklichkeit und ihre Seinsgründe zu erkennen bzw. zu erfassen, dann ist nach Kant unser Verstand auch in der Lage, sich über die Grenzen von Raum und Zeit bis zu deren letzten Gründen, die durchaus begrenzter Natur sein mögen, endgültige Klarheit zu verschaffen.

Der Mensch ist in diesem *Vor*verständnis das 'animal metaphysicum', dem es um die Erkenntnis des Seins der Dinge und – nach Kant – schließlich um die Erkenntnis Gottes geht. Dieser »letzten« Erkenntnis geht es dabei nicht um den greifbaren Nutzen, sondern sie wird um ihrer selbst willen gesucht: sie erfüllt das menschliche Dasein *ohne* alle Nutzanwendung.

Kants 'Kritik der reinen Vernunft', hier als Grundlegung bzw. Erörterung der metaphysischen *Anfangs*gründe bzw. *Voraus*setzungen der naturwissenschaftlichen Erkenntnis verstanden, ging davon aus, daß uns Menschen als erkennende Wesen von den Dingen her ein chaotisch-ungestaltetes Vielerlei von Eindrücken oder Empfindungen gegeben ist, mit denen allein unsere Erkenntnis nichts Rechtes anfangen kann.

Vorausgesetzt, daß es sich so verhält, bleibt demgegenüber aber festzuhalten, daß jeder von uns, bevor er über diese Dinge nachdenkt, schon immer eine geordnete Welt von Dingen wahrnimmt, so daß ganz offensichtlich doch von der *Voraus*setzung auszugehen ist: daß unser Erkenntnisvermögen eine apriorische Struktur aufweist, die in dieses Chaos Ordnung, Gestalt und Übersicht bringt und so aus dem bloßen »Rohstoff der Empfindungen« faßbare, erkennbare und überschaubare Erscheinungen der Welt *erschließt*, *hervorbringt* bzw. *herstellt* und *produziert*.

Die entscheidende Leistung unseres »Erkenntnisvermögens« besteht demzufolge dann exakt darin, aus dem gegebenen Material von Eindrücken mögliche Gegenstände der Erkenntnis *hervorzubringen*, *herzustellen* und *zu produzieren*. Das aber heißt doch nichts anderes als dies: Daß unser Erkenntnisvermögen, unsere Erkenntniskraft, zwar nicht die Wirklichkeit selbst, wohl aber die Art und Weise, wie sie uns als sinnvoll – d.h.: *bezogen auf einen ganz bestimmten Zweck* – erscheint, *herstellt*, bzw. für uns *'Realität'* werden läßt. Wir können daher auch sagen: Unser Erkenntnisvermögen ist nicht in der Lage, die Welt, den Kosmos, wie sie bzw. wie er 'an-und-für-sich' ist, *zu schaffen* bzw. *herzustellen*, sondern allein nur nach Maßgabe dessen, *wie* sie ihm unter einer bestimmten Zielsetzung bzw. eines bestimmten Zwecks wegen gegeben ist.

Um zu differenzieren: Gestalt und Form, zu der auch der gesetzmäßige Zusammenhang oder das Neben- oder Nacheinander in Raum und Zeit gehören und ohne die wir das, was wir als 'Natur' zu begreifen versuchen, nicht begreifen können, stammen vorrangig aus den Anschauungs- und Denkformen unseres Bewußtseins, die Kant als *formende, gestaltende* und *Ordnung stiftende Funktionen* dem bloßen Stoff der Empfindungen gegenüberstellte: dem Rohstoff, den unser Erkenntnisvermögen zu faßbaren Erscheinungen der Welt *verarbeitet, hervorbringt, produziert.*

Wir müssen uns diesen von Kant auf diese Weise explizit gemachten Vorgang schließlich als einen Prozeß vorstellen, in dem Subjekt und Objekt letztendlich vermittelt erscheinen. Ist das, was wir 'Wirklichkeit' nennen, zu keiner Zeit voll erfaßbar, so folgt daraus notwendig die Erkenntnis: *daß in diesem Prozeß ein Rest von Nichtidentischem,* will sagen: *durch den Begriff nicht Identifizierbarem übrig bleibt, der es uns nicht erlaubt, von der Erkenntnis der Natur 'an sich' zu sprechen bzw. die Welt (den Kosmos) uns als absoluten Gegenstand vorzustellen.*

Diese Einsicht ist identisch mit den heute dialektischen Denkversuchen – etwa Theodor W. Adornos; identisch mit der immanenten Kritik des Begriffes und mit der brennend heißen Frage: worin die Nicht-Identität von Sache und Begriff »gründet«. Antwort: Sie »gründet« in der Vorstellung von der 'Einheit des Ganzen' wie der »Natur« als eines Prozesses des Nicht-Identischen.

Ich komme aber erst noch einmal auf Kant zurück, indem ich eine weitere, nicht unwesentliche Schlußfolgerung ziehe: Die Wirklichkeit, jede Wirklichkeit, kann insbesondere erst für den Wissenschaftler in dem Maße Realität und folglich dann auch erst *wissenschaftlich* für *nachprüfbar, bestätigt* oder *widerlegt* gelten, wenn sie gleichsam den *Produktionsprozeß seines Erkenntnisvermögens* durchlaufen hat.

Wenn ich davon ausgehe, daß die rationale Kontrolle des menschlichen Bewußtseins darüber befindet, was ist und was nicht ist, dann wird es zur vordringlichen Aufgabe: wiederum jetzt jene *Voraussetzungen* zu klären, die diesen Bewußtseinsprozeß erst ermöglichen. Damit ist sowohl ein weiterer Hinweis auf die Aufgaben der Philosophie als auch der Geschichts- bzw. Sozialwissenschaft gegeben.

Ich stelle mit Kant also jetzt die Frage: Unter welchen *Voraus*setzungen können wir von der tatsächlich erfolgten

Erkenntnis eines naturwissenschaftlichen Sachverhalts überhaupt sprechen. Denn die räumlichen und zeitlichen Dimensionen, in denen unsere Wahrnehmung die Gegenstände erscheinen läßt, garantieren mitnichten schon ein zuverlässiges Urteil über die Ordnung dieser Erscheinungen und damit selbstverständlich auch noch keine »wissenschaftliche« Erkenntnis. Ein regelloses Nacheinander von Eindrücken, von Meinungen zu registrieren, würde jeden Versuch einer Erklärung, aber auch den der Voraussage nicht garantieren können. Präzisiert: So schwierig es ist, gute physikalische Daten zu sammeln – noch schwieriger ist es, lange Reihen dieser Daten so zusammenzustellen, daß der Reihe im ganzen eine einheitliche Bedeutung zukommt. Erst der feste, durch das Gesetz von Ursache und Wirkung bestimmte Zusammenhang zwischen der Abfolge der Eindrücke macht eine tatsächliche Erkenntnis von Sachverhalten möglich, zu der verläßliche Erinnerung und sichere Voraussage nun einmal gehören.

Dieses Gesetz von Ursache und Wirkung, das bei jedem Geschehen die unerschütterliche Gewißheit schafft, daß ihm eine Ursache vorangegangen ist, dieses für die Wissenschaft notwendige Postulat ist für Kant wiederum mitnichten schon ein Gesetz der Natur selbst, also ein Gesetz von ontologischer Gültigkeit, das unabhängig vom Bewußtsein existiert. Kants Philosophie signalisierte stattdessen eine Philosophie des *Aufbruchs in das Unversicherbare* einer zu keiner Zeit abschließbaren 'Weltansicht', einer ob nun physikalisch oder biologisch bestimmbaren 'Weltanschauung'. Kant operierte vielmehr mit seiner Philosophie für die Freiheit der menschlichen Selbstbestimmung als Natur des Menschen, der sich unter den gegebenen Bedingungen aber erst noch zu seinem eigentlichen Wesen hin zu befreien hat, wozu auch die Befreiung von seiner ihm unveränderlich erscheinenden Natur- bzw. Geschichtsvorstellung gehört, die ihn nicht einmal die Verantwortung für das spüren läßt, was unter dem Diktat des herrschenden Realitätsprinzips endgültig der Zerstörung anheimzufallen droht: die Verantwortung gegenüber jener Natur, die ihn trägt und ohne die er Fragen wie die nach seinem Woher, Wohin und Wozu erst gar nicht zu stellen vermochte.

## 2.

Ich sagte gerade mit Hinweis auf Kant: Wenn ich davon ausgehen muß, daß die rationale Kontrolle unseres Bewußtseins darüber befindet, was jeweils als existent angenommen wird, dann wird es zur vordringlichen Aufgabe, die *Vor-*

*aus*setzungen zu klären, die diesem Bewußtseinsprozeß, ich ergänze jetzt: u.a. von seiner geschichtlich-gesellschaftlichen Struktur her, in Bewegung hält und prägt. Als Frage formuliert: Ist der von mir in den hinter uns liegenden Kapiteln beschriebene naturwissenschaftlich-technische Erkenntnisprozeß durch die jeweils vorhandene Gesellschaftsstruktur, d.h. durch die *Produktions*- und *Reproduktionsweise* schon so spezifisch *vorprogrammiert*, daß von dieser *Vor*programmierung her auch eine maßgebliche Beeinflussung des genannten Erkenntnisprozesses, ja von vornherein eine substantielle Beeinflussung des Charakters und der Gestalt der neuzeitlichen Naturwissenschaft ausgeht bzw. *wissenschaftlich* nachweisbar ist?

Meines Erachtens ist diese Frage mit einem klaren Ja zu beantworten. Um dies aber tun zu können, muß ich noch präziser als bisher auf den Charakter der gegenwärtigen naturwissenschaftlich-technischen Erkenntnisweise eingehen. Dieses nochmalige Thematisieren des bisher verfolgten Argumentationszusammenhanges stellt bis zu einem gewissen Grade ganz sicher eine notwendige Wiederholung, aber ganz sicher auch eine weitere Präzisierung dessen dar, was in den vorangegangenen Kapiteln, wenn auch unter anderen Perspektiven, schon dargelegt worden ist.

Unser Umgang mit der Natur ist kein bloßer Blickkontakt, er stellt vielmehr einen Wechselprozeß zwischen ihr und den geschichtlich-gesellschaftlichen Kräften in ihrer Suche nach mathematisch-physikalischer Gewißheit der Natur dar, wobei es in dieser Suche nach Gewißheit im Grunde genommen auf die Sicherung des Menschen in ebendieser Natur ankommt, ist es doch gerade der Mensch, der sie sich gegenüber allen anderen Lebewesen eigenst sichern muß, um in ihr leben, ja überleben zu können.

Dabei weiß sich spätestens seit Galilei und Descartes der Mensch *als absolutes Subjekt: als das unbezweifelbare Fundament aller nur möglichen Erkenntnis, dem alles das, was existiert, zum Zwecke der Erkenntnis gegenübertritt, d.h.: zum Objekt, zum Gegenstand wird.* Heidegger hat darauf hingewiesen, daß dieser Tendenz die Sprache durch die nominalistische Scheidung der Worte und der Dinge vorgearbeitet habe. Occams Formalismus habe »durch seine Entleerung des Realitätsbegriffs den Entwurf eines mathematischen Schlüssels der Welt« erst möglich gemacht.[111]

Ich folge zunächst weiter Heidegger: »Die Natur heißt von dem Augenblick an 'beschrieben', *in dem sie in mathematische Form gebracht ist, deren auf das Experimentieren zielende Funktion Exaktheit ergibt«,* wobei diese Exaktheit die Möglichkeit eröffnet, »ein Experiment im Rahmen des

Schemas 'Wenn x ... dann y' genau übereinstimmend zu wiederholen.« Heidegger fährt fort: »Beim Experimentieren kommt es also auf die Wirkung an«, so daß, wenn eine erwartete Wirkung nicht eintritt, auch die Theorie geändert werden muß; »die Theorie ist daher wesentlich veränderlich und somit rein methodologisch«. Im Grunde sei sie nur eine der veränderlichen Größen in der Forschung.[112]

Entscheidend ist nun: daß die *Berechenbarkeit* selbst *als das Prinzip der Beherrschung der Natur durch das Subjekt, durch den Menschen also, der sich die Natur distanzierend als ein berechenbares, kalkulierbares Objekt gegenüberstellt, erscheint und verstanden werden muß;* Heidegger: »Die Natur in der Art Galileis als berechenbar und beherrschbar ansetzen, das ist die neue Theorie«, d.h.: die Theorie der neuzeitlichen Naturwissenschaft: »deren Besonderheit es ist, die Experimentiermethode zu ermöglichen«.[113] Heidegger ergänzt noch: »Von der griechischen Auslegung« der Theorie hält der Newtonsche und Galileische Theoriebegriff »einen ontologischen Hinblick auf die Natur fest, die als Gesamtheit der Bewegungen in Raum und Zeit betrachtet wird. Dagegen gibt die zeitgenössische Theorie jene ontologische Tendenz auf; sie ist (jetzt) lediglich (noch) Feststellung der für ein Experiment erforderlichen Einzeldaten oder [...] die Gebrauchsanweisung für die Ausführung eines Experiments.«[114] Heidegger präzisiert noch einmal: Die Theorie der neuzeitlichen Naturwissenschaft, weitgehend jetzt als Physik verstanden, ist und bleibt »ausschließlich an der Berechenbarkeit des Gegenstandes« orientiert, im Blick auf die Elementarteilchenphysik vor allem auch auf das, was *nicht* zu einem ausdrücklichen Gegenstand, zu einem Objekt werden kann. So stellt auch die 'Weltformel' Heisenbergs nach Heidegger »nur eine Hauptgleichung« für die so verstandene Natur dar, die sich darauf konzentriert, das in einer Formel dingfest zu machen, »womit man rechnen muß, damit man in jedem Fall auf etwas rechnen kann.«[115]

In diesem Zusammenhang darf ich gleichsam noch ergänzend auf eine Kantische Argumentation hinweisen, weil sie mir für meine spätere Argumentation wichtig zu sein scheint. Wo der Begriff eines gesetzmäßigen Zusammenhangs das Wirken leitet, da sprechen wir gewöhnlich vom Willen. Deshalb kann Kant sagen: Wollen ist ein Wirken nach Begriffen. Das heißt zu Ende gedacht: Der Wille verfügt als Wille bereits über das Erwirkte – oder anders herum formuliert: das Wissen ist schon vor seiner Erwirkung vorhanden, da der Wille die Bedingungen bereits kennt, unter denen das Erwirkte mit Notwendigkeit zustande kommt bzw. zustande kommen läßt. Da der Wille aber schon vorweg über das Erwirkte wissend verfügt, verfügt er auch über sich selbst.

Wenn wir also sagen, daß es für den Naturwissenschaftler darum gehe, das gesetzmäßige Wirken der Natur selbst zum Gegenstand der Erkenntnis zu machen, dann heißt das im Hinblick auf die erkenntnisleitenden Voraussetzungen und -möglichkeiten: Die Gesetze, nach denen gefragt wird, sind in der vom Willen bestimmten Vernunft schon vorgezeichnet, mithin vorgestellt, vielleicht etwas zugespitzt formuliert: schon »vorprogrammiert«. Die Natur wirkt mit anderen Worten mehr oder weniger – folgt man weiter dieser Sprache – nach den von der Menschenvernunft (und -natur) vorgestellten Gesetzmäßigkeiten eines Willens, der in seinem Willen zu sich selbst, *sich* – wie Nietzsche/Heidegger gezeigt haben – schließlich *heute selbst übermächtigt.*

Wenn man die Heisenbergschen und die anderen Argumente, die wir bisher wiedergegeben haben, in aller Konsequenz in der bisherigen Weise ernst nimmt, dann löst sich in der Tat der klassische Gegenstandsbegriff der Naturwissenschaft, das klassische Substanz-Akzidenz-Schema, jetzt lediglich in ein 'Sich-zur-Verfügung-halten' der Natur 'für mathematisch-physikalische Berechnungen' auf; dann reduziert sich schließlich aber auch die uns immer noch vertraute Naturvorstellung auf den einheitlichen, will sagen: auf den 'Einheit'-stiftenden Begriff einer »Grundformel«, die, wie gesagt, den »Grundbestand« wiedergibt: »womit man rechnen muß, damit man in jedem Fall auf etwas rechnen kann.« Um es noch präziser als bisher zu formulieren: Die in den hinter uns liegenden Kapiteln erörterte 'Einheit der Physik', in der die naturwissenschaftliche Erkenntnis (einschließlich der biophysikalischen) der letzten Jahrzehnte Eingang gefunden hat, stellt sich, auf den jetzt *analog* dazu zu verstehenden sozialwissenschaftlichen Begriff gebracht, als ein mathematisch-physikalisch gesicherter »Grundbestand« dar, der als solcher dem Menschen zur Sicherung seines Überlebens »zur Verfügung« gehalten und gestellt wird bzw. ihm auch in Zukunft zur »Verfügung« stehen soll.

Der von mir jetzt hier bewußt eingeführte Begriff der Analogiebeziehung von naturwissenschaftlicher und sozialwissenschaftlicher Erkenntnis bezieht sich dabei auf die alles durchdringende und alles bestimmende Logik von »In-der-Verfügung-halten« und »Verfügbarmachung« *im* Horizont der »Nutzbarmachung« und »Bestellbarkeit« alles dessen, dessen es sich heute »zu bemächtigen« gilt. Ich beziehe mich dabei auf den Analogie-Begriff, der eine Situation, ja eine Lage charakterisieren soll, in der wir ein und dasselbe Geschehen erfassen. Die natur- und geschichtsbzw. sozialwissenschaftliche Betrachtungsweisen schließen sich danach nicht aus, ganz im Gegenteil: Sie sind auf ein- und dieselbe berechnende Logik bezogen, die ihrerseits wiederum, wie wir noch sehen werden, ihre Rechtfertigung im 'Willen zur Macht' findet, den wir weit ernster zu nehmen haben, als es bisher u.a. die 'Jahrhundertphysik' Heisenbergs wahrhaben will.

### *3.*

Etwas den kommenden Kapiteln vorausgreifend bleibt jetzt wieder zu präzisieren: Die Geschichts- bzw. Sozialwissenschaft, soweit sie sich auf Marx' 'Jahrhundertwissenschaft' beruft, trifft sich in vielerlei Hinsicht heute durchaus mit der Heisenbergschen 'Jahrhundertphysik', als sie beide den Materialisten der vergangenen Epochen vorwerfen, daß sie die menschliche Praxis aus ihren Analysen ständig ausgeklammert haben, um dadurch ihr eigenes erkenntnisleitendes Interesse zu suspensieren bzw. zu verklären.[116]

Marx, aus meiner Sicht der eigentliche Begründer der Sozialwissenschaft, war es, der die Aussagen der materialistischen Philosophen schon zu seiner Zeit in aller Entschiedenheit als relativ – und zwar bezogen auf den jeweiligen Stand der Entwicklung der materiellen Produktionskräfte – analysierte, wobei er insbesondere den Naturwissenschaftlern seiner Zeit vorhielt, daß sie, entgegen ihren Annahmen, keineswegs mit einer 'reinen', 'an-sich-seienden' Natur zu tun hätten, sondern mit einer, die schon immer durch den Filter der menschlichen Arbeitsanstrengung hindurchgegangen sei. Materialistisches Denken, das seine eigene Vermitteltheit leugnet, indem es die »Natur« oder den »Stoff« auf ein einfaches Prinzip hin reduziert und schließlich aus einem solchen Prinzip selbst noch eine Idee zaubert, wird nach Marx paradoxerweise selbst idealistisch, weil es Elemente wie Geschichte und Geschichtlichkeit alles dessen, was ist, von vornherein idealistisch verwirft.

Für Marx blieb Zentrum des materialistischen Denkens die menschliche Praxis, die nicht nur die gesellschaftliche Arbeit als Aneignung von Naturkräften bezeichnet, sondern die bis heute ausbeuterisch gebliebene Naturbeherrschung durch den Menschen selbst so beherrschen lernt, daß eines nicht so fernen Tages eine ebenso natur- wie menschenfreundliche Gesellschaft freigesetzt werden *kann*, wenn auch nicht schon *muß*.

Das besagt zusammengenommen: Unser heutiger Umgang mit der Natur, unser Verhalten ihr gegenüber, ist, wie schon gesagt, kein bloßer Blickkontakt, sondern, geschichtsbzw. sozialwissenschaftlich gesehen, in erster Linie ein »Stoffwechselprozeß« zwischen ihr und den gesellschaftlichen Kräften, denen in dem Maße gegenwärtig eine Katastrophe immanent ist, als es diesen Kräften nicht gelingt, die Natur, d.i. die natura naturans, jenseits der Tauschwertpraxis – die der derzeitigen Produktions- und Reproduktionsweise sowohl im real existierenden kapitalistischen, als auch heute im real existierenden sozialistischen Gesellschaftssystem eigen ist, – zu verstehen und zu begreifen. Ganz im Gegenteil: In dem Maße, in dem die Natur unter den Zwang des für die real-kapitalistische und real-sozialistische Produktionsweise typischen universellen Tauschprinzips fällt, in dem Maße entzieht sich offensichtlich die Natur.

Dieser Vorgang ist dabei so fundamental, daß weder dem Sozial- noch dem Naturwissenschaftler inzwischen schon bewußt geworden ist, daß er sich derzeitig *»in einem grundlegend neuen Verhältnis zum Sein befindet«*[117], wobei dieses »neue Verhältnis«, diese »Logik«, den erschreckenden Tatbestand bezeichnet: daß sowohl der Naturwissenschaftler (sieht man u.a. von Heisenberg ab) als auch der Geschichts- und Sozialwissenschaftler (bei ihm zeigt es sich heute am allerdeutlichsten) offensichtlich keinen eigentlichen Bezug mehr zu den *Grundvoraussetzungsproblemen* der von ihnen betriebenen Wissenschaft hat. Um wieder mit Heidegger zu sprechen: Unter diesem Gesichtspunkt gesehen ist der moderne Mensch in der Tat zum »Sklaven der Vergessenheit der Seins« geworden, wobei er inzwischen (spätestens aber seit Galilei und Descartes) »aus der Gegenständlichkeit in die der Bestellbarkeit übergegangen« ist, ja in die »Epoche der Bestellbarkeit«, in der »alles und jedes mittels der Berechnung einer Bestellung beständig verfügbar« gemacht ist bzw., wo dies noch nicht der Fall ist, verfügbar gemacht wird, so daß zu guter Letzt auch »keine Gegenstände mehr, sondern nur (noch) Verbrauchsgüter« in die Verfügungsgewalt »eines Verbrauchers« gegeben sind, »der selber wiederum in den Betrieb von Produktion und Verbrauch eingestellt ist«.[118]

Dem entspricht exakt die Marxsche Auffassung vom Menschen und seiner gegenwärtigen gesellschaftlichen Praxis, derzufolge der Mensch »sich selbst seine eigene Wurzel ist«, die Wurzel eben »*dieser* Produktion und des zu ihr gehörenden Verbrauchs«.[119] Mit Ausnahme einiger weniger, an die Peripherie geratener, primär beschreibender Naturwissenschaften – wie die Botanik und Zoologie –, wird analog zu der gerade gemachten Aussage die Natur nur noch so weit von der Naturwissenschaft (in ihrem derzeitigen Charakter) in Betracht gezogen, wie sie sich durch den Menschen *nachmachen*, *anders machen* oder, wenn es sein muß, *auch grundlegend verändern läßt.* Hier gilt in aller Konsequenz analog zum naturwissenschaftlichen Erkenntnisprozeß, der aber, wie gesagt, *ein und derselben inneren Logik* entspricht, der bereits von Hobbes formulierte Satz: daß der Leitfaden geregelter Gedanken offenkundig darin besteht, sich von einem Ding, von einer Sache vorzustellen, was man damit machen könne, wenn man es erst einmal in Besitz genommen hat.

Ich halte daher, um dem auch bei Heisenberg vorhandenen idealistischen Selbstverklärungsversuch der Physik entgegenzuwirken, dafür, statt von Naturwissenschaft heute eher von einer experimentellen, operativen oder pragmatischen Wissenschaft analog zur Geschichts- bzw. Sozialwissenschaft zu sprechen. Denn nicht von einem bestimmten Gegenstandsbereich her sind die modernen Wissenschaften heute definiert, sondern allein nur noch durch die Methoden der Wissens*produktion* und *-sicherung,* in denen sich der Zweck – und er allein wird durch den *neuzeitlichen Produktionsbegriff* genannt – objektspezifisch ausgeprägt.

### *4.*

Die in erster Linie industriell-wissenschaftlich-technische Objekt*herstellung* – wie im Falle auch der 'Jahrhundertphysik' – läßt sich durchaus noch erweitern, wenn die Wissenschaft von dem uns allen bekannten »guten Gewissen« legitimiert wird, sie strebe nach so etwas wie einer zweckfreien Erkenntnis der Natur 'an sich', des Menschen, der Geschichte und der Gesellschaft. Diesem Verblendungszusammenhang, dieser spezifischen Form der »Versöhnung« entgegengesetzt, haben aber schon Marx und Engels in aller Entschiedenheit ihre Auffassung vom Charakter der naturwissenschaftlichen Praxis als einer illusorisch-apolitischen, vom »konkreten« Menschen, seinen Interessen und seiner Klassenlage abstrahierenden, deutlich gemacht. Natur, unter den kapitalistischen Produktionsverhältnissen vergewaltigt und als ein ausbeutbares Objekt betrachtet, fände erst, wie sie annahmen, im Sozialismus zu sich selbst. Das hinwiederum bedeute aber, das bestehende Verhältnis des Menschen zur eigenen wie zur äußeren, von ihm in Distanz gehaltenen Natur *radikal umzugestalten,* um so ein ursprüngliches zu ihr zu gewinnen.

Diese Umgestaltung setzt nach Marx/Engels jedoch erst die Befreiung des Menschen durch die Aufhebung der ihn verstümmelnden kapitalistischen Produktionsweise voraus, wobei diese Befreiung die Befreiung seiner Wahrnehmungsmöglichkeiten *der unverstellten Natur* gegenüber bedeutet.

Diese Befreiung gestattet es dann nicht mehr, die Natur nur noch als das Reservoir des instrumentellen und kalkulierten gesellschaftlichen Nutzens – sprich: Profits einer Waren-Tauschgesellschaft – anzusehen, so daß dann auch nicht mehr der Frage auszuweichen ist, warum sich mit einer grundlegenden Veränderung der derzeitigen ruinösen Produktionsverhältnisse, als Ausdruck der tiefer anzusetzenden ruinösen Produktionsweise, nicht auch der derzeitige Charakter der Naturwissenschaft ändern muß und – wie ich annehme – auch ändern wird. Gerade die derzeitig stattfindende Zerstörung der natürlichen Lebensgrundlagen der Gesellschaft in ihrem Zusammenwirken *ein und derselben inneren neuzeitlichen Logik* zwingt uns gerade in bezug auf den Fortschritt, die die 'Jahrhundertwissenschaft' Heisenbergs – und er steht hier für eine ganze Generation bedeutender Physiker unserer Zeit – vollzogen hat, neben der 'Jahrhundertphilosophie' Heideggers die Aktualität auch des Marxschen und damit des sozialwissenschaftlichen Denkanspruchs endlich zur Kenntnis zu nehmen, ja von diesem Denkanspruch her die Grundvoraussetzungen der derzeitigen Natur- und Geschichts- bzw. Sozialwissenschaft erneut zu reflektieren.

Festzuhalten bleibt: Die mathematische, von Grund auf industriell-technisch geprägte Naturwissenschaft, insbesondere die Physik, stellt die Natur heute, wie wir gesehen haben, als »Gegenstand« einer *gesetzmäßigen Erzeugung* vor, wobei die 'Natur'-Erkenntnis, die der 'Natur'-Wissenschaftler hier gewinnt, *Gesetze eben dieser Erzeugung sind.* Das Gesetz der Erzeugung gilt *dann* als anerkannt, *wenn* der Naturwissenschaftler die Bedingungen festgelegt und abgesichert, d.h. »festgestellt« hat, unter denen sich dieser oder jener Naturvorgang, also z.B. das Elementarteilchengeschehen, *mit Notwendigkeit* bewegen soll. Sind die Gesetze des Wirkens schließlich erkannt, ist der Naturwissenschaftler prinzipiell auch in der Lage, *den Bedingungszusammenhang nun seinerseits beliebig zu setzen, herzustellen, zu produzieren und zu reproduzieren.* Um es andersherum zu formulieren: In dem Maße, in dem der Mensch die Gesetze der von ihm als eines von spezifischen Bewegungsgesetzen bestimmten Energie- bzw. Materiegeschehen erkennt, bekommt er die von ihm in dieser Weise antizipierte Natur in die Hand, in den Griff, lernt er sie be-»*greifen*«. Das muß man sich deutlich vor Augen führen, um heute zu verstehen, daß dieses spezifische Element in der griechischen Naturerfahrung noch keineswegs enthalten war und daß dies erst eine Zutat der neuzeitlichen Denkpraxis darstellt.

Seit den Griechen hat sich ein fundamentaler Wandel des Grundverhältnisses des Menschen gegenüber der Welt, dem

Sein, der Natur überhaupt, ereignet und vollzogen, in dem es in erster Linie das *Technische* ist, das den Menschen in Anspruch nimmt.

Technik, techné, bedeutete, griechisch verstanden, nicht nur Kunstfertigkeit, sondern auch wissenschaftliche Tüchtigkeit und Einsicht. In Verbindung mit epistemé sprachen die Griechen daher von poiesis: von 'Hervorbringung', mag es sich um Gedankliches oder Gegenständliches handeln. Die Technik bringt Verborgenes hervor, bringt es zur Erscheinung, d.h. sie verwirklicht etwas, was in der Natur als (reale) Möglichkeit, also in Form von Strukturen, Kraftbeziehungen und Wirkungsmechanismen schon latent und tendenzhaft vorhanden ist. Technisches Tun ist so immer ein Entdecken von Verborgenem. Mithin: Bei der technischen Entwicklung handelt es sich um einen universalen Verwirklichungsprozeß dessen, was in der Natur noch unentdeckt und unerforscht ist, aber sich doch in irgendeiner Form dem Menschen, dem Menschen vornehmlich in seiner Rolle als Naturwissenschaftler, jeweils zeigt.

Es war nicht zuletzt Heidegger, der mit Nachdruck in diesem Zusammenhang auf die Gefahr hingewiesen hat, daß der Mensch, gleichsam verliebt in diese eine neuzeitliche Naturvorstellung, die eigentliche Dimension der Natur (physis) inzwischen aus dem Auge verloren hat, wobei die Krisen sowohl der real-kapitalistischen als auch der realsozialistischen Produktionsweise heute exakt den technischen Unfällen entsprechen, durch die die *ein*seitig bzw. *ein*dimensional verstandene 'Natur' jetzt in Form von Umweltkrisen massiv zurückzuschlagen versucht. Das heißt etwas anders formuliert: Die Resultate der neuzeitlichen Naturwissenschaft entsprechen heute durchaus einer gesellschaftlichen Verfassung, die aufgrund der sie strukturierenden universalen Waren- und Tauschbeziehungen qualitative Erfahrungsbereiche zugunsten von kalkulatorischen Quantitäten schrumpfen läßt. Die Zerstörung der 'Naturbasis' erfolgt danach durch die gekennzeichnete Produktionsbasis und kann offensichtlich auch nur durch Aufhebung ebendieser Produktionsbasis aufgehalten werden.

Damit es aber zu keinem Mißverständnis kommt: Die These, daß mit der grundlegenden Veränderung der bestehenden Produktionsweise sich zugleich auch das Verhalten der Menschen zur Natur verändern wird, formuliert eine Vermutung, die erst noch empirisch, nicht zuletzt immer wieder durch die Sozialwissenschaft selbst, bestätigt werden muß.

Wenn immer solche und ähnliche Gesetze ausgesprochen werden, haben wir daran zu denken, daß auch die Sozialwissenschaft keineswegs auf Hypothesenbildungen, wie wir sie für den naturwissenschaftlichen Bereich kennengelernt haben, verzichten kann, wobei sich diese Hypothesen selbstverständlich erst in dem Maße bewahrheiten können, in dem es den Menschen *praktisch* gelungen ist, ihr gesellschaftliches Leben auf eine *qualitativ neue Basis* zu stellen.

Ich glaube, daß bisher deutlich geworden ist, daß es m.E. also nicht möglich ist, Ergebnisse der naturwissenschaftlichen Forschung aus sozialwissenschaftlichen Erkenntnissen heraus abzuleiten, zu korrigieren oder gar umzudeuten; daß es aber sehr wohl im Sinne der bestehenden Analogiebeziehung zwischen der naturwissenschaftlichen und sozialwissenschaftlichen Erkenntnisweise möglich ist, die leitende Naturvorstellung der Naturwissenschaft mit Hilfe sozialwissenschaftlicher Erkenntnisse *transparent zu machen.* Für den Sozialwissenschaftler ist so u.a. der Beobachter, der Naturwissenschaftler, ohne jede Einschränkung *ein gesellschaftliches Wesen* – mit einer Ausnahme vielleicht: daß es ihm bis heute nicht gelungen ist, seine Lebensbedingungen der Gesellschaft, in der er tätig ist, als *seine Praxis* und die der Gesellschaft insgesamt zu begreifen. Statt dessen wird er, wie wir alle, von seinen eigenen Produkten beherrscht bzw. fremdbestimmt, so daß es heute auch erst einmal zu den vordringlichsten Aufgaben der Gesellschaftswissenschaft gehört, das geschichtliche Werden des Menschen durch die Gestalten seiner Entfremdung hindurch zu verfolgen. Exakt an dieser Stelle bleibt dann auch wieder an die entsprechenden Passagen Heisenbergs zu erinnern, in deren Mittelpunkt der Satz steht: daß die Wissenschaft vom Menschen *»gemacht« werde,* und daß insbesondere die Naturwissenschaften zu ihren Ergebnissen allein »durch die Gespräche der *in ihr Tätigen*« gelange, »die miteinander über die Deutung der Experimente beraten.«[120]

Ich darf daher noch einmal hervorheben, um jetzt im Blick auf die Naturwissenschaft die Fragestellung der Geschichtsbzw. Sozialwissenschaft noch weiter zu verdeutlichen: wann immer sich die Geschichts- bzw. Sozialwissenschaft auf ihre materialistischen Grundlagen, auf ihr materialistisch verstandenes Fundament beruft, beruft sie sich heute auf eine gesamtgesellschaftliche Verfassung, derzufolge die Menschen ihre Gesellschaft als eine von ihrem individuellen Willen gänzlich unabhängige Gewalt erfahren, auf die sie nur wenig Einfluß haben. Um dem entgegenzuwirken, kommt es darauf an, die relevanten Kategorien und Kriterien gesellschafts-wissenschaftlich zu definieren. Sie sind danach weder als a-historische Verstandesbegriffe (Kant) noch als bloß empirische Aussagemöglichkeiten (Aristoteles) zu interpretieren; Kategorien der gesellschaftswissenschaftlichen Art sind Formbeziehungen der Menschen zu Menschen und zur Natur, kurz: Formen der sozialen Vergegenständlichung, oder anders ausgedrückt: Kategorien sind Indizien gesellschaftlicher Beziehungen der Menschen zueinander und zur Natur, die in keiner Weise, was allzuoft geschieht, mit den Existenzialstrukturen, soweit sie von Heidegger in 'Sein und Zeit' aufgewiesen wurden, verwechselt, gar identifiziert werden dürfen. Darauf komme ich später noch einmal zu sprechen.

Nach Bloch kündigte sich im mittelalterlichen Universalienstreit mit dem Nominalismus und dessen Betonung der 'quaditas' in der 'haecceitas' schon »ein Stück kapitalistischer Urgeschichte« an.[121]

Der gesamtgesellschaftlichen Struktur einer Ständegesellschaft war dagegen *der logische Vorrang* des Allgemeinen (als dem Unwandelbaren und Ewigen) *vor* dem Besonderen (als dem Wechselnden und der Bewegung) im Realismus weit eher systemfunktional.[122]

Die neuzeitliche Kategorienlehre ist demnach folgerichtig dann auch eine der bürgerlichen Gesellschaftsformation korrelierende Entgegensetzung von *quantitativem*, mit allem und jedem kalkulierenden Rationalismus und qualitativer Dinghaftigkeit, was zur Konsequenz hat, daß das qualitativ Besondere, die 'haecceitas' des Mittelalters, nur noch als »Problem« und schließlich als eine zu vernachlässigende Größe auftaucht. Dieser Vorgang führt schließlich zu jener *Verabsolutierung des quantitativen Gebrauchswertes,* den wir mit der vollen Ausbildung der kapitalistischen Produktionsweise und deren gesellschaftlichen Ausprägungen und Ausbruchsversuchen, wie wir sie inzwischen im real existierenden Sozialismus kennen, schon gekennzeichnet haben.

## *5.*

Wenn wir heute eine Einschätzung der sozialwissenschaftlichen Fragestellung im Hinblick auf unser Untersuchungsthema 'Natur und Geschichte unter dem Herrschaftsanspruch des Willens zur Macht' vornehmen, so verwandelt sich so gleichsam die 'Kritik der reinen Vernunft' Kants in eine 'Kritik der gesellschaftlichen Unvernunft', die die Natur, den Naturstoff, nur noch als Tauschwert im Rahmen des vorhandenen kapitalistischen Marktgefüges versteht und interpretiert, um damit andere Perspektiven und Alternativen aus den Augen zu verlieren. Die Art, Naturwissenschaft unter den Grundvoraussetzungen der Sozialwissenschaft zu sehen, gründet dann schließlich in eine ganz bestimmte Auffassung von der Natur des Menschen und seines Weltverhaltens – des Menschen u.a. als eines politischen und zugleich eines vernunft- und sprachbegabten Wesens, das alles Lebendige, soweit wie nur irgend möglich, heute *'berechenbar'* und *'kalkulierbar'* macht.

Gerade wenn wir zu dieser Auffassung gelangen, müssen wir sehen, daß mit der Rückführung des Lebens auf physikalisch-chemische Prozesse, wie wir in den vorigen Kapiteln aufzuzeigen versuchten, *eine spezifische Einstellung des Menschen zu sich selbst und ineins damit zur Natur einhergeht,* ja zur Grundvoraussetzung wird, wobei am Ende die Natur für den Menschen nur noch zu einem gigantischen Rohstofflager bzw. zu einer gigantischen Energiequelle *herabsinkt.* Unter diesen Prämissen begreift er sich stets als ein praktisch-tätiges und größtmöglichen Nutzen erwirtschaftendes Wesen, als homo faber, der letzten Endes die Naturwissenschaft, hier u.a. die Physik, vorrangig in den Dienst seines gesellschaftlichen Interesses stellt.

Damit ist nicht das außerhalb der menschlichen Geschichte und der von Menschen bewirkten Praxis gesetzte Sein (die Natur) Gegenstand der sozialwissenschaftlichen Erkenntnis, *sondern die immer schon geschichtlich vermittelte, also durch die menschliche Praxis konstituierte Realität.* Unter dem sozialwissenschaftlich leitenden Interesse erscheint die gesellschaftliche Praxis des Menschen als die Einheit der Gegensätze von Sein und Mensch, mithin als zentrale Kategorie sowohl der Natur- als auch der Gesellschaftswissenschaft, schließlich der Philosophie, die den Begriff der Praxis so weit expliziert, daß er für die genannten Wissenschaften zur greifbaren, begrifflichen Voraussetzung wird, ohne den sie in der Luft hängen würde. »Materie« bezeichnet in diesem Zusammenhang schließlich ein dialektisches Verhältnis zwischen dem Menschen (dem Physiker) und den praktischen Bedingungen seiner Arbeit. Wir können auch sagen: Die Gesetzmäßigkeiten, von denen wir in beiden Wissenschaften reden, vollziehen sich nur durch das Handeln der Subjekte, d.h. dadurch, daß die Menschen ihre jeweils vorgefundenen, objektiv vorgegebenen Umstände zielgerecht zu besonderen Zwecken verändern. Die 'Materie', von der hier geredet wird, stellt sozialwissenschaftlich gesehen – wie angedeutet – dann schließlich ein gesellschaftliches Verhältnis dar, wobei die Sozialwissenschaftler aufgrund ihrer Geschichtsauffassung dazu neigen, der 'Materie' eine Fortschrittsidee zu unterlegen, wofür durchaus gute Gründe beigebracht werden können. So »schreitet« ganz ohne Zweifel die menschliche Erkenntnis von der Oberfläche in die Tiefe, vom Äußeren ins Innere und von der Erscheinung zum Wesen der jeweiligen Sache »fort«. Die auf die Veränderung der Materie gerichtete Produktionstätigkeit des Menschen begann, wenn wir die Wissenschaftsgeschichte zu Hilfe rufen, sobald das erste Steinmesser geschaffen war. Als die Menschen später lernten, Holz zu bohren, um Feuer zu gewinnen und die Verwandlung mechanischer Bewegung in Wärme entdeckten, war eine gewaltige Naturkraft zur Veränderung der Materie in die Hände der Menschheit gelangt. Der menschliche Aktionsradius wurde erweitert; die Produktion der Töpferei, des Brauens und des Schmiedens von Bronze und Eisen entwickelte sich nacheinander. Ton wurde für die Töpferei gebrannt, Erze wurden in Metalle umgewandelt; Korn nach dem Kochen gegärt, bis Alkohol daraus wurde. Die menschliche Erkenntnis schritt so »voran« und »entwickelte« sich zu etwas »Höherem«.

Da diese Produktionsprozesse gewöhnlich nicht ohne Feuer durchgeführt werden konnten, nahmen die Philosophen der »Frühzeit« an, daß die materielle Welt eine Masse ewigen Feuers sei, während andere die These aufstellten, daß die Materie auf verschiedene konkrete Formen zu reduzieren sei.

So wurde im Altertum in China die Auffassung vertreten, alle Dinge bestünden aus Wasser, Feuer, Holz, Metall und Erde. Später wurde hier die These vertreten, daß es das Wasser und das Feuer sei, das nun einmal die meisten Menschen zum Essen und Trinken brauchen und daß es zweitens das Metall und Holz sei, das die meisten Menschen zu ihrem Wohlstand brauchen und daß es schließlich drittens die Erde sei, aus der alle Dinge entstehen.

Aber auch im Altertum des europäischen Denkens gab es Menschen, die die vier Elemente: Erde, Luft, Wasser und Feuer als unabdingbare 'Bestand'-Teile aller Dinge des Universums betrachteten. Hier reflektierte sich die Erfahrung fester, gasförmiger und flüssiger Materieformen und vor allem die Leucht- und Wärmeerscheinungen bei der Verbrennung.

Vom heutigen 'Standpunkt' aus gesehen, waren die von den »Alten« gesammelten Erkenntnisse über die Struktur der Materie und ihre Eigenschaften zwar ungenau, aber die Erkenntnisrichtung in der Frage, woraus die materielle, gegenständliche Welt »besteht«, eigentlich schon festgelegt. Sie sahen die materielle Welt als ein untereinander verbundenes und sich wechselseitig umwandelndes Ganzes/Eines an.

Die Produktionspraxis zwang die Menschen, die Gesetze dieser wechselseitigen Umwandlung und gegenseitigen Erzeugung und Bezwingung der 'Elemente' zu begreifen. Verbrennt ein Stück Holz, warum läßt es Wasser aussickern und warum entsteht Qualm und schließlich Asche, die sich zu Erde verwandelt? Die Vorstellung wurde damit leitend: daß alle Materie aus unteilbaren Atomen zusammengesetzt sei, die in wirbelnder Bewegung zusammenbleiben. Die vier Elemente – Erde, Luft, Feuer und Wasser – sollten die Gesamtheit der Materie des Universums bilden, um sich am Ende wieder in Atome zurückzuverwandeln.

Entscheidend ist, daß die Materie jetzt durch ein tiefes Eindringen in ihre innere Struktur aufgeschlüsselt werden sollte. Und schon wurde auch gleich ein anderer 'Weg' sichtbar: Andere Forscher gingen von den Erscheinungen aus, beschränkten ihr Wissen allein auf das sinnlich Wahrnehmbare und verweigerten das tiefere Eindringen in das Wesen der Materie bzw. ihrer inneren Struktur.

Es war Aristoteles, der u.a. behauptete, daß während der Änderung der Dinge hindurch allein die vier Qualitäten: Wärme, Kälte, Trockenheit und Feuchtigkeit, die der Mensch sinnlich fühlen kann, die elementaren Qualitäten aller irdischen Dinge seien. Die vier Elemente würden sich jeweils aus einem Paar von vier »Qualitäten« zusammensetzen: Wasser würde aus Feuchtigkeit und Kälte gebildet, die Erde aus Trockenheit und Wärme. Die unterschiedlichen Kombinationen der »elementaren Qualitäten« würden dann die Änderungen der Materieformen bestimmen. Entscheidend war auch hier wieder, daß die Materie von ihren sinnlich wahrnehmbaren Eigenschaften aus und losgelöst von der inneren Struktur erkannt werden sollte.

Die Alchimisten entdeckten schließlich durch zahlreiche Experimente eine Anzahl chemischer Substanzen wie Salpeter, Schwefel- und Salzsäure, Ammonium und Alan. Sie erfanden chemische Experimentiermethoden wie Destillation, Zersetzung und Kristallisation und sammelten zum erstenmal Daten über chemische Verbindungen und Auflösungen, wodurch sie in gewissem Maße den Weg zur Entstehung eines neuen Wissenschaftszweiges, nämlich der Chemie, bahnten.

Nach dem 15. Jahrhundert begannen sich mit der Entstehung der kapitalistischen Produktionsweise ausgedehnte Produktionsstätten für die Metallverarbeitung, den Berg- und Schiffsbau und die Weberei zu entwickeln, die allmählich mechanische Einrichtungen wie Wassermühlen, Hochöfen und Textilmaschinen übernahmen. Durch den Gebrauch von Maschinen in der Produktion konnten Menschen in verschiedenen Industriezweigen manuelle Operationen ersetzen und die mechanischen Kräfte zu ihrem Vorteil besser handhaben, »notwendig nahm in dieser Lage die elementare Naturwissenschaft, die Mechanik der irdischen und himmlischen Körper, den ersten Rang ein […]«.[123] Das Studium der mechanischen Bewegung regte schließlich zum besseren Verstehen der mechanischen Struktur und Eigenschaft der Materie an.

Aufgrund vornehmlich der Entfaltung der metallurgischen und chemischen Industrie im 17. Jahrhundert resultierten neue Einsichten in die Umwandlung der Materie. Robert Boyle nahm die kritisierte aristotelische Theorie der »elementaren Qualitäten« auf, indem er zeigte, daß durch das Schmelzen von Sand mit alkalischer Asche sich durchsichtiges Glas bildet, das vom Feuer nicht aufgelöst werden kann; daß das Absieden von alkalischer Asche zusammen mit Fett Seife ergibt, die durch Zersetzung von Schlacke ganz verschiedene Qualitäten ergibt; daß das Auspressen von Obst Fruchtsaft ergibt, der durch Gärung Alkohol liefert. Dieselbe Substanz kann sich mit anderen Worten also durch verschiedene Behandlungsmethoden in eine große Vielfalt von unterschiedlichen Substanzen verwandeln, was darauf hindeutete, daß die Struktur und die Eigenschaft der Materie komplex ist und weder aus Wasser, Erde, Feuer und Luft zusammengesetzt noch auf Wärme, Kälte, Trockenheit und Feuchtigkeit reduziert werden kann. Später fand man in der metallbearbeitenden und -verarbeitenden Industrie heraus, daß bei der Kalzinierung von Metallen die kalkige Schlacke oft schwerer als das Metall ist, aus dem sie gewonnen worden ist. Das bedeutet: daß die kalkige Schlacke keinesfalls die von dem Metall nach der Trennung übriggebliebene »Erde«, sondern eine weit komplexere Substanz ist als das ursprüngliche Metall.

Im Lichte dieser Tatsachen nahm Boyle an, daß die Elemente der Materie bestimmte primitive und einfache oder vollkommen unvermischte »Körper«, und vielfältige grundlegende Bestand-Teile aller Verbindungen und Gemenge sind.

Als er sah, daß sich Substanzen beim Prozeß der Destillation und Sublimation zuerst zu Gas verflüchtigten und dann zu flüssigen oder festen Formen kondensierten und daß eine Reihe von Substanzen nach der Zersetzung durch kleine Löcher von Geweben hindurchdringen konnten, nahm er zusätzlich an, daß die Elemente in zahlreiche Korpuskel zerlegt werden können und daß die Unterschiede in den mechanischen Eigenschaften wie Größe, Gestalt und Bewegung Verbindungsweisen dieser Korpuskeln bewirken, daß mit anderen Worten also die Elemente und Verbindungen unterschiedliche Qualitäten aufweisen.

Mit dieser Korpuskulartheorie erweckte Boyle die griechische Atomtheorie in anderer Form und einem, wenn man so will, höheren Niveau zu neuem Leben. Diese wurde dann später von Newton fortentwickelt, indem jener eine vollständige und systematische Theorie der Materie verfaßte, in der er die Auffassung vertrat: daß alle Substanzen aus schweren und festen Korpuskeln bestünden, die ähnlich wie die mikroskopischen Körper, einschließlich der Himmelskörper, mechanische Eigenschaften wie Masse, Schwere, Trägheit usf. besäßen. Alle Naturerscheinungen, wie z.B. die chemischen Reaktionen der Substanzen, die Farben usw., hingen von mechanischen Eigenschaften und vom Zustand der Bewegung dieser Korpuskeln ab.

Ein derartiges Bild einer mechanistischen Struktur der Materie, wie es Newton vorschwebte, war der Versuch, in die innere Struktur der Materie einzudringen, um so der Natur gewissermaßen endgültig auf die Sprünge zu kommen. Zu jener Zeit war es geradezu zur Mode geworden, jede Art von Substanz in individuelle Korpuskeln zu zerlegen, um die mechanische Bewegung der verschiedenen Substanzen zu beschreiben, wobei angenommen wurde, daß diese Korpuskeln unteilbar seien. Was nun »diese Periode [...] besonders charakterisiert«, schreibt Friedrich Engels, war »die Herausarbeitung einer eigentümlichen Gesamtanschauung, deren Mittelpunkt die Ansicht von der absoluten Unveränderlichkeit der Natur bildet.«[124] Newton stellte aber die Frage: *wie* dies möglich sei und *wer* dies geschaffen haben könnte? und gab zur Antwort: »Beim Betrachten all dieser Dinge scheint es mir wahrscheinlich zu sein, daß Gott im Anfang die Materie in festen, massigen, undurchdringlichen, beweglichen Partikeln formte [...]«

In der Folgezeit konnten die produktiven Industriezweige, hier insbesondere die Metall-, Bergbau-, Farb- und Glasindustrie, nicht ohne Verbrennungsprozesse ablaufen. Die Verbrennung konnte Metalle in Schlacken umwandeln; sie konnte Schwefel in Schwefelsäure verwandeln oder das erstere aus dem letzteren heraustrennen. Jedoch konnte gerade diese in der Verbrennung stattfindende wechselseitige Umwandlung der Materie von dieser mechanistischen Theorie der Materie wiederum nicht angemessen erklärt werden und noch weniger konnte diese Theorie das Wesen der Verbrennung selbst erklären.

Zu Beginn des 18. Jahrhunderts entwickelte schließlich Georg Ernst Stahl die Phlogistontheorie, nach der die Verbrennung der Materie an die Existenz des »Phlogiston« gebunden sein soll, das als eine schwerelose, allgegenwärtige, flüchtige Substanz vorgestellt wurde und verschiedene Stoffe erfüllte. Die Verbrennung wäre demnach als ein Prozeß der Befreiung bzw. Freisetzung und Absorbierung des Phlogiston zu erklären gewesen. Die Verbrennung wurde dabei nicht als ein Prozeß der Veränderung der inneren Struktur der Materie aufgefaßt, sondern als das Resultat der Einwirkung von außen.

Diese Theorie, »in der das wirkliche Verhältnis auf den Kopf gestellt, das Spiegelbild für die Urform genommen ist«[125], bedeutete, die Erscheinung schon für das Wesen zu halten. Tatsächlich war das Phlogiston nichts als eine abstrakte Qualität der Verbrennung. Es stellte eine 'Materie' nur dem Namen nach dar. Aber in Wirklichkeit handelte es sich um dasselbe wie bei den »elementaren Qualitäten« des Aristoteles.

Damals erschienen viele »imaginäre Substanzen«, ähnlich wie die des Phlogiston gleichzeitig in verschiedenen Gebieten der Naturwissenschaft in der Hoffnung: Erscheinungen wie Wärme, Licht, Elektrizität, Magnetismus usw. erklären zu können. Nachdem sich Stahl diese Erklärungsweise aneignete, hatte er nicht nur das Phlogiston, sondern auch das »Vitale Prinzip« gefunden, das in seinem Bild der »empfindsamen Sache« ähnelte. Mit der Verbesserung und Anwendung der Dampfmaschine im 18. Jahrhundert erfolgte dann zugleich auch eine Fortentwicklung der Wissenschaft. Das 19. Jahrhundert eröffnete schließlich eine völlig neue Ära auf fast allen naturwissenschaftlichen Gebieten.

Die Dampfmaschine forderte, daß die Menschen das Wesen der Wärme begriffen und damit die innere Materiestruktur erforschten. Dampf konnte eine riesige Maschine zum Arbeiten bringen. Die Frage wurde unabwendbar: woher die Energie kam und was sie selbst war?

James Watt fand bei der Verbesserung der Dampfmaschine heraus, daß die Dampfkraft von der großen Wärmemenge herrührte. Die im Dampf gespeicherte Wärme ließ die Maschine arbeiten. Daher war die Wärme keine besondere Materie.

Benjamin Thompson fiel 1798 auf, daß bei der Bohrung von Kanonen ständig Metallsplitter von hoher Temperatur erzeugt wurden, wodurch der Nachweis erbracht war: daß Wärme durch Reibung erzeugt wurde. Als später Mayer, Joule u.a. die wechselseitige Umwandlung von mechanischer Energie und Wärmeenergie erforschten, um die Wirksamkeit der Dampfmaschine zu verbessern, fanden sie schließlich das quantitative Verhältnis zwischen beiden Energieformen heraus. Sie bestätigten: daß Wärme keine Substanz ist, sondern aus der regellosen Bewegung einer großen Anzahl von Molekülen in der Materie resultierte.

Damit war die »mechanische Theorie der Wärme« entdeckt. Im Grunde brach sie mit dem bis dahin angenommenen mechanistischen Bild der Materie.

Im Rahmen der Erforschung der chemischen Veränderungen wurde u.a. der Sauerstoff entdeckt. Man entdeckte, daß die Verbrennung überhaupt nichts mit irgendeinem »phlogistischen« Effekt zu tun hat, sondern mit der Verbindung eines brennbaren Stoffes mit Sauerstoff. Auf ähnliche Weise bildet sich der Rost als Ergebnis der Oxydation von Eisen. Es erfolgte die Entdeckung des Wasserstoffs und der Tatsache, daß Wasser eine Verbindung von Sauerstoff und Wasserstoff ist, deren Gewichtsanteile sich wie 8:1 verhalten. Danach wurden relativ zügig die Proportionen verschiedener Elemente in vielen Verbindungen Schritt für Schritt erkannt.

Auf der Grundlage aller dieser experimentell gewonnenen Ergebnisse stellte John Dalton schließlich die Theorie auf: daß alle Körper wahrnehmbarer Größe, seien sie flüssig oder fest, aus unzählig vielen äußerst kleinen Teilchen bestehen und die Atome der Materie von einer Anziehungskraft zusammengehalten werden. Er vertrat die Auffassung, daß die Grundeinheit eines chemischen Elements das Atom mit einem bestimmten Gewicht ist, daß sich die Atome verschiedener Elemente in ihren Gewichten und Eigenschaften unterscheiden und in der Verbindung auch eine bestimmte Proportion einhalten. Dalton gab mit seinen Experimenten auch einen vorläufigen Überblick über die Atomgewichte bestimmter Elemente. Mit ihm begann so die exakte qualitative und auch quantitative Erkenntnis des Atoms. Die einzige atomare Gruppe, die sich aus verschiedenen Atomen zusammensetzt, wurde dann später 'Molekül' genannt.

Nach systematischen Untersuchungen der chemischen Eigenschaften verschiedener Atome fand schließlich und endlich Mendelejew den bestehenden Unterschied in den Gewichten verschiedener Atome heraus und zeigte, daß der Aufbau der Atome verschieden war und somit auch ihre Eigenschaften. Auf diese Weise entwickelte sich Daltons Atomtheorie zu einer Atom-Molekular-Theorie über die Struktur der Substanzen.

Damit war ein ganz entscheidender Durchbruch erzielt. Atome bildeten jetzt Moleküle und Moleküle eine Substanz, »die diskreten Teile verschiedener Stufen (Ätheratome, chemische Atome, Massen, Weltkörper) sind jetzt verschiedene Knotenpunkte, die verschiedene qualitative Daseinsweisen der allgemeinen Materiebedingungen (sind)«.[126] Die Unteilbarkeit jedes Knotenpunktes in der Kette der substantiellen Struktur bezieht sich nur auf eine bestimmte Stufe. So bahnte sich die Erkenntnis, daß die Substanzen über den Atomen ihre stufenmäßige Struktur haben, der

Erkenntnis der unbegrenzten Teilbarkeit der Materie den Weg.

Schließlich gab das Erscheinen des Elektromotors und Generators Anfang des 19. Jahrhunderts durch das Erscheinen der Voltaischen Zelle der weiteren Erkenntnis des Elektromagnetismus neue Impulse. Im Mittelpunkt stand jedoch die Nutzung einer neuen Energiequelle, der Elektroenergie. Die Elektrizitätsmenge in der voltaischen Zelle war jedoch zu klein und der Aufwand zu groß. So schrieb Michael Faraday in sein Tagebuch, daß ihn die Produktionsmethode für die Elektrizität zu jener Zeit nicht zufriedenstellte und daß er deshalb sehr darum bemüht war, die Beziehung zwischen Elektromagnetismus und Induktion von Strömen herauszufinden. Die Dynamik resultierte, wie man vor allem an diesem Beispiel sehr schön zeigen kann, eindeutig *aus den Bedürfnissen der Produktionspraxis, die sich die Produktivkräfte und die bereits vorhandenen Produktionsmittel voll zunutzen machte.*

Mit dem Vertrautwerden des Elektromagnetismus wurden das Licht, die Elektrizität und der Magnetismus als stetige Felder entdeckt. Das elektrische magnetische Feld hat auch solche Eigenschaften der Materie wie Energie, Impuls und Masse, die kontinuierlich um die geladenen Körper verteilt sind und sich jetzt grundlegend von den diskreten Korpuskeln des einstigen mechanistischen Bildes unterscheiden.

Angesichts dieses stetigen »Feldes« widersprach Faraday der Atomtheorie. Aber die folgenden Entwicklungen zeigten, daß das »Feld« auch Materie war, obwohl es sich von Substanzen wie Körper, Molekül und Atom durch seinen Mangel an Bestimmtheit der Form, Größe und Undurchdringlichkeit, wie sie mechanistisch gesehen wurde, unterschied. Das 'Feld' zeigte so die unbegrenzte Vielgestaltigkeit der Zustände der Materie von einem gänzlich anderen Aspekt aus. Die bisherige Theorie der Materie war damit obsolet geworden.

Deutlicher als bisher trat damit schon jetzt die Wechselbeziehung zwischen Mensch und Natur hervor. Zuerst wurde die wechselseitige Umwandlung von mechanischer und Wärmeenergie und dann die wechselseitige Umwandlung von Wärmeenergie, chemischer und elektrischer Energie entdeckt. Das Gesetz von der Erhaltung und Umwandlung der Energie sprach jetzt davon, daß die wechselseitige Umwandlung der verschiedenen Bewegungsformen im wesentlichen wechselseitige Umwandlungen der verschiedenen Materieformen darstellen. Nicht nur anorganische Substanzen reagieren auf diese Weise, sondern, nachdem der Harnstoff aus anorganischer Substanz synthetisch hergestellt worden war, »füllte die Herstellung von bisher nur im lebenden Organismus erzeugten Verbindungen auf anorganischem Wege einen großen Teil der noch nach Kant auf ewig unüberschreitbaren Kluft zwischen unorganischer und organischer Natur aus«.[127]

Der Fortschritt der Naturwissenschaft legte von jedem Aspekt her gesehen so die wechselseitigen Bedingungen und die Einheit der materiellen Welt bloß und »(gelangte (so) zur Klarheit durch) die Umkehr [...] vom metaphysischen zum dialektischen Denken«[128] und lieferte, folgen wir weiter der Analyse Friedrich Engels, so *die Grundlage für das Verständnis der gesellschaftlichen Rahmenbedingungen, ohne die der naturwissenschaftliche Fortschritt undenkbar geworden wäre.*

Ende des 19. Jahrhunderts bewirkte die breite Anwendung elektrischer Energie den Vorstoß in die subatomare Schicht der Materie. In dieser Zeit wurden die Telegraphie, das Fernsprechwesen und elektrische Versorgungsnetze aufgebaut. Die Entwicklungen der Industrie für elektrische Geräte und Instrumente sowie der Licht- und Vakuumtechnik sorgten auf diese Weise für die notwendigen materiellen Bedingungen für die weiteren wissenschaftlichen Forschungen.

Um die Lichttechnik zu verbessern, wurden die Erscheinungen des elektrischen Funkens, der Bogen- und Vakuumentladung untersucht und die Kathodenstrahlen – der negative Elektronenstrom – entdeckt. Industrie, Wissenschaft und Technik bedingten sich seither wechselseitig und bleiben infolgedessen seither *einbehalten in eine umfassend zu verstehende Produktionstruktur und -praxis.*

Die Entdeckung des Elektrons deutete eine komplizierte Struktur innerhalb des Atoms an.

Gegen Ende des 19. Jahrhunderts wurden dann nacheinander Röntgenstrahlen und radioaktive Elemente wie Protactinium und Radium entdeckt. Kaum war die hohe Durchdringungsfähigkeit der Röntgenstrahlen erkannt, als sie bereits in der Medizin angewandt wurden. Große Aufmerksamkeit widmete man sofort der gewaltigen Energie, die von den natürlichen radioaktiven Elementen freigesetzt wurde. 1911 wurde schließlich das Geheimnis des Atoms enthüllt, dem folgte in den 20er Jahren die Kernspaltung.

Ich möchte damit den kurzen Abriß der folgenschweren Entwicklung der Naturwissenschaft im engsten Zusammenwirken mit der gleichfalls folgenreichen Entwicklung von Industrie und Technik abschließen und noch einmal, wie schon zu Beginn dieses Abschnittes, unterstreichen, *daß* es aus dieser sozial- bzw. geschichtswissenschaftlichen Sicht gesehen *der durch den Menschen bewirkte und in Gang gehaltene Arbeitsprozeß ist, der diesen Fortschritt bewirkte und zur vollen Entfaltung brachte.*

Die Verfälschung in den Grundannahmen des dialektischen Materialismus, der sich auf Marx zu berufen versuchte und dem Friedrich Engels durchaus Vorschub leistete, bestand darin, die Materie als eine objektive Wirklichkeit zu begreifen, die *außerhalb* des menschlichen Bewußtseins – und damit des Bewußtseins des Naturwissenschaftlers – und unabhängig von diesem Bewußtsein existiert. Das ist aber nicht der Fall. Sowohl die kategoriale Struktur der theoretischen Prozesse als auch die praktischen Folgerungen daraus, wurden sozialwissenschaftlich gesehen von Marx aus dem jeweiligen menschlichen Arbeitsprozeß heraus begriffen und analysiert, wobei Marx seine Analysen insbesondere auf die Genesis dieser Prozesse abstellte, so daß die Einbeziehung der Geschichte in die sozialwissenschaftlichen Analysen seither zum entscheidenden Merkmal jeder sozialwissenschaftlichen Analyse gehört. Danach sind, um erneut auf das Generalthema unserer Untersuchung zu sprechen zu kommen, auch die mathematisch-physikalischen Theorien – auch und erst recht die der 'Jahrhundertphysik' Heisenbergs – keine Widerspiegelungen irgendeiner ontologischen Struktur der Welt, sondern in erster Linie *menschliche Konstruktionen oder Modelle, die auf bestimmten Interpretationen der Welt, des Naturganzen beruhen,* die ihrerseits wiederum durch ganz bestimmte Produktionsbedingungen determiniert sind. Sozialwissenschaftlich gesehen sind die eigentlichen Ursachen für neue Ansätze in der Naturwissenschaft nicht genuin naturwissenschaftlicher Natur, sondern hängen mit der jeweiligen gesamtgesellschaftlichen Produktionsstruktur zusammen, der sie entstammen. Entscheidend für die Sozialwissenschaftler ist, daß die Hypothesen der Naturwissenschaft stets von historischen und gesellschaftlichen Bindungen abhängen und daher nicht mit irgendeiner Vorstellung von Ewig-Gültigem gleichzusetzen sind.

## *6.*

Ich sagte, daß sich nach sozialwissenschaftlicher Vorstellung die Wissenschaft, bezogen auf unser Beispiel: die Naturwissenschaft, *in den konkreten gesellschaftlichen Arbeitsprozessen konstituiert,* von denen aus gesehen sie auch erst in ihrer Bedeutung und in ihren praktischen Auswirkungen voll verständlich wird. Das gilt vor allem dem Marxschen Theorem zufolge für die sozio-ökonomischen, ebenso wie für die vorgeblich 'reinen' naturwissenschaftlichen Erkenntnisprozesse, wobei es zur vordringlichen Aufgabe der Gesellschaftswissenschaft gehört, den Ausdifferenzierungsprozeß im einzelnen geschichtlich-empirisch zu verfolgen.

Wenden wir uns zum Abschluß noch einmal dem naturwissenschaftlichen Arbeitsprozeß zu, so muß dieser Prozeß – jetzt wieder sozialwissenschaftlich gesehen – nunmehr endgültig *als Aneignungsprozeß der Natur durch den Menschen begriffen werden.* D. h.: Die hier ins Auge gefaßte »Arbeit« ist zunächst unmittelbar keine »Interpretation«; sie ist vielmehr identisch mit jener Situation bzw. Lage, in der *die Menschen die Bedingungen ihres Lebens produzieren und reproduzieren,* wobei – bezogen wieder auf die Naturwissenschaft – hier ein Produktions- und Reflexionswissen »produziert« wird, das weder isolierbar noch als primär erfahrbare Differenz dingfest gemacht werden kann.

Die Naturwissenschaften stellen demnach also – wie nun schon mehrfach hervorgehoben – keinen von der menschlichen Praxis unabhängigen Bereich dar; sie stellen, wie alle menschlichen Tätigkeiten, Resultate, *Produktionsergebnisse im Prozeß der von Menschen geleisteten Arbeit dar.* Die kognitiven Strukturen der Naturwissenschaften und die operativen Normen, sowie die Kategorien, die das jeweilige Objekt, den Gegenstandsbereich bestimmen, müssen dann folgerichtig auch aus dem Prozeß der Arbeit, der *arbeitsteiligen Kooperation* und *Kommunikation des Wissenschaftsprozesses* begriffen, will sagen: *auf ihre ihnen eigentümliche Bewährung hin ständig getestet werden.*

Die Naturwissenschaft, insbesondere hier wieder die Physik, ist unter einem solchen sozialwissenschaftlichen Blickwinkel gesehen *Ausdruck einer spezifischen gesellschaftlichen Praxis,* die – und das haben wir nun schon mehrfach hervorgehoben – in ihrem Charakter von der *jeweils vorherrschenden Produktionsweise* bestimmt wird. Diese Praxis ist, jetzt wieder bezogen auf die Entfaltung der Wissenschaft (und Technik, einschließlich der Industrie), identisch mit der Freisetzung und Enthaltung der Produktivkräfte *im Arbeitsprozeß des Menschen,* so daß Marx, auf den ich mich hier vor allem berufe, den Begriff der Natur *nur im Verhältnis zum arbeitenden, die Natur aneignenden Menschen* erörterte.

In diesem Zusammenhang kommt der Kategorie der Arbeit natürlich eine geradezu paradigmatische Bedeutung zu. Sie ist das tätige Verhältnis des Menschen zur Natur und zwar dadurch, daß der Mensch »arbeitend den Naturstoff umformt, ihn in eine Form bringt, die diesen Naturstoff zu seinem, des Menschen Lebensmittel macht.«[129]

Wenn Marx also von der Natur spricht, dann spricht er stets von einer vermittelten, in keiner Weise vom Menschen losgelösten Natur. Diese Vermittlung geschieht nicht wie bei Kant und bei Hegel auf dem Wege einer »denkenden Erkenntnis der Natur«, deren Zweck die Versöhnung des Geistes mit ihr und der Wirklichkeit wäre, sondern im Prozeß der praktischen Aneignung; dies unterscheidet vom Ansatz her die Marxsche Konzeption eines Naturbegriffs von allen anderen Naturkonzepten: der Natur eignet ein gesellschaftlich-historischer Charakter. Daher haben weder die Wissenschaft von der Natur, noch die Natur selber bei Marx einen theoretisch begründbaren Anspruch auf Autonomie. Die Natur ist wesentlich die Vorbedingung zu ihrer praktischen Aneignung durch den Menschen und die Gesellschaft und die Naturwissenschaft ein mit der Produktion konstitutiv gewordener Faktor dieser Aneignung.

Marx hat, auch dies darf ich noch einmal hervorheben, was immer sonst darüber polemisiert wird, keine 'Theorie der Natur' hinterlassen. Was für Marx einzig von Interesse war, ist das, was Marx die 'anthropologische Natur' nannte. Marx: »Die Natur als Natur, d.h. insofern sie sich sinnlich noch unterscheidet von jenem, in ihr verborgenen Sinn, die Natur getrennt, unterschieden in diesen Abstraktionen, ist Nichts, ist sinnlos oder hat nur den Sinn einer Äußerlichkeit, die aufgehoben werden muß.«[130] Dieser gerade zitierte Begriff, der nicht mißverstanden werden darf und der den Menschen als »Wesen« *der Natur* und diese als ein »Wesen« *für den Menschen* begreift, die Natur also bis zu einem gewissen Grade 'vermenschlicht', enthält im Kern sowohl die Marxsche Theorie der Arbeit wie auch die der Geschichte, wobei Marx die Bedingungen der Möglichkeit der Erkenntnis von Geschichte wiederum an die *»Machbarkeit« von Geschichte* knüpfte, worauf wir noch zu sprechen kommen müssen.

Die in dem genannten Sinne erfolgte anthropologische Reduktion der Natur bleibt, wie ich sagte, bei Marx als Sein für den Menschen gedacht; der Begriff intendiert, um Marx selbst zu zitieren: »daß die Natur [...] (die) erste Quelle aller Arbeitsmittel und -gegenstände ist, er betrachtet sie damit als a priori relativ auf die menschliche Tätigkeit.«[131]

Worauf aber bei diesen Erörterungen, die die sozialwissenschaftliche Basis – oder anders ausgedrückt: das philosophische Fundament der Geschichts- bzw. der Sozialwissenschaft – betreffen, geachtet werden muß, ist dies: Die »Resurrektion« der Natur in und durch die menschliche Arbeit führt bei Marx zu einer Anthropologie als einer selbständigen Wissenschaft. Daher darf ich auch gleich das bisher Gesagte noch einmal präzisieren: Bei Marx erscheint

(1.) der Mensch als homo faber und (2.) die Natur als Arbeitsfeld und -arsenal der praktisch-produktiven Tätigkeit ebendieses Menschen. Und (3.) der Mensch ist Naturwesen, die Natur, wie gesagt: Wesen *für* den Menschen und die Arbeit schließlich und endlich für den Menschen und für die Natur eine vermittelnde Bewegung, in der *beide* das werden, was sie eigentlich schon sind.

Um es noch einmal zu unterstreichen: Der Mensch ist jetzt *sozialwissenschaftlich gesehen* ein 'unmittelbares Naturwesen', wobei diese Unmittelbarkeit daraus resultiert, daß er ein lebendiges Naturwesen ist. Seine Lebendigkeit äußert sich in seinen 'Kräften' und 'Trieben', die ihn in Bewegung setzen. Daher ist der Mensch wesentlich ebendieses »tätige Naturwesen«, das seine Tätigkeit zu zeigen und an den Gegenständen der Natur zu bewahren versucht. So wie der Mensch einerseits »von Hause aus«, könnte man sagen, Natur ist, so ist die Natur zugleich sein Haus, mithin: die Stätte seiner Lebensbetätigung, d.i. seiner gesellschaftlichen Praxis.[132]

Begriffen werden muß also, daß für die Geschichts- bzw. Sozialwissenschaft die erörterte Gegenständlichkeit der Natur eine Qualität der eigenen, menschlichen Natur darstellt. Diese Schlußfolgerung ergibt sich unmittelbar aus der von Marx verteidigten Grundannahme: daß der Mensch von Anfang an, vom Anfang seines Seins an, im gegenständlichen Sein der Natur gründet, in der er sich selber durch seine Tätigkeit vergegenständlicht.

Die Sozialwissenschaft, das habe ich mit den Argumenten von Marx ausgeführt, faßt das Sein des Menschen als Praxis, als Tätigsein auf, wobei die gegenständliche Wirklichkeit identisch ist mit der 'menschlichen Wirklichkeit', mit anderen Worten: mit der »Wirklichkeit der menschlichen Wesenskraft«. Das besagt: Die Natur enthält die Existenzerhaltung des Menschen, der von ihr lebt, um nicht verenden zu müssen. Daraus folgt: »Die Natur ist sein Leib mit dem er in beständigem Progreß bleiben muß, um nicht zu sterben.«[133] Die Natur ist also nicht »die Natur aller Dinge«, sondern die Existenzvoraussetzung alles dessen, was ist.

Auch jetzt zeigt sich noch einmal: Die Natur ist in der Marxschen – und damit in der sozialwissenschaftlichen – Perspektive gedacht stets als ein Sein-für-den-Menschen. Die Universalität dieses Menschen und sein freies, zur Vergegenständlichung qua Unterwerfung der Natur befreites Wesen erscheint in der Universalität der menschlichen Praxis selbst, von der her sich auch sein Welt- und Wirklichkeitsbegriff, gleichwohl seine Vorstellung von Wahrheit und Moral ableitet. Marx: »Eben in der Universalität, die die ganze

Natur zu seinem unorganischen Körper macht, sowohl insofern sie erstens ein unmittelbares Lebensmittel, als inwiefern sie zweitens die Materie, der Gegenstand und das Werkzeug seiner Lebenstätigkeit ist.«[134]

7.

Ich sagte: Nach Marx ist 'Arbeit' die »Fähigkeit in einem Lebendigen«, »subjektive Tätigkeit« und »produktives Dasein«, »Produktion« – des Individuums, worin es sich »vergegenständlicht« –, und »Reproduktion« der ganzen Gesellschaft, worin diese in »stets größerer Fülle« sich gegenwärtig wird.[135]

Die »vergegenständlichte Arbeit« hört aber auf, tot am Stoffe als gleichgültige Form zu existieren, da sie »selbst wieder als Moment der lebendigen Arbeit gesetzt ist«.[136] Und weil für Marx die Arbeit wesentliches Vermögen des menschlichen Seins, seines Daseins ist, bezeichnet er sie auch als »lebendige Zeit« und den Stoff und die stofflichen Mittel: als ihre gegenständlichen »Daseinsmomente«.[137]

Wir sehen hier also zu guter Letzt noch einmal die Kategorie der Arbeit als die Fundamentalkategorie des Marxschen geschichts- bzw. sozialwissenschaftlichen Entwurfs. In diesem Sinne kann Marx dann auch folgerichtig schreiben: »Die ursprünglichen Bedingungen der Produktion, die von dem Menschen betrieben wird, erscheinen als Naturvoraussetzung, natürliche Existenzbedingungen des Produzenten, ganz so wie sein lebendiger Leib, so sehr er ihn reproduziert und entwickelt, ursprünglich nicht gesetzt ist von ihm selbst, als die Voraussetzung seiner selbst erscheint; sein eigenes (leibliches) Dasein ist eine natürliche Voraussetzung, die er nicht gesetzt hat.«[138]

Dies erhellt sich schon daraus, daß im Marxschen Werk diese Erörterung zusammen mit der Erörterung der Arbeit als eigentlicher kreativer Dimension des Menschen immer da erscheint und erörtert wird, wo er auf die ursprüngliche Voraussetzung der Arbeit zu sprechen kommt. Und hier zeigt sich: Die ursprünglichen Bedingungen der Arbeit können nicht schon selber am Ursprung aller Produktion produziert sein, *sondern liegen ihr voraus und zugrunde.*

Was Marx also noch einmal unterscheidet, ist die ursprüngliche Voraussetzung von Natur und Mensch (natura naturans) und die faktische 'Setzung' der Natur durch den Menschen (natura naturata). Wohl ist die unorganische Natur Bedingung und »objektive« Voraussetzung aller Tätigkeit, aber diese Voraussetzung ist keine absolute! Sie ruht auf einem Grunde, *der ihr vorausgeht: der lebendigen*

*Subjektivität, dem Fundament des Marxschen Seinsverständnisses. Das Sein der Natur bleibt mithin auf die* (philosophisch weiter zu klärenden) *lebendige Subjektivität des Menschen zentriert.* Das heißt: Die Natur ist das »Laboratorium *seiner* Kräfte« und die »Domäne *seines* Willens«, *seine* »Werkstätte« und *sein* »Lebensmittel«, der »vorgefundene Leib seiner Subjektivität« und die »unorganische Natur« *dieser* Subjektivität: worin sie »sich selbst realisiert«.[139]

Nach dieser ausführlichen Darlegung des Fundaments der Sozialwissenschaft darf ich noch einmal kurz die Ergebnisse zusammenfassen.

Marx: »Die Arbeit ist zunächst ein Prozeß zwischen Mensch und Natur, ein Prozeß, worin der Mensch seinen Stoffwechsel mit der Natur *durch seine eigene Tat vermittelt, regelt und kontrolliert. Er tritt dem Naturstoff selbst als eine Naturmacht gegenüber.* Die seiner Wirklichkeit angehörigen Naturkräfte, Arme und Beine, Kopf und Hand, setzt er in Bewegung, *um sich den Naturstoff in einer für sein eigenes Leben brauchbaren Form anzueignen. Indem er durch diese Bewegung auf die Natur außer ihm wirkt und sie verändert, verändert er zugleich seine eigene Natur. Er entwickelt die in ihm schlummernden Potenzen und unterwirft das Spiel ihrer Kräfte* seiner Botmäßigkeit«.[140]

Die Natur ist – folgt man den Ausführungen im 'Kapital' dann weiter – nichts anderes als eine Welt *für* den Menschen, die er primär in der Weise der »Aneignung« erfährt, da der Prozeß seines Lebens wesentlich ein »Stoffwechsel«-prozeß ist. In dieser Weise bezieht sich Marx noch einmal auf *das Zueigensein und -machen der Natur* für *den Menschen im theoretischen wie im praktischen Verhalten.*

Diese 'Aneignung' der Natur geschieht aber nun nicht in der »gedachten«, sondern in der »tätigen« realen Beziehung des Menschen auf die für ihn natürlichen Lebensbedingungen innerhalb der Gegenstände der Natur, im »wirklichen Setzen derselben als der Bedingungen seiner subjektiven Tätigkeit«.[141]

Über die schon zitierte Kantische Aufgabenstellung ging Hegel als Vorläufer von Marx durch seine These hinaus: daß die »Arbeit die Geschichte« erhellt, deren eigentliche Wirklichkeit, die wirkliche Wirklichkeit, der Geist, der teleologische Prozeß des zu sich selbst kommenden Wissens ist. Das heißt: Die Philosophie ist verwirklicht, wenn sich dieser teleologische Ordnungszusammenhang alles menschlichen Wissens und Verhaltens darstellt.[142]

Marx war es, der diese »transzendentale Geschichte«, d.h. die Geschichte als ein Werden des Wissens, in die wirkliche Geschichte der Natur und des Menschen zurücknahm.

Nach ihm ist die Natur, was ich hoffentlich nunmehr für die Sozialwissenschaft i. G. deutlich machen konnte, *eine vom Menschen erzeugte Natur;* der Mensch »produziert«, und in dem Maße, in dem sich der Mensch die so verstandene Natur sich aneignet, sprich: produziert, in dem Maße kommt er zu sich selbst.

*Durch die Produktion seiner eigenen Welt und Wirklichkeit erscheint auf diese Weise die 'Natur' als das Werk des Menschen.* Marx: »Der Gegenstand der Arbeit ist [...] die Vergegenständlichung des Gattungslebens des Menschen, indem er sich nicht nur wie im Bewußtsein intellektuell, sondern werktätig, wirklich verdoppelt und sich daher in einer von ihm geschaffenen Welt anschaut.« Heisenberg: »[...] so hat man den Eindruck, daß man die Verhältnisse vielleicht nicht allzu grob vereinfacht, wenn man sagt, *daß zum erstenmal im Laufe der Geschichte der Mensch auf dieser Erde nur noch sich selbst gegenübersteht,* daß er keine anderen Partner oder Gegner mehr findet.«[143] Noch einmal Heisenberg: »In früheren Epochen sah sich der Mensch der Natur gegenüber; die von Lebewesen aller Art bewohnte Natur war ein Reich, das nach seinen eigenen Gesetzen lebte und in das er sich mit seinem Leben irgendwie einzuordnen hatte. In unserer Zeit aber leben wir in einer vom Menschen so völlig verwandelten Welt, daß wir überall, ob wir nun mit den Apparaten des täglichen Lebens umgehen, ob wir eine mit Maschinen zubereitete Nahrung zu uns nehmen oder die vom Menschen verwandelte Landschaft durchschreiten, *daß wir gewissermaßen nur uns selbst begegnen.«*[144]

Diesem von Marx explizierten sozialwissenschaftlichen 'Natur'-Begriff ist exakt das eingezeichnet, was für die Wissenschaft *von der Natur*, hier insbesondere für die Physik, als Erkenntnis *der* Natur, insbesondere als Erkenntnis des stofflich Körperhaften in seiner Bewegung gilt. Die Marxschen Ausführungen entsprechen mit anderen Worten exakt dem, was in der Physik »für das gesuchte Erkennen der Natur [...] Natur sein soll«.[145]

Diese Bestimmungen stehen in keiner Weise im Widerspruch zu den Erörterungen von Marx. Ganz im Gegenteil. Die Tragweite dieser Bestimmungen, ja die Tragweite des naturwissenschaftlichen Erkenntnisprozesses insgesamt, ist durch das, was Marx hierzu zu sagen hat, völlig transparent geworden.

# 7. Die Geschichtlichkeit von Natur und Geschichte

## 1.

Wir haben im letzten Kapitel zu zeigen versucht: Die neuzeitliche Naturwissenschaft versucht die Natur durch eine radikale Verdinglichung sich so »anzueignen«, daß sie deren 'Gesetzmäßigkeit' erkennt und nutzbar macht. Dies geschieht u.a. im Zuge der Frage nach den Lebens- und Existenzbedingungen des Menschen: ein *geschichtliches Wesen* zu sein, was ihm überhaupt erst erlaubt, nach seinem Woher, d.i. nach seiner Vergangenheit, nach seinem Wohin, d.h. nach seiner Zukunft, im Jetzt der Vergegenwärtigung dessen, was ist, fragen zu können. Exakt an dieser Stelle, an dem Faktum der *Geschichtlichkeit* des menschlichen Daseins, berühren sich die Naturwissenschaft auf der einen und die Geschichts- bzw. Sozialwissenschaft auf der anderen Seite. Überspringt sowohl die Naturwissenschaft als auch die Geschichts- bzw. Sozialwissenschaft die Existenzialstruktur des menschlichen Daseins als wesentliche Voraussetzung: *daß überhaupt* Wissenschaft betrieben werden kann, bewegt sich sowohl die 'Natur'- als auch die 'Geschichts'- bzw. Sozialwissenschaft in einer Orientierungslosigkeit, ja sie ruiniert sich letzten Endes durch ihr dann auftretendes Legitimationsunvermögen selbst. So muß u.a. – um es noch präziser zu sagen – die Art und Weise der neuzeitlichen Objektivierung dessen erkannt werden, was ist und zu dieser und keiner anderen Wirklichkeit schließlich die bestimmte Form der »Aneignung« sowohl der 'Natur' als auch der 'Geschichte' begriffen werden. Dabei hängt die Form-Bestimmtheit dessen, was wir 'Natur' und was wir 'Geschichte' nennen, nicht (oder nur in sehr beschränktem Maße) vom Wandel bloß metaphysischer 'Ideenkräfte' ab. Die Formbestimmtheit beider hängt vielmehr von dem neuzeitlichen Paradigma eines Seins- bzw. Wirklichkeitsverständnisses ab, das alles das, was ist, *in die Verfügungsgewalt der industriell-wissenschaftlich-technischen Machtsicherung zwingt;* der Form-Charakter der neuzeitlichen Naturwissenschaft steht hier in einem analogen Verhältnis zum Charakter der neuzeitlichen Geschichts- bzw. Sozialwissenschaft, wobei sowohl die eine wie die andere Wissenschaft *derselben Logik* entspricht bzw. auf sie zurückbezogen bleibt: das Sein nur noch als »Bestand« zu verstehen und zu begreifen, dem mit den Mitteln der neuzeitlichen Wissenschaft zu Leibe gerückt wird. Dabei ist, wie Heidegger gezeigt hat, die Festlegung des Seins auf ein Seiendes, wie hier die Natur und die Geschichte, der notwendige und unabdingbare Grund dafür, daß in der modernen Wissenschaft und Technik das Sein als Bestand überhaupt erscheinen kann.

Aufgrund dieser Logik, der auch die neuzeitliche gesellschaftliche Praxis in allen ihren Verästelungen folgt, wurde die ursprüngliche Einheit des Menschen mit der Natur und Geschichte, wenn es eine solche Einheit je gab, aufgehoben, revolutioniert und als vermittelte, durch die Ratio, d.h. durch den berechnenden Verstand, transformierte 'Natur' und 'Geschichte', wieder *hergestellt*.

Damit ist noch einmal deutlich geworden, daß sowohl für die 'Natur'-wissenschaft – und wir haben dafür eine Anzahl von sehr praktischen Beispielen angeführt – als auch für die Geschichts- bzw. Sozialwissenschaft *eine bestimmte Art* der Auffassung von der Natur und Geschichte, mithin eine ganz bestimmte Natur- und Geschichtsvorstellung leitend ist, die auf das vor allem von Descartes ausformulierte neuzeitliche Seinsverständnis zurückgeht, demzufolge alles das, was ist, die 'Wirklichkeit' also, *dem Vergegenständlichungswillen des erkennenden, handelnden und wertsetzenden Menschen unterworfen wird.*

'Real' ist nach diesem Verständnis dann stets nur das, was mit dem von der Kausalitätskategorie beherrschten Verstand jeweils als Fall eines allgemeinen Gesetzes auch durchsichtig gemacht werden kann. Damit es aber keine Mißverständnisse gibt: Das gilt selbstverständlich auch für die Geschichts- bzw. Sozialwissenschaft. Auch ihr geht es um nichts anderes als um einen mehr oder weniger vorausberechenbaren Zusammenhang von Kräften, sagen wir vielleicht präziser noch: Trieb-Kräften, die in übersehbaren Folgen von Ursachen zur Darstellung gebracht werden sollen. Analog zur Naturwissenschaft gibt es in der Geschichtswissenschaft Theorien, mit denen der Historiker historische Erkenntnisse erklärt und in einen größeren Systemzusammenhang einzuordnen versucht. Auch sie enthalten apriorische Grundsätze, die ihre Rechtfertigung den Theorien und Systemen verdanken, die die geschichtlich-gesellschaftliche Situation des Historikers bestimmen. Denn das Bild der Geschichte, das der Historiker entwirft, ist selbst wieder gesellschaftlich-geschichtlich bedingt und wird eines Tages ganz sicher wieder revidiert werden. Daraus folgt, daß die Vergangenheit im Grunde nichts anderes ist, als eine Funktion der jeweiligen Gegenwart; mit anderen Worten: auch auf dem Gebiet der Geschichtswissenschaft gibt es ebensowenig ewige Wahrheiten wie auf dem der Naturwissenschaft.

Beide, sowohl die 'Natur'- als auch die 'Geschichts'-wissenschaft, bewegen sich mithin in der gleichen Richtung: die des »Berechnens« (von Daten und Ereignissen) und ineins damit des »nachstellenden Sicherstellens« im Sinne von »mit und auf etwas rechnen« und »in Betracht ziehen«[146], um es in eine Gesamtschau dessen, was wir in dem einen wie dem anderen Fall die 'Realität' nennen, einzubringen.

Wenn im Werk von Marx und Engels die 'Natur' als eine eindeutige gesellschaftswissenschaftliche Kategorie erscheint, die als solche »gesichert werden will«, dann schlägt in ihr die gleiche Logik durch, die wir in der naturwissenschaftlichen Kategorie bzw. Vorstellung wiederfinden. Ist für Heisenberg Wissenschaft eine von Anfang an vom Menschen geleistete Tätigkeit, d.h. eine bestimmte Form der gesellschaftlichen Praxis, die sich auf bestimmte Problemlösungen konzentriert, so waren es Marx und Engels, die schon relativ früh exakt auf dieses Faktum in ihren Schriften hingewiesen haben. Sie hatten dabei immer dann, wenn sie von der 'Natur' sprachen, die durch die menschliche gesellschaftliche Tätigkeit vermittelte und umgeformte, damit zugleich gegenwärtig und künftig veränderliche und umformbare Natur im Blick, mit anderen Worten: die Natur als materielle Produktion durch den erkennenden, handelnden und wertsetzenden Menschen.

Berief sich Heisenberg in seinen eher philosophischen Schriften immer wieder auf das Wissenschaft treibende und Wissenschaft verantwortende Subjekt, so verhielt es sich bei Marx nicht viel anders: Beide berufen sich auf eine Subjektivität, die sich das Weltall als einen mehr oder weniger einheitlichen materiellen Untersuchungsgegenstand gegenüberstellt, wobei das menschliche Subjekt des Unterwerfungsprozesses der Natur mit dem ihm eigenen rationalen Verstand als absolute Entscheidungsinstanz nicht sinnvoll anzusprechen ist, keinem Zweifel unterworfen wird. Subjekt und Objekt bedingen sich hier nicht anders als in der Geschichts- bzw. Sozialwissenschaft gegenseitig. *Ihre Grenzen verlieren sich erst in dem Maße, in dem das Subjekt seinen absoluten Herrschaftswillen gegenüber der Natur und Geschichte durchsetzt* – ja *Subjekt wie Objekt »verlieren« sich erst in dem Maße, in dem alles das, was ist, der restlosen Beherrschung der vorgestellten, auf den Begriff gebrachten Natur wie Geschichte unterworfen wird.*

Ich glaube, daß hier Heidegger zuzustimmen ist, wenn er schreibt, daß sich in dieser Hinsicht auch durch die 'Jahrhundertwissenschaft' Heisenbergs kein grundlegender Wandel vollzogen habe, als sich auch hier »die Natur *zum voraus* [...] dem nachstellenden Sicherstellen *zu stellen hat.*« Der Subjekt-Objekt-Gegensatz ist also keineswegs in dieser

'Jahrhundertphysik' überwunden, auch wenn dies von Capra u.a. immer wieder behauptet wird. Ganz im Gegenteil: wir haben gesehen, daß in der jüngsten Phase der Elementarteilchenphysik auch der Gegenstand verschwindet, so daß »allererst«, wie Heidegger schreibt, »die Subjekt-Objekt-Beziehung als bloße Beziehung in den Vorrang *vor* dem Objekt und dem Subjekt gelangt und (hier wieder) als (nach ganz bestimmten Symmetrieeigenschaften ausgerichteter Elementarteilchen-) Bestand gesichert« wird.[147]

2.

Ich hoffe, daß nunmehr endgültig das Faktum deutlich geworden ist, daß die Wissenschaft kein ein für allemal festgefügtes Gebäude ist. Ihre Grundverfassung wandelt sich in dem Maße, in dem sich die sie leitende Theorie der Wirklichkeit, sowohl die der 'Natur' als auch die der 'Geschichte', wandelt.

Dem Leser der vorangegangenen Kapitel wird sicher nicht entgangen sein, daß nicht nur Heisenberg, Monod und Eigen/Winkler den relativ eng begrenzten Rahmen ihrer Wissenschaft hin und wieder verlassen und sich den *Voraussetzungsproblemen* ihrer Wissenschaft zugewandt haben, sondern daß dies auch bei Marx und Engels in geradezu exzeptioneller Weise der Fall war.

Sahen Marx und Engels nicht anders als ihre »Nachfolger« das Fundament ihrer Wissenschaft, aus einer Vielzahl von Grundvoraussetzungen, Konventionen und Parametern bestehend, eingefügt in ein paradigmatisches Bedingungsgefüge, so wurde jede Reflexion auf dieses Fundament, auf dieses paradigmatische Bedingungsgefüge, von Marx und Engels in einer durchaus handfesten Geschichtsphilosophie aufgehoben, mit deren Hilfe sie sowohl die Sozialwissenschaft als auch die Naturwissenschaft ihrer Zeit unter eine *Einheitstheorie* zu bringen versuchten. Die Marxsche Geschichtstheorie ist dabei keine ökonomische Theorie im herkömmlichen Sinne, sondern eine sozial-ökonomische im umfassendsten Sinne des Entwurfs *des möglichen, wenn auch nicht notwendigen Verlaufs der Epoche:* basierend auf möglichst breiter ethnologischer, sozio-ökonomischer, sozial-psychologischer Empirie, die auch das 'außen'-politische Geschehen mit einschließt.

Der Entwurf schließt nicht notwendig eine durchgängige Teleologie, gar eine letztinstanzliche Heilsgewißheit ein. Der »Ausgang«, den der Marxsche Entwurf anvisiert, bleibt auch für Marx durchaus »offen« und ist nach aller historischen Erfahrung auch »offen« zu halten, was zugleich jede voreilige und nachträglich sehr häufige formulierte »sinngebende« Metaphysik mit einschließt.

Marx knüpft die Bedingungen der Möglichkeit der Erkenntnis von Geschichte jedoch an die Voraussetzung ihrer *Machbarkeit*. »Die Menschen machen ihre Geschichte«, heißt es jetzt, wobei Marx von den Marxisten meistens dahingehend mißverstanden wird, als sei für ihn die Geschichte ein 'objektiver Prozeß' unter Gesetzen, die vom Menschen (als Subjekt) unabhängig seien. Davon kann keine Rede sein.

Bevor ich jedoch jetzt auf die Marxsche Geschichtsauffassung näher zu sprechen komme, will ich erst noch einige Fakten in Erinnerung rufen. Der Historismus, nach Heidegger das deutlichste Anzeichen dafür, daß die Historie das Dasein seiner eigentlichen Geschichtlichkeit zu entfremden trachtete, konnte sich nach Absicherung durch Diltheys Methodenlehre der Geisteswissenschaften und durch die wissenschaftsphilosophische Rechtfertigung durch den Neukantianismus nur so lange behaupten, solange es eine methodisch völlig anders begründete Gesellschaftswissenschaft noch nicht gab.

Aber schon für die entstehende Gesellschaftswissenschaft besaß die Geschichte bereits die Funktion eines methodischen Paradigmas, so daß schließlich auch die Geschichtswissenschaft im Laufe der Geschichte methodologisch gesehen zu den Sozialwissenschaften aufschließen mußte. Comte wollte zwar die Soziologie als eine abstrakte Wissenschaft konzipiert sehen, die nach den Grundgesetzen ihres Gegenstandsbereichs zu forschen habe. Interessant und bemerkenswert aber war, daß er die »historische Methode« andererseits gesehen hierfür am geeignetsten hielt. Mit Comte können wir vielleicht von der Geschichte als historischer Sozialwissenschaft erstmals sprechen.

Aber gerade wenn wir darauf abheben, entbindet uns dies nicht von der Notwendigkeit, den Residualkategorien einer solchen historischen Sozialwissenschaft weiter nachzufragen, um damit wiederum auf jene Fragen zurückgeworfen zu werden, die wir gerade haben anklingen lassen.

Der Charakter der Geschichtswissenschaft besteht demnach nicht in der Wiedergabe einer 'objektiven Historie'. Ihr Charakter besteht vielmehr darin, sich als historische Objektivität aus hier nicht näher zu erörternden Gründen präsentieren zu müssen.

Hempel und Popper postulierten angesichts dieser Situation ehrlicherweise eine prinzipielle Geltung schlußfolgender Gesetzeserklärungen in allen Bereichen der Wissenschaften, wobei unbestritten ist, daß die reine Gesetzeserklärung im Grunde genommen ein *Idealfall* ist. Schwächere deterministische oder probabilistische theoretische Erklärungen sind eher die Regel.

Hempels berühmter, zuerst 1942 in *The Journal of Philosophy* publizierter Aufsatz 'The Function of General Law in History'[148] war weniger als eine Aufforderung zur Neugestaltung der Historie zu verstehen, als ein weiteres Argument dafür, die Einheit der Wissenschaften neu zu begründen.

Sicher ist es das Verdienst der Idee der Gesetzeserklärung und der um sie geführten Diskussion in der analytischen Wissenschaftstheorie: dem Theorie-Organon als Paradigma wissenschaftlicher Erkenntnisgewinnung, also einem Prozeß sukzessiver 'conjectures and refutations', der die Theorie an das Ende wechselweiser Hypothesenmodifikation und Validierungsversuche stellt, zeitweilig zu einer fast universalen Anerkennung in der Wissenschaft, mehr aber noch in einer wissenschaftsabergläubigen Öffentlichkeit verholfen zu haben. Dennoch hat schon in der Vergangenheit das deduktiv-nomologische Erkenntniskonzept Nebenwirkungen weniger erfreulicher Art gezeigt. Einmal hat das Schema der D-N-Erklärung ein geradezu ideales Feindbild für die erkenntnis- und wissenschaftstheoretische Argumentation des Intuitionismus abgegeben, andererseits wurde die Idee der Gesetzeserklärung zur Hintergrundideologie eines dogmatischen und selbstgenügsamen Empirismus degradiert, so daß von Fortschritten keine Rede sein konnte, weil im vorhandenen Dickicht der Tatsachen ohne eine theoretisch vorgezeichnete Richtung jede Orientierung verloren gehen mußte.

Marx bewegte sich mit seiner Geschichtsauffassung, auf die ich nun wieder zu sprechen kommen will, exakt in jenem *Seinsverständnis,* von der auch die klassische Physik bestimmt wurde. Gleichzeitig muß aber auch gesehen werden, daß Marx alle Anstrengungen unternahm, diese Position zu überwinden.

Marx fragte nicht anders als später Heidegger in die Geschichte der Gegenwartsentwicklung zurück, um die bisherige Geschichte von innen her gewissermaßen aufzubrechen. Wenn jedoch Heidegger bis zu den Vorsokratikern zurückfragt, blieb Marx in die Hegelschen Ontologie bzw. in die von Descartes her maßgeblich geprägten Philosophie der Neuzeit verstrickt, die die Geschichte ausschließlich als die Tätigkeit der ihre Ziele verfolgenden Menschen versteht. Marx gab dem Menschen, dem Subjekt, wohl seine Ursprünglichkeit und Autonomie zurück und verlegte den Nomos auch nicht in etwas von ihm Unabhängiges. Was

Marx jedoch nicht sah und auch nicht in seiner auf das 19. Jahrhundert bezogenen Befangenheit sehen konnte, war: daß er nur von 'Geschichte' unter der Voraussetzung sprechen konnte, daß es allein der Mensch ist, der als Da-sein eigenst dem Sein, der sich zeitigenden Zeit, nachfragt, wenn er zuvor vom Sein als letztversicherbarem Subjekt, ohne dieses als solches in Frage stellen zu können, angesprochen ist.

Wir haben gesehen, daß dies auch bei Heisenberg nicht der Fall ist. Beide insistieren auf einem Subjekt bzw. auf einer »Bestand« ('Natur', 'Geschichte') – »Besteller« (Naturwissenschaftler, Geschichtswissenschaftler)-Beziehung, in der der Mensch nur den einen, wenn auch ganz entscheidenden Pol der Beziehung darstellt. Insoweit steht Marx genauso wie Heisenberg *im Dienste des Vorrangs der wissenschaftlichen Methode der Neuzeit,* die auf ihre spezifische Art, wie wir in den vorangegangenen Kapiteln zu zeigen versucht haben, *im vorhinein* den jeweiligen Bezirk der zu erforschenden Gegenstände in ihrer Gegenständlichkeit *ausgrenzt, um ihn so der durchgängigen Verfügbarkeit für den Menschen, in der Marxschen Terminologie: für das jeweils historische Subjekt, die Arbeiterklasse, sicherzustellen.* In diesem Feststellungswissen des Subjekts, des »Bestellers«, *ist der durchgängige Herrschaftswille über die Natur und Geschichte angelegt,* wobei sich der hier angesprochene Herrschaftswille aufgrund seines *universalen Berechenbarkeitswillens* sowohl auf die leblose wie die lebendige Welt bezieht.[149]

*Das Marxsche wie das Heisenbergsche Subjekt ist dabei das rechnende, planende, dem Seienden als dem Gegenständigen sich zuwendende und das Gegenständige vor-sich-stellende und ordnende Wesen, ohne daß sich für das Subjekt überhaupt noch eine Alternative zeigt.* »Das, wozu der Mensch sich verhält, sind überall die Gegenstände, die Ob-jekte«, wodurch zum Ausdruck kommt, daß der Mensch das Subjekt ist, »das, sich auf sich selbst stellend, das Gegenstehende sich zustellt und es so sicherstellt.« Heidegger präzisiert: Der Mensch ist heute »das Lebewesen, das vor-stellend die Gegenstände (u.a. die Natur und die Geschichte) sich zubringt und im Zubringen den Gegenständen zuschaut, im verfolgenden Zuschauen ordnet und im Ordnen das Geordnete als das jeweils Gemeisterte auf sich, den Menschen, als Besitz zurückstellt.«[150]

Erst angesichts der heutigen Krise des neuzeitlichen Denkens und einhergehend damit einer gesellschaftlichen Praxis, die sich weder dieses Vorgangs, noch der diesem Vorgang zugrundeliegenden Implikationen bewußt ist, beginnen wir langsam zu ahnen, daß es sich bei diesem neuzeitlichen Denkansatz wohl um einen sehr erfolgreichen Denkansatz handelt, dem aber zugleich eine fundamentale *Verengung und Einengung*, ja *Verarmung des menschlichen Erfahrungsvermögens* im Hinblick gerade auf 'Natur' und 'Geschichte' eigen ist, so daß in der Tat heute ein generelles Umdenken erforderlich wird, das sich aber nun nicht wieder in den gleichen Denkbahnen bewegen darf wie das bisherige Denken.

Die neuzeitliche Wissenschaft ist, wie jetzt von verschiedenen Perspektiven aus gekennzeichnet, von Grunde auf dadurch bestimmt – und hier unterscheidet sich Heisenberg in keiner Weise von Marx –, daß jede Sachfrage von Anfang an nur *so* gestellt werden darf, wie die Reflexion auf die zitierte Methode dies *vorschreibt* und *zuläßt*. Die Folge ist, daß alle Sachfragen von vornherein der Methodenfrage unterworfen bzw. untergeordnet werden, so daß selbstverständlich auch immer wieder die Frage auftaucht: wie die in unserem Falle zur Frage gestellte 'Natur und Geschichte' beschaffen sein muß, um der Vorherrschaft der Methode der neuzeitlichen Wissenschaft (als realitätssetzende Instanz) überhaupt gerecht werden zu können. An dieser Tatsache ändert auch das sozialwissenschaftliche Programm nichts. Denn auch diesem Programm ist die Voraussetzung eigen, daß der Mensch als geschichtlich-gesellschaftliches Wesen sich dem Vorrang der Methode zu beugen hat.

Wenn wir in diesem Zusammenhang vom geschichtlich-gesellschaftlichen Wesen des Menschen sprechen, dann ist damit selbstverständlich heute die Industriegesellschaft angesprochen, und zwar als das historische Subjekt, auf das die Objektwelt, einschließlich 'Natur und Geschichte' bezogen ist, und zwar unabhängig davon, wo sich die Eigentumstitel dieser Gesellschaft, ob bei Privateigentümern oder im Besitz des Staates, rechtlich befinden. Heidegger betont: »Man meint zwar, durch sein gesellschaftliches Wesen sei die Ichheit des Menschen überwunden. Aber durch dieses gesellschaftliche Wesen gibt der moderne Mensch seine Subjektivität keineswegs preis.« Das genaue Gegenteil ist der Fall: »Die Industriegesellschaft, in deren Dienst die Wissenschaft und Technik stehen, stellt vielmehr heute die ins Äußerste hinauf gesteigerte Ichheit, d.h. Subjektivität dar«, in der »sich der Mensch ausschließlich auf sich selbst und auf die von ihm zur Institution hergerichteten Bezirke seiner gelebten Welt«[151] stellt, so daß er von hier aus gesehen heute auch kaum mehr in der Lage ist, *andere Seinsmöglichkeiten* als die bestehenden zu antizipieren. Die Industriegesellschaft kann nur fortexistieren, wenn sie sich dem Vorsprung der Wissenschaft und dem Vorrang der wissenschaftlich bestimmten Technik unterwirft, wobei sich die Autorität der Wissenschaft heute längst auf den errungenen Sieg der zitierten Methode stützt, »die ihrerseits im Effekt der von ihr gesteuerten Forschung ihre Rechtfertigung« erfährt.[152] Solange daher das Subjekt, ich sage noch einmal mit Heidegger: »der Besteller des Bestandes«, nicht radikal in Frage gestellt wird – und das kann nach Heidegger nur so geschehen, daß die dem menschlichen Dasein eigentümliche *Seinsfrage* radikal gestellt wird, – ist eine wirklich grundlegende Änderung der Gesamtsituation auch nicht zu erwarten; ganz im Gegenteil: Die Gesamtsituation, die sich vorrangig auf die real-existierenden kapitalistischen und real-existierenden sozialistischen Industriegesellschaften bezieht, kann sich so nur noch weiter verschlimmbessern.

*3.*

Wenn sowohl Heisenberg als auch Marx dem Menschen die entscheidende Macht in der Hervorbringung alles dessen, was wir heute sowohl naturwissenschaftlich als auch sozialwissenschaftlich als unsere Realität anerkennen, zusprechen, dann kommt selbstverständlich der Frage nach der Grundverfassung des Menschen eine wohl kaum noch zu unterschätzende Bedeutung zu. Daher kommen sowohl Heisenberg als auch Marx immer wieder auf sie zurück.

Die, wie schon mehrfach in dieser Untersuchung angedeutet, von Heidegger vorgenommene Interpretation der Temporalität des menschlichen Daseins, die darauf ausgerichtet ist, das Fundament der alles verengenden und vereinseitigenden Subjektivität des Menschen total in Frage zu stellen, zwang Heidegger die bis dato geläufigen naturwissenschaftlichen und geschichtswissenschaftlichen Kategorien zwar nicht außer Kraft zu setzen, sie aber jetzt doch endgültig *als bedingt* anzusehen, und zwar *bedingt* durch die diesen Kategorien *voraus*liegenden Existenzialien, die sowohl den Naturwissenschaftler wie den Geschichtswissenschaftler erst in die Lage versetzen, naturwissenschaftlich bzw. geschichtswissenschaftlich tätig werden zu können.

Diese Existenzialien sind scharf zu unterscheiden »von den Seinsbestimmungen des nicht daseinsmäßigen Seienden, die wir Kategorien nennen«[153], mit denen wir u.a. auch als Wissenschaftler arbeiten, wobei beide, die Existenzialien und die Kategorien, die »Grundmöglichkeiten von Seinscharakteren« darstellen[154], ohne die wir weder uns selbst noch die Realität, die von uns hervorgebracht wird, verstehen und begreifen können.

Die Entfaltung dieser Existenzialien (u.a. In-der-Welt-sein – auf dieses Existenzial kamen wir schon im Kapitel zu sprechen) ist im Anhalt an die *Seinsfrage*, die sich zum Ende von 'Sein und Zeit' wandelt in die nunmehr von Heidegger verfolgte *Zeitfrage*, Inhalt und Gegenstand von 'Sein und Zeit'. Entscheidend für unsere Zwecke hier ist, daß gesehen wird, daß diese Existenzialien nicht wieder auf Kategorien hin uminterpretiert werden dürfen, da sie es sind, die uns erst die Sicht und den Durchblick für die wirkliche Bedeutung und Reichweite der Kategorien geben, auf die selbstverständlich auch weiterhin weder die Natur, noch die Geschichts- bzw. Sozialwissenschaft verzichten kann. Trotzdem bleibt daran zu denken, daß die Existenzialien *weiter greifen* als die Kategorien.

Dabei ist es in erster Linie die *Zeitlichkeit* des menschlichen Daseins, die den Horizont für die Frage nach 'Sein und Zeit' allererst freigibt, so daß uns so auch erst die Besinnung und Reflexion auf die Bedingungen der Möglichkeit des *geschichtlichen Daseins* eine Antwort auf die Frage finden läßt: worin denn die Grundverfassung der 'Natur' und 'Geschichte' eigentlich wirklich besteht. Heidegger: »Der Ort des Problems der Geschichte darf nicht in der Historie als der Wissenschaft von der Geschichte gesucht werden. Wie Geschichte möglicher Gegenstand der Historie werden kann, das läßt sich nur aus der Seinsart des Geschichtlichen entnehmen«, wobei es wiederum die gerade zitierte *Zeitlichkeit* ist, die »die Bedingung der Möglichkeit von Geschichtlichkeit: *als einer zeitlichen Seinsart des Daseins selbst«* freigibt. Noch einmal Heidegger: »Die Bestimmung Geschichtlichkeit liegt (mit anderen Worten wiederum) *vor* dem, was man Geschichte nennt. Geschichtlichkeit meint die Seinsverfassung des 'Geschehens' des Daseins als solche, auf dessen Grunde allererst so etwas möglich ist wie 'Weltgeschichte'«.[155]

Die gleiche Argumentation trifft auch in bezug auf die 'Natur' zu. Auch sie wird erst dadurch für den Naturwissenschaftler begreifbar, daß er in erster Linie ein *geschichtliches Wesen* ist und infolgedessen auch die Natur, noch präziser: die *zuvor* zum Objekt gemachte Welt 'als' Natur in der Fixierung räumlich-zeitlicher Beziehungen verlaufend und ausgedrückt in mathematischen Funktionsverhältnissen »vorstellen« kann.

Erst dadurch, daß überhaupt diese Möglichkeit, die insofern jener metaphysisch und wissenschaftlich vorgestellten Wirklichkeit als Existenzial des menschlichen Seins entspricht, 'da' ist, kann sich erst die Realität der 'Natur' der Naturwissenschaft in ebensolchen Funktionsverhältnissen konstituieren, »wie sie z.B. ein Zusammenhang von Differentialgleichungen der mathematischen Physik ausdrückt«[156] bzw. zur Darstellung bringt.

Wenn wir daher weiter nach der 'Natur' und nach der 'Geschichte' im Anhalt an die von Heidegger explizierte *Seinsfrage* fragen und uns, die wir fragen, dabei nicht selbst immer wieder überspringen, dann werden wir sowohl als 'Natur'- wie auch als 'Geschichts'- bzw. 'Sozial'wissenschaftler immer wieder heute *zurückgeworfen* auf das unserem und jedem anderen Dasein eigentümlichen Phänomen der *Geschichtlichkeit unseres Daseins*, wobei ebendiese Geschichtlichkeit ständig auf jenes Existenzial, die *Zeitlichkeit*, zurückverweist, das sich je in der »Gleichursprünglichkeit« der 'Zeit'-Dimension: Vergangenheit, Gegenwart und Zukunft zeitigt, ohne daß es uns in irgendeiner Weise möglich ist, dieses Faktum je zu ignorieren, zu verdrängen oder gar aus der Welt zu schaffen.

Das Wesen der Zeitlichkeit ist dabei nichts anderes als die Zeitigung in der Einheit der genannten 'Zeit'-Dimension Vergangenheit, Gegenwart und Zukunft, so daß Heidegger auch folgerichtig sagen kann, daß, von welcher Perspektive aus auch gesehen, die sich zeitigende Zeitlichkeit von vornherein jede Festlegung des Menschen auf ein a priori gültiges kategoriales Gesamtschema ad absurdum führt. Das heißt, daß jede ausschließliche 'Subjekt'-Bestimmung des Menschen eine Verengung und Vereinseitigung der menschlichen Erfahrungsmöglichkeiten darstellt.

## *4.*

Vielleicht ist mit diesen wenigen Hinweisen schon etwas deutlicher geworden, daß Heideggers 'Sein und Zeit' explizierende Daseinsanalytik – die also sowohl der natur- als auch der geschichts- bzw. gesellschaftswissenschaftlichen Analyse stets *voraus* geht und insoweit auch weder von Heisenberg noch von Marx eingeholt werden kann, als sich ihre Forschungen schon immer *innerhalb* der Strukturen bewegen, die Inhalt der Heideggerschen Daseinsanalytik sind – sich auf eine Auslegung, auf eine Interpretation des Menschen konzentriert, die ihn als Da-Sein, d.h. in erster Linie als 'Sein'-verstehendes Wesen vorstellt.

Dies wird, wie gesagt, möglich aufgrund der dem menschlichen Dasein eigentümlichen Existenzialstrukturen: sich zu sich selbst ('Existenz'), zu den Mitmenschen ('Mitsein') und zur Wirklichkeit insgesamt ('In-der-Welt-Sein'), einschließlich Natur und Geschichte, im Blick auf ein – wenn auch nicht immer ausdrücklich verstandenes (vorverstandenes) – *Sein* verhalten zu können. Zwar spricht Heisenberg immer wieder davon, daß die derzeitige 'Jahrhundertphysik' den Menschen auf sich selbst zurückwirft, ja daß es eigentlich der Naturwissenschaft betreibende Mensch sei, der sich in seinen *naturwissenschaftlichen* Resultaten nur immer wieder selbst begegne, an keiner einzigen Stelle seines Werkes geht er aber auf die Frage nach der Grundverfassung des leibhaftigen Menschen ein, die es ihm gestattet, nach sich selbst, nach dem anderen Menschen und nach der Wirklichkeit der Natur überhaupt fragen zu können. Stattdessen wendet sich Heisenberg der Sicherung und Darstellung des vorhandenen bzw. produzierbaren Elementarteilchenbestandes und der bestehenden Wechselbeziehung der Naturkonstanten in einer Grundgleichung zu, um das Objektgeschehen, wenn auch unter dem Vorbehalt, daß es sich hierbei nicht mehr um ein Objektgeschehen im Sinne der klassischen mathematisch-physikalischen Naturwissenschaft handelt, dingfest zu machen. Das gleiche trifft auch auf Marx zu, der den Menschen wohl als Produktivkraft kat-exochen seiner eigenen Geschichte bestimmte, über den Menschen selbst aber keine Aussagen beisteuerte, so daß auch er im Grunde genommen stets nur vom Abstraktum Mensch, dem kollektiven Subjekt wie Beobachter der Geschichte sprach, und das in und durch eine, wie er sich ausdrückte, auf die Füße gestellte Hegelsche Geschichtsontologie, die von ihm genausowenig in Frage gestellt wurde, wie von Heisenberg im Grunde genommen die Ontologie Platons.

Ganz ohne Zweifel vollzog Heidegger nach 'Sein und Zeit' mit der Bestimmung des Daseins als Eksistenz noch zusätzlich eine gewisse Präzisierung, um dem inzwischen entstandenen Mißverständnis, das durch Formulierungen in der Daseinsanalytik von 'Sein und Zeit' aufgekommen war, entgegenzuwirken.

Danach erscheint jetzt der Mensch als ek-statische Existenz, als Sein-Lassen und Sich-Einlassen auf das Seiende in seiner erst *durch das Sein ermöglichten Offenheit.* Entscheidend dabei ist, daß Heidegger, indem er das menschliche Dasein von dieser Dimension her, der *Offenbarkeit des Seins*, auslegte und verstand, die anthropologische Bestimmung des Menschen *als Subjekt*, *als Person* und *als Geistwesen* relativierte, um ihn gewissermaßen jetzt 'tiefer' zu verstehen als dies der klassischen Philosophie, etwa Platons, Kants, Hegels und Nietzsches möglich war. Heidegger schreibt: »Alle Ontologie, mag sie über ein noch so reiches und festverklammertes Kategoriensystem verfügen, bleibt im Grunde blind und eine Verkehrung ihrer eigensten Absichten, wenn nicht *zuvor* der Sinn vom Sein,« – hier gleichbedeutend mit: nach-dem-Sein-zu-fragen, »zureichend geklärt« wird. Das ist aber nur die eine Seite der gestellten Aufgabe. Die andere besteht in der vorrangigen Detailexplikation des Daseins, die *nach* 'Sein und Zeit' nun nicht mehr »anthropologisch« mißverstanden werden darf. Wenn ich daher für einen Augenblick an Schelling erinnern darf, dann bestand für ihn u.a. das Sein, nach dem hier Heidegger so insistierend fragt, im »Allgemein-Idealen«, so daß der Katalog der sich daraus entwickelnden Transzendentalien eben in jener Idee konstituierte, die *schon vorweg* über das Sein ihre Bestimmung getroffen hatte, ohne daß das Sein sich gewissermaßen noch frei, d.h. in der Offenbarkeit seines eigenen Wesens, seiner Wahrheit, bewegen konnte; es wurde auf idealistisch-metaphysischer Weise absolut dingfest gemacht.

Wir sehen gerade an diesem Beispiel noch einmal, daß die klassische Philosophie alles das, was ist, allererst von einem Prinzipiengefüge her zu legitimieren versuchte: gewissermaßen als Entfaltungsprodukt eines wie nun auch immer gedeuteten spekulativen Prinzips, das für die Begründung der jeweiligen Philosophie herangezogen wird. Insofern vollzog in der Tat, wie Heidegger immer wieder betont, die klassische Philosophie auch ständig den Rückgang auf den *zuvor* erspekulierten Geist (nous), auf die Seele (psyche), auf die Vernunft (logos), auf das Bewußtsein (res cogitans) oder auf das Ich (ego): um schließlich von diesen Dimensionen her dann u. a. eine Wesensbestimmung des Menschen, eine Begriffsbestimmung, eine Definition, letztendlich – wie auch bei Marx – wieder in anthropologischer Absicht, vorzunehmen.

Derartige Versuche übersahen aber allzu schnell, daß das Dasein, wenn es sich in dieser Weise objektiviert, immer schon über sich hinaus ist, d.h. in eine Differenz hinaussteht (existiert), die nach Heidegger eben nicht außer acht gelassen, nicht übersprungen werden darf, wenn man sich nicht weiterhin in den traditionellen Bahnen der Metaphysik bewegen und verirren will.

## *5.*

Die Differenz zwischen Sein und dem Seienden (eingeschlossen die wissenschaftlich verstandene 'Natur und Geschichte') ist der »Grund« dafür: daß überhaupt etwas ist und nicht vielmehr nichts; er bleibt Heidegger zufolge im metaphysischen Denken *ungedacht* und *vergessen*. Folglich gilt alles Interesse auch nur wieder dem Seienden, jetzt hochstilisiert zu einem 'Sein', nur diesem und nicht dem Sein als *jener Dimension*, die doch erst das Seiende, wie wir es jeweils erfahren und begreifen, erfahren und begreifen *läßt*.

Das so verstandene metaphysische Denken zu überwinden, d.h. dem Sein selbst »Gehör« zu verschaffen, bleibt nach Heidegger Aufgabe jeder künftigen Philosophie. Dies gelte einmal im Hinblick auf die Frage nach dem Ding, der Ding-erfahrung des Menschen und zum anderen u.a. der Sprache, wobei dem Sein in der uns geläufigen Sprache »Gehör« zu verschaffen von Anfang an die Schwierigkeit in sich einschließt: daß sie wiederum durch die metaphysische Grammatik der Subjekt-Objekt-Struktur und die darin eingeschlossene »Logik des Vorhandenen« schon bestimmt ist, d.h.: daß im sprachlich vorherrschenden Aussagesatz immer noch ein Prädikat (ein Allgemeines) von einem Subjekt (einem Zugrundeliegenden) ausgesagt wird.

Die Seinsfrage, um jetzt wieder auf sie zurückzukommen, wird vom Menschen gestellt, der nach sich selbst, damit nach dem Sein des anderen und damit zugleich auch nach der Wirklichkeit, in der er lebt, fragt. Gerade wenn er nach der Wirklichkeit fragt und sie u. a. materialistisch zu beantworten versucht, dann vollzieht er dies, wenn er es im Marxschen Sinne tut, »in einer metaphysischen Bestimmung, dergemäß alles Seiende als das Material der (menschlichen) Arbeit erscheint.« Dieser Hinweis zeigt uns noch einmal, daß die von Heidegger in 'Sein und Zeit' entfalteten Existenzialstrukturen nicht übersprungen und schon gar nicht formal und inhaltlich mit den uns von Aristoteles und Kant her vertrauten Seinskategorien, mit jenen Denkbestimmungen also, wie sie uns aus den Lehrbüchern der Geschichte der Philosophie geläufig sind, gleichgesetzt werden dürfen.

Ganz ohne Zweifel gehört es zum Grundzug unserer Epoche, seinem Streben nach Objektivität, die Bedingung der Möglichkeit derartiger Objektivitätsbestrebungen nach seiner Bedeutung hin nur bedingt in Frage zu stellen. Heidegger tut dies jedoch über Heisenberg (und von Weizsäcker) hinausgehend mit Nachdruck. Er hebt hervor, *daß diesem Streben nach Objektivität der Gedanke vom unbedingten Vorrang des Menschen in der Welt zugrunde liege,* wobei das Wirkliche, also das, was ist, erst als Gegenstand, als Objekt, im Widerstand seines Vorstellens und Handelns wirklich ist. Folge dieses nach Heidegger einseitigen, eindimensionalen Wirklichkeitsbezugs sei ein doppelter Verlust, der heute für alle immer be-denklicher in den Blick rücke: *Die Welt entziehe sich uns mit ihrer fortschreitenden Verdinglichung – und wir selbst kämen uns endgültig abhanden, da wir uns jetzt nur noch um die eigene leere Subjektivität drehten.*

Heidegger erläutert diesen unheimlichen Sachverhalt u.a. am Leibproblem. Eine ausschließlich industriell-wissenschaftlich-technisch verstandene Medizin, die den Leib unter den Kategorien eines vergegenständlichten Körpers begreife, trenne uns von ihm, zerstöre unsere Identität und wirke sich tödlich statt lebensförderlich aus. Heidegger: Aber das Objektivitätsdenken scheine andererseits heute – nicht zuletzt wieder durch Heisenberg – an seine Grenze gekommen zu sein, und diese Grenze, ihre Bedingtheit, lasse sich aus seiner einstigen ursprünglichen Herkunft bestimmen, und diese sei gründlich.

Dies ist eines der entscheidenden Gründe für Heideggers permanente Auseinandersetzung vornehmlich mit der griechischen Philosophie, in der sich zeigt, daß der antike Mensch sich keineswegs im neuzeitlichen Sinne als das »Maß aller Dinge« verstand. Der inzwischen berühmt gewordene Satz des Protagoras nimmt dabei nicht den Subjektivismus der Neuzeit voraus, sondern drückt eher die Einsicht in die Begrenzung menschlicher Erkenntnisfähigkeit aus. Immer bleibt sie bezogen auf eine umfassende Wirklichkeit, die nicht restlos zum Gegenstand werden kann, wie Heidegger am Beispiel von Freiheit, Bewußtsein (Denken) und Sprache auswies. Um dies jetzt zu verdeutlichen, darf ich hier jetzt einen kleinen Exkurs einschalten.

Für Kant hieß Freiheit einst Selbstzwang, d.h. die Möglichkeit, sich selbst wie einen Gegner niederzuringen. Der griechische Freiheitsbegriff meinte dagegen den freien Weg ins »Offene«; *er setzte den Reichtum der Welt voraus.*

Analog dazu wurde das Bewußtsein nicht als etwas Eigenständiges gedacht, sondern immer nur in Verbindung mit dem, worauf es sich richtete. Es schmiegte sich wie die Sprache als lebendige Haut um die »Dinge«, die ihrerseits nichts Abstraktes und Konzentriertes waren, sondern etwas, womit wir handelnd und leidend zu tun haben.

Heideggers Versuch, damit die unheilvolle Subjekt-Objekt-Spaltung des neuzeitlichen Denkens zu überwinden, wie er sagt: *zu verwinden*, führte ihn so fast von selbst auf die griechische Weltfrömmigkeit zurück, wobei Heidegger nun nicht für eine Regression zum antiken Wirklichkeitsverständnis eintrat, sondern durch einen »Rück-Schritt« eigener Art, durch eine ganz bestimmte Rückerinnerung an die Griechen, eine Einsicht in *das* zu vermitteln versuchte, was inzwischen verloren gegangen war und vergessen wurde.

Diese Erkenntnis und der dann folgende Nachvollzug, so vermutete Heidegger, können schließlich die Welt möglicherweise wieder wohnlicher machen, sie als unsere eigentliche Heimat, als unser »Haus« erkennen lassen, das wir zu »hüten« haben, wenn wir angesichts dessen, was zur Stunde mit uns und vor unseren Augen abläuft, nicht zugrundegehen wollen. Ich will darauf später noch einmal zu sprechen kommen.

'Sein', neuzeitlich verstanden: als Vorhandenheit, als Gegenstand, als Objekt, schließlich als verwertbare, den Profitinteressen anheimgegebene Ware, fand, wie ich im vorangegangenen Kapitel zu zeigen versuchte, seine Auflösung in der Logik der kapitalistischen Produktion und ihrer real-sozialistischen Ausbruchsversuche *und wurde selbst nicht mehr erfahrbar* – wie Nietzsche hervorhob: ein leerer, nichtssagender Begriff.

Heidegger erinnerte nun daran, daß die Gesetze und die Logik des Kapitals schon heute unter Bedingungen stehen bzw. sich unter Voraussetzungen vollziehen, die ihrerseits von den Gesetzen des Kapitals und seiner inneren Logik *nicht* eingeholt, d.h. weder verstanden noch begriffen werden können. Nach Heidegger gründet der Objektivitätswille, der Wille, der alles zum verwertbaren Kapital in der neuzeitlichen Maschinerie der real-kapitalistischen und real-sozialistischen Produktion macht, *in dem metaphysisch bestimmten Willen, das Sein gewiß, sicher und vorausberechenbar zu machen.* Nach Heidegger ist und bleibt es daher Aufgabe der Philosophie, vor allem in der Nachfolge Nietzsches, diesen *metaphysisch bestimmten Vergegenständlichungswillen*, das 'Sein' als obersten Wert, schließlich als 'Wille zur Herrschaft' im Anhalt an die von ihm hervorgekehrte Seinsfrage als nunmehrige Frage nach der Wahrheit des Seins, seiner Offenbarkeit (physis) zu brechen, um es selbst ohne subjektive Machtansprüche zu Worte kommen zu lassen.

Spricht Marx, um noch einmal zu präzisieren, von der bisherigen Pathologie der bürgerlichen Gesellschaft, so Heidegger von der Pathologie der sich in der Metaphysik verfangenen Geschichte (des Seins) im Ost und West. Spricht Marx von der Verkehrung der menschlichen Arbeit in Formen ihrer gegenwärtigen Entfremdung: aufgrund des Zur-Ware-Werdens alles dessen, was ist, so Heidegger von der Verkehrung der Wahrheit des Seins (Seiendheit) in die Vergessenheit der Wahrheit des Seins, wörtlich: von ihrer sich gegenwärtig vollziehenden Ver-wahr-losung im Ost und West. Was Marx also unter den Bedingungen der kapitalistischen Produktionsweise reflektierte und analysierte, wurde von Heidegger insoweit noch einmal von Grund auf »seinsgeschichtlich« reflektiert, als Heidegger in vielem entschieden schärfer noch als Marx nach den Anfangs- und Vernunftsbedingungen fragte, die die sozioökonomischen Bewegungsgesetze des Kapitals, die von Marx detailliert herausgearbeitet wurden, hervorbringt. Dies gilt es zu begreifen.

## 6.

Ich sagte, daß Heidegger das Sein des Menschen 'tiefer' zu verstehen versucht habe, als dies der klassischen Philosophie, etwa der Platons, Hegels, Schellings, Kants und Nietzsches, möglich war. Ich möchte darauf jetzt wieder eingehen.

Nach Heidegger hat schon Kant eine vorgängige ontologische Analytik »der Subjektivität des Subjekts« versäumt.[157] Was heißt das?

Fragte Kant nach der Möglichkeit der Bedingung der Wirklichkeit, insbesondere der vor allem von der modernen Naturwissenschaft her geprägten mathematisch-physikalischen Realität, so hat sich und so konnte sich nach Heidegger Kant damit zufriedengeben, die Frage nach dem Sein, der Natur des Subjekts, auszuklammern, und sich nur noch an seinem Bewußtseinsakt zu orientieren, der für den Aufbau der Gegenstandswelt verantwortlich war.

Für Kant lautete die Grundfrage der Philosophie: wie der Vorgang zu verstehen und zu beschreiben ist, durch den sich das, was ist, also unsere Realität, konstituiert. Antwort: Die Wirklichkeit baut sich aus der Vielfalt unterschiedener Elemente zur Einheit auf, wobei Kant – und das macht bekanntlich die Eigenart seiner Philosophie aus – die 'Formen der »Sein«-konstituierenden Verknüpfung' in den Formen des Begreifens aufsuchte, die der menschliche Verstand, wenn er sich auf die Bedingung seiner Möglichkeit besinnt, immer schon kennt. Wir können daher auch sagen: was es jetzt auszuweisen gilt, sind allererst jene Formen der verstandesmäßigen »Verknüpfung« als Bedingung für die Konstitution des Seienden, ohne die aus der offenkundigen Vielfalt unterschiedener Elemente von einer Einheit des Seienden nicht die Rede sein kann. Das aber heißt: Kant suchte die Gesetze der Konstitution des Seienden nicht in den Gegenständen, sondern im Denken selbst auf. Das war der Grund, warum Kant die von ihm vorangetriebene Transzendentalphilosophie als transzendentale Logik durchführte, wobei seine Transzendentalphilosophie die Konstitution des Seienden wieder nur soweit beschrieb, wie dieses Seiende eben durch das Denken und seine synthetische Leistung »aufgebaut« wird.

Letzteres geschieht nach Kant im theoretischen Denken in der Weise, daß aus der Fülle der Sinneseindrücke die Einheit der Gegenstandsvorstellungen und die umfassende Einheit der Erscheinungswelt aufgebaut wird; im praktischen Denken dadurch, daß das Wollen seine Gegenstände, d.h. seine »Zwecke« hervorbringt. Die Gegenstände der Erscheinungswelt und die Zwecke der sittlichen Handlung sind es danach, die in ihrer Konstitution erst einmal verstanden werden müssen. Für sie wird die definitio gegeben, indem die synthetischen Formen beschrieben werden, durch die allein die Vernunft Erscheinungen aufbaut und Zwecke realisiert. Kant unternahm mit anderen Worten also den Versuch, die inneren Möglichkeitsbedingungen des Seienden so konkret wie nur möglich aufzuweisen und durch eine definitio genetica die Konstitution des Seienden nachzuvollziehen. Er hat diese Aufgabe durch die von ihm entworfene transzendentale Logik zu lösen versucht. Zugleich damit hat er den Geltungsbereich dieser Lösung auf die Welt der Erscheinungen und die der Zwecke *eingeschränkt*, d.h.: auf das Seiende, das durch die Vernunft in Theorie und Praxis konstituiert wird. Das wiederum heißt: Die alte Transzendentalienlehre hat die Abteilung der Transzendentalien aus einem gemeinsamen Prinzip vorgenommen und damit zugleich die Synthese der durch die Transzendentalbegriffe bezeichneten Aufgabe der Transzendentalphilosophie thematisiert.

Dieser Satz läßt sich noch einmal präzisieren. Die klassische Transzendentalienlehre hat die Transzendentalien aus der Explikation des Seinsaktes in Relationen oder aus der Konstitution des Seinsaktes in Komplexionen abgeleitet.

Der Grund, warum Seiendes notwendig in diesen Relationen da ist, oder warum sich sein Seinsakt nur durch Komplexion von Mannigfaltigem konstituieren kann, wäre nach Kant auf folgende Weise beantwortbar: Gegenstände müssen durch die Synthese eines Mannigfaltigen konstituiert werden, weil sie Gegenstände *für ein Subjekt* sind, das als endliches Subjekt auf Sinnesrezeptionen angewiesen ist. Diese bieten stets eine Mannigfaltigkeit von Einzelaffektionen, aus denen nur dann Gegenstände, Objekte, werden, *wenn sie nach Regeln synthetisiert werden.* Die Notwendigkeit einer synthetischen Gegenstandskonstitution wurde von Kant schließlich dann aus der Eigenart des endlichen Subjekts verständlich gemacht: *daß* Gegenstände nicht anders konstituiert werden können als durch eine gesetzmäßige Synthesis, das liegt an der Eigenart des endlichen Subjekts. Die Funktionen dieses Subjekts in Theorie und Praxis kommen im Anschluß daran überein, die Welt der Erscheinungen und der Zwecke: als eine zeitlich-geschichtliche Welt zu konstituieren.

Sind aber die von Kant explizierten Transzendentalien notwendige Momente der Gegenstandskonstitution, so folgt daraus, daß sie auch aus eben der zeitlich-geschichtlichen Struktur dieser Welt verstanden werden müssen. Das heißt aber, daß wieder nur von einer durchgreifenden Explikation der *Zeitlichkeit* und *Geschichtlichkeit* eine wirklich erfolgreiche Aufklärung auch über das, was jene Transzendentalien eigentlich sind, zu erwarten ist. Dieser Aufgabe hat sich, wie ich zu zeigen versuchte, Heidegger in 'Sein und Zeit' gestellt und ist damit über die Kantische Position hinausgegangen.

Bisher sollte deutlich werden: Die Notwendigkeit einer synthetischen Konstitution dessen, was ist – der uns umgebenden und uns bestimmenden Realität also, kurz des Seienden im Ganzen –, hat uns Kant dadurch verständlich gemacht, daß er sie aus der Tätigkeitsweise des endlichen Subjekts herleitete, will sagen: die Transzendentalien aus ebendieser endlichen Subjektivität deutete.

Diese neue Deutung bestand darin, daß Kant in allen Tätigkeitsformen die gleiche Grundform: die Form der Zeitlichkeit, aufwies. Die Frage aber, warum das endliche Subjekt an die zeitliche Form des Anschauens und an die zeitlichen Schemata des Be-greifens gebunden ist, kollidierte dann mit der anderen Kantischen These: daß die Zeitform nur die Gegenstände, nur die Objekte, nicht aber das Sein des Subjekts betrifft. Folglich wurde in Auseinandersetzungen mit Kant jetzt für Heidegger die Frage nach dem Verhältnis zwischen dem Sein des Subjekts und der Zeitlichkeit unabweisbar, wobei die Frage über die von Kant eingenommene Position hinauswies, mithin den von ihm eingenommenen und festgehaltenen Fragesatz bereits sprengte.

Um es noch einmal mit anderen, vielleicht weit verständlicheren Worten zu sagen: Die Frage nach der Notwendigkeit und Eigenart der Seins-Konstitution führte Kant zu der Frage nach der Zeitgebundenheit aller synthetischen Funktionen des endlichen Subjekts. Diese Frage warf aber jetzt das Problem auf: wie nun das Sein dieses Subjekts im allgemeinen und sein Verhältnis zur Zeitlichkeit im besonderen zu verstehen ist. Heideggers Antwort lautet: Das endliche Subjekt, will sagen: der Mensch als Ek-sistenz, zeitigt sich in den drei Ekstasen der Zeitlichkeit; folglich kann auch Sein und Seiendes nur *im Horizont einer ur-spünglicheren Zeit erscheinen und verstanden werden,* als die uns vertraute Uhrzeigerzeit bzw. Kalenderzeit.

Damit aber stellt sich noch einmal in aller Form die Frage nach der Temporalität des Da-Seins: von der her und zu der hin nunmehr wieder nach der Konstitution des Seienden und nach dessen Bestimmungsgründen gefragt werden muß. Die Frage nach dem Sein kehrte sich für Heidegger daher jetzt als Frage nach der Zeit um; *sie* allein wurde jetzt zur Ausgangsfrage allen weiteren Fragens.

Die uns allen mehr oder weniger vertraute Diskussion hinsichtlich des von Kant einst explizierten 'Dinges-an-sich' erfolgte – was wir abschließend nicht vergessen dürfen – im Horizont der Nachfrage nach den »letzten Fragen«, die das menschliche Dasein in seinen ureigensten Möglichkeiten bestimmt. Der transzendentale Horizont wurde durch meta-physische, übersinnliche Fragen anvisiert, die nach Kant sich auf die Fragen nach der Freiheit, der Unsterblichkeit und der Existenz Gottes konzentrierten, wobei Kant mit Nachdruck darauf verwies, daß sich die Rede vom 'Ding-an-sich' auf das meta-physische Denken des Menschen, auf seine Frage nach dem Unbedingten, bezieht. Kant versprach diesem Unbedingten gegenüber kein Absolutum, keine endgültige Synthesis. Für ihn war diese Synthesis stets nur als die unerreichbare Grenze eines meta-physischen Bedürfnisses zu verstehen, das er im Menschen selbst angelegt, verankert bzw. begründet sah. Die Welt, die Wirklichkeit, erscheint kantisch gesehen innerhalb des transzendentalen Horizonts, der von den rationalen Formen unseres Vernunfts- und Verstandesvermögens geprägt bzw. organisiert wird. Das ist sicher deutlich geworden. Wie aber die Welt unabhängig von ebendiesen Formen beschaffen ist, erfahren wir von Kant nicht. Das Sein als Ganzes und der Existenzakt im absoluten Sinne bleiben der theoretischen Reflexion verschlossen. Mit anderen Worten: Die Philosophie des Aufbruchs in das Unversicherbare, wie sie dann, wenn man so will: in der Nachfolge Kants von Heidegger weiter expliziert wurde, kennt dann auch weder eine »Erlösung«, noch verspricht sie je eine »vollkommene Welt«; im Gegenteil: Sie weiß mehr von der menschlichen Hinfälligkeit und der Zerrissenheit des menschlichen Seins als von einer Gewißheit, die zu keiner Zeit dingfest zu machen war, noch in Zukunft kategorial je dingfest zu machen sein wird.

## 7.

Von dieser kritischen Perspektive aus gesehen verfestigte der sozialwissenschaftliche Entwurf von Marx, der in vielerlei Hinsicht bis heute bestimmend ist, trotz seiner nach wie vor aktuellen Ausbruchsversuche, die bis dato angenommene klassische Position der Philosophie und Wissenschaft, und zwar, indem er an der Realität des normativen Subjekts ohne jederlei Einschränkung beharrlich festhielt, der zufolge der Mensch unbezweifelbar den höchsten und in einem bestimmten Sinne auch letzten unbedingten Wert darstellt.

Wenn wir jetzt von der von Heidegger gewonnenen Einsicht ausgehen, dann griff Marx zu kurz, wenn er von seiner

Position aus zur Problematik des Menschen als des 'höchsten Wesens' und ineins damit zum moralisch zu verstehenden kategorischen Imperativ gelangte: alle Verhältnisse endlich umzuwerfen, in denen der Mensch ein erniedrigtes Wesen ist. Er griff zu kurz und sah infolgedessen auch am Menschen vorbei, weil er (a) am klassischen Fundament des anthropologischen Selbstverständnisses und (b) sowohl dem *natur- als auch geschichts- bzw. sozialwissenschaftlichen Aberglauben* festhielt, als könnten beide den Menschen aufgrund ihres Wahrheitsgehaltes früher oder später zu ihrem endgültigen Glück in dieser oder jener Form verhelfen.

Dabei bleibt nicht zu vergessen, daß diese von Marx vollzogene Projektion des Menschen eine Reaktion auf die zwanghaften Regelmechanismen der kapitalistischen Produktionsweise mit ihren extremen Entfremdungsformen darstellt. Die Empörungsnatur des Menschen muß sich, wenn auch äußerst mühsam, von Niederlage zu Niederlage gegen die durch diese Produktionsweise bedingten verdinglichten und entfremdeten gesellschaftlichen Verhältnisse durchsetzen, um sich von ihnen schließlich zu be-freien. Für Heidegger ist dies ganz gewiß ein notwendiger erster Schritt. Dieser Schritt ist aber in der Tat für Heidegger nur ein erster Schritt, weil in Über-windung der sich auch dann noch zeigenden Seinsvergessenheit sich die Frage nach dem Sein aller Vermutung nach in gänzlich neuer Weise zeigen, die Grundlage also, die am Subjektcharakter des Menschen und seines spezifischen Wirklichkeitsverständnisses festmacht, erst recht stellen wird. Insofern nahm Heidegger die Marxsche Analyse der Selbstentfremdung des Menschen, nach Marx vordringlich bedingt durch die Klassenstruktur der bürgerlichen Gesellschaft, *in die Seinsfrage zurück*, um von ihr aus *erneut* die Frage nach der Wirklichkeit bzw. nach dem nach seiner Auffassung tiefer liegenden Bedingungs- und Ursachenzusammenhang der von Marx zu Recht in den Mittelpunkt gerückten menschlichen Selbstentfremdung zu stellen. Heidegger widersprach also in keiner Weise den Marxschen sozialwissenschaftlichen Analysen; ganz im Gegenteil. Heidegger hinterfragte aber im Anhalt an die von ihm verfolgte Seins- bzw. Zeitfrage der nach seiner Meinung zu eng gefaßten Marxschen Geschichtsauffassung nach, um von ihr aus dann, wie er annahm, viel genauer und viel schärfer noch den spezifischen Entfremdungsformen der modernen industriell-wissenschaftlich-technischen Gesellschaft nachfragen zu können, als es Marx aufgrund des von ihm gewählten ontologischen Rahmens möglich war. Damit sind, um auch dies noch einmal zu betonen, die sozialwissenschaftlichen Gesetze genausowenig außer Kraft gesetzt wie die naturwissenschaftlichen. Indem jedoch die

Seinsfrage Heideggers jetzt tiefer fragt als hier gefragt wird, widersetzt er sich der Interpretation dieser Gesetze und Gesetzmäßigkeiten zu geschichtsontologischen Fundamentalgesetzen, wie sie dann vor allem in der Nachfolge von Marx vom Marxismus vorgenommen wurde.

Durch diese Uminterpretation, die von Engels schon eingeleitet wurde, erfolgt nach Heidegger geradezu *eine Überspitzung der Seinsvergessenheit,* der nur dadurch begegnet werden könne, daß immer wieder gerade nach der Wahrheit des Seins in dem von ihm gemeinten Sinne gefragt werde.

Um auch das noch zu sagen: Durch die Wesensbestimmung des Menschen als Ek-sistenz wird nach Heidegger die humanistische Auslegung des Menschen, der sich auch Marx bekanntlich verpflichtet fühlte, nicht für falsch erklärt oder gar verworfen. Der entscheidende Gedanke Heideggers ist vielmehr der: daß durch derartige Festlegungen des Wesens des Menschen seine eigentliche Würde noch gar nicht erfahren, noch gar nicht erkannt werden kann. Diese Würde besteht nicht darin, daß er lediglich die 'Substanz' des Seienden als dessen 'Subjekt' ist, um dann *als Machthaber über das Sein des Seienden, d.i. Natur und Geschichte,* »in der allzu laut gerühmten 'Objektivität« zu zergehen. Das entscheidende vielmehr ist, daß er permanent von der ontologisch-metaphysisch *unverstellten Wahrheit des Seins* in Anspruch genommen wird, um es selbst in seiner Unverstelltheit »hüten« zu müssen, wenn er nicht wieder durch Erfindung neuer ontologischer Systementwürfe das Sein in Vergessenheit geraten lassen will.

Aus dieser Sicht gesehen ist der Mensch in Zukunft nicht mehr der unbeschränkte Herr *über* die Wahrheit des Seins, sondern ihr 'Hüter' und 'Bewahrer', indem er ihrem 'Geschick' in seinem jeweiligen Bewegungs- und Entbergungscharakter zu entsprechen versucht.

Um aber auch das nicht zu übersehen: *Ohne die unverfügbare, weil aller Verfügung vorausliegende Dimension des menschlichen Da-seins, d.i. die Wahrheit des Seins, könnte, so Heidegger, der Mensch weder zu sich selbst, noch zu seinem Mitdasein wie zur Wirklichkeit (der Natur und seiner Geschichte) irgendeine Beziehung aufnehmen.* Er kann sie aber aufnehmen, weil er auch der durch die Natur- bzw. Sozialwissenschaft objektivierten Realität insoweit immer schon *voraus* ist, als, wie ich zu zeigen versuchte, das Da-sein sich schon immer In-der-Welt, in der er seine Situation und die ihn umgebende und ihn wesentlich mitbestimmende gesellschaftliche Wirklichkeit erkennt bzw. zu erkennen in der Lage ist, aufhält. Damit ist noch einmal angezeigt, daß die existenziale Bedeutsamkeit der kategorial-ontologischen

Bewandtnis als eines unüberspringbaren Faktums in der Weise (a priori) *vorausgeht*, als das, was (a) naturwissenschaftlich 'als' makro- oder mikrophysikalische Größe oder (b) 'als' gesellschaftswissenschaftliche Realität von Produktivkräften und Produktionsverhältnissen in ihrem Bewandtniszusammenhang erkannt oder nicht erkannt wird, einbehalten ist in die Bedingung der existenzialen Möglichkeit: daß Seiendes als das oder jenes »begegnen« bzw. sich »ereignen« kann. Diese existenziale Möglichkeit geht jedem naturwissenschaftlichen und jedem geschichtswissenschaftlichen Faktum *voraus*, schließt diese aber zugleich auch mit ein.

Wenn ich daher weiter oben mit Marx hervorhob, »daß die Menschen ihre Geschichte machen«, dann bleibt dem jetzt hinzuzudenken, bzw. daran zu erinnern, daß der damit angesprochene erkennende, handelnde und wertsetzende Mensch bzw. das so bezeichnete allgewaltige Subjekt schon immer in dieser seiner Grundverfassung, wie sie Heidegger in 'Sein und Zeit' darzulegen versucht hat, *voraus*gesetzt ist, so daß auch nicht im entferntesten mehr der Eindruck erweckt werden kann, als ob die in einem noch so exakt ausdefinierten sozialwissenschaftlichen Denkzusammenhang erörterte 'Geschichte' identisch ist mit einem gewissermaßen vom Menschen *unabhängigen Finalprozeß*. Für eine solche Annahme gibt es weder eine naturwissenschaftliche noch eine sozialwissenschaftliche, gar philosophische Begründung. Wo es sie gibt, ist die Frage nach der Wahrheit des Seins schon beendet bzw. die Wahrheit des Seins selbst schon in alter metaphysischer Handhabung verstellt bzw. ausgeschaltet worden.

## *8.*

Das Fundament der Marxschen Gesellschaftskritik ist identisch mit den 'Grundrissen der Kritik der Politischen Ökonomie', in denen es in erster Linie nicht darum geht, die Übertragung theoretischer ökonomischer Erkenntnisse in die wirtschaftspolitische Alltagspraxis lediglich zu verbessern. Marx ging es nicht darum, günstigere als die gegenwärtig schon vorhandenen Steuerungsmöglichkeiten und -instrumente der bestehenden kapitalistisch-bürgerlichen Wirtschaftsverfassung zu entwickeln, zu verbessern und zu verteidigen. Bei Marx' Versuchen ging es vielmehr vorrangig um die Grundlegung einer umfassend zu verstehenden Geschichts- bzw. Gesellschaftswissenschaft, die sich insofern von Anfang an politisch-kritisch verstand, als sie, fragend nach den Bedingungen der Möglichkeit der bürgerlichen

Gesellschaft, schon über diese Bedingungen hinauszugelangen versuchte. Dabei hatte Marx seinen sozialwissenschaftlichen Entwurf so ursprünglich angelegt, daß auch die Bedingung der Möglichkeit u.a. des naturwissenschaftlichen Erkenntnisprozesses mit transparent werden konnte. Doch nicht nur das. Indem Marx ursprünglich die Bedingungen der Möglichkeit der bürgerlichen Gesellschaft in Frage stellte und aus diesen Bedingungen heraus die neuen Strukturen freizulegen bzw. freizusetzen versuchte, versuchte er zugleich auch die Bedingungen der Möglichkeit der notabene bürgerlichen Wissenschaft zu überwinden, um so einer Wissenschaft zum Zuge zu verhelfen, die die inzwischen zutage getretenen Zerstörungspotentiale der noch bestehenden Gesellschaft von Anfang an zu eliminieren versprach.

In diesem, stark von der Hegelschen Geschichtsphilosophie beeinflußten sozialwissenschaftlichen Versuch, bezeichnet die Dialektik in ihrer materialistischen Gestalt bekanntlich das eigentliche Zentrum, so daß ich mit ganz wenigen Worten auf das Wesentliche dieses Zentrums noch zu sprechen kommen muß.

Schon bei Kant stellte die transzendentale Dialektik *die* entscheidende Methode zur Klärung der Totalität der Wirklichkeit, bzw. was wir darunter zu verstehen haben, dar. Sie sollte den Nachweis liefern, warum die Ideen der Vernunft wohl als regulative Prinzipien unserer Praxis dienen, nicht aber schon als konstitutive Gesetze der Wirklichkeit 'an sich' begriffen werden dürfen. Als Vernunft bezeichnete Kant hierbei das Denken über die Wirklichkeit als Ganzes, mithin als Bewußtsein ihrer Totalität, im Gegensatz zum Verstand, mit dem wir die Beziehungen der gegenständlichen Welt und die besonderen Beziehungen zwischen den Gegenständen, den Erscheinungen und Prozessen der Wirklichkeit erkennen können.

Hegel übernahm die Dialektik Kants als Theorie und Methode des vernünftigen Bewußtseins und verwandelte sie in eine positive Theorie der Entwicklung der Weltwirklichkeit. Dabei erhob er die von Kant aufgelisteten 'Antinomien der Ideen' nunmehr zum grundlegenden Prinzip der Bewegung und verwendete sie zugleich zur Erklärung der Weltwirklichkeit, mithin der Weltgeschichte, so daß das jetzt so bezeichnete *Prinzip der Dialektik als das konstitutive Bewegungsgesetz der Weltgeschichte* erschien. Als dieses Bewegungsgesetz wurde es zugleich auch zum Instrument der Erkenntnis der konkreten Wirklichkeit. Das heißt: Die Wahrheit über die Wirklichkeit, wenn nicht gar sie selbst, erfahren wir, wenn wir bereit sind, sie vom Hegelschen absoluten Bewußtsein – d.h. nach Hegel: von der höchsten Entwicklungsstufe des Selbstbewußtseins aus – zu interpretieren. Damit ist gesagt: daß der zentrale Schlüssel zum Verständnis der Entwicklung der Weltwirklichkeit im Verstehen der Art und Weise liegt, in der das absolute Bewußtsein, mithin das Selbstbewußtsein in der gegenständlichen Welt »objektiviert.«

Diese Hegelsche Dialektik erschien nun bei Marx in ihrer materialistischen Gestalt und hier in erster Linie als Kritik der verdinglichten Wirklichkeit und damit zugleich als Motor ihrer Veränderung. Sie bezieht sich auf den Grundsatz, daß die gesellschaftliche und ökonomische Entwicklung als widersprüchliches Werden und als Entfaltung der Wirklichkeit aufgefaßt wird.

Die Frage, die bei einem solchen Versuch natürlich auftritt, ist die, ob ein solcher Versuch nicht konsequenterweise nur auf der Basis des ursprünglichen spekulativen Idealismus möglich ist. Wird, wie Marx es tat, die Bestimmung des Wesensgesetzes der Geschichte zum Wesensgesetz der materiellen Produktion und Reproduktion der gesellschaftlichen Gesamtentwicklung, so ist es jetzt die reale materielle Basis, die sich aus sich selbst heraus unter ganz bestimmten Bedingungen, die erfüllt sein müssen, »negiert« und sich »aufhebt«, um schließlich zu einer »Synthese« zu gelangen, in der die bisherige Gesellschaftsform dann nur noch als beachtenswerter Grenzwert erscheint. Damit wird deutlich, daß die von Hegel her gesehene idealistische Dialektik in ihrer gesellschaftswissenschaftlichen Umformulierung nun nicht mehr nur als Reflexionsbestimmung des Denkens, sondern durch Marx jetzt auch als ausschließliches *sozialwissenschaftliches Strukturprinzip des gesellschaftlichen Seins* seine grundsätzliche Bedeutung und Anwendung findet. Ich betone »gesellschaftswissenschaftliche« Umformulierung, weil es mir darum geht, ihre ontologische Bedeutung zu bestreiten, weil, wenn Marx von »historischen Notwendigkeiten« des geschichtlichen Prozesses spricht, er die 'Weltgeschichte' nur höchst bedingt im Auge hatte. Für ihn handelte es sich hierbei stets um eine Aussage, die sich vorrangig auf Gesellschaften des westeuropäischen Typs bezog und auch hier von ihm nur mit äußersten Einschränkungen gebraucht wurde. Diese Differenzierung vorausgesetzt, sind dann in Konkretisierung der Marxschen Geschichtsauffassung, die primär *im Dienste sozialwissenschaftlicher, hier insbesondere sozioökonomischer Untersuchungen stand,* jene allgemeinen Gesetze der sozialen Erscheinungsformen festzuhalten, die (a) im Primat des gesellschaftlichen Seins *vor* dem Bewußtsein rangieren: das Gesetz des Umschlags quantitativer und qualitativer Veränderungen, das Gesetz der Einheit und des Kampfes der Gegensätze und schließlich die Korrelationen zwischen Inhalt und Form, Notwendigkeit und Zufall. Hinzutreten (b) einige Gesetze wie das Zentralgesetz der sozioökonomischen Dynamik, das Gesetz der Übereinstimmung der Produktionsverhältnisse mit dem Charakter der Produktivkräfte oder – auch jetzt noch einmal zitiert – das Gesetz von der bestimmenden Rolle der materiellen Basis gegenüber den Bereichen des Überbaus.

Mit diesen allgemeinen Gesetzen, die ihrerseits noch einmal spezifische Erscheinungsformen annehmen, sind in jedem Phänomen die spezifischen sozialökonomischen Gesetze aufzudecken, die sich hinsichtlich ihres Kompetenzbereichs unterscheiden: (a) in Gesetze, die für eine Gruppe von Gesellschaftsformationen gültig sind; so das Gesetz des Klassenkampfes, das Gesetz der sozialen Revolution für die Formation der Klassengesellschaft oder das Wertgesetz für Produktionsweisen mit Warenaustausch, (b) in Gesetze, die jeweils für eine einzelne Gesellschaftsformation gültig sind. Hier hat jede ihr besonderes ökonomisches Grundgesetz: im Kapitalismus ist es u. a. das Mehrwertgesetz, das Gesetz der Perioditát von Wirtschaftskrisen, im real existierenden Sozialismus u.a. das Gesetz der planmäßigen und proportionalen Entwicklung der Wirtschaft mit seiner Klausel über das vorrangige Wachstum der Produktion von Produktionsmitteln. Und (c) in Gesetze, die nur für bestimmte Stadien einzelner Gesellschaftsformationen Gültigkeit haben; so für den vormonopolistischen Kapitalismus das Gesetz der freien Konkurrenz, an dessen Stelle dann die Gesetzmäßigkeit der Bildung von Monopolen tritt, und das sozialistische Gesetz der Güterverteilung nach Leistung und Verteilung »gemäß den Bedürfnissen«.

Mit dem Übergang der Gesellschaft von einer Formation oder Etappe zur anderen, modifizieren sich selbstverständlich, wie schon angedeutet, dann die hier formulierten Gesetze noch einmal bzw. es treten jetzt neue Gesetze an die Stelle der alten. Aufgrund der prinzipiellen Schwierigkeit, das Typische und Wiederkehrende aus den einmaligen sozio-historischen Konstellationen herauszuheben und in Gesetzesformeln zu fixieren, erklärt sich *die Zurückhaltung von Marx in den Aussagen über die eigentliche Ablaufgesetzlichkeit der Geschichte, insbesondere über die Gesetzmäßigkeit, mit der die gesellschaftlichen Formationen (in Westeuropa!) aufeinanderfolgen.* Dabei mag auch noch folgender Hinweis wichtig sein: In abstrakto weiß jeder Sozialwissenschaftler, daß Gesetze Relationscharakter haben und keine substantiellen Gebilde, Kräfte, Prozesse und Tendenzen darstellen. Praktisch jedoch umschreibt der Sozialwissenschaftler häufig in höchst mißverständlicher Weise ihre Präsenz und Notwendigkeit mit sinnwidrigen bildhaften Ausdrücken – nicht anders als dies u.a. auch in der Quantenphysik Heisenbergs der Fall ist. Ich nenne nur einige dieser Ausdrücke: 'wirken', 'beherrschen', 'versklaven', 'blinde Kräfte', die 'sich den Weg bahnen' usw. Schließlich wird auch noch der Unterschied zwischen 'Gesetzen' und 'gesetzmäßigen Phänomenen' und der nicht zu übersehende Unterschied zwischen »Notwendigkeit« und »Notwendigem«, »Zufälligkeit« und »Zufälligem« häufig ignoriert. Solche Gesetzesformeln und Aussagen über 'Notwendigkeiten' unterliegen aber nur zu leicht der Gefahr einer 'Fetischisierung', wenn man nicht ständig im Auge behält: (a) daß Gesetze Relationen sind, deren Natur davon abhängt, welche relata durch sie bzw. in ihnen miteinander verbunden sind bzw. werden und (b) daß man es bei der Analyse sozialer 'Determinationsstrukturen' mit vielen 'Prozessen', sowie ständig mit Korrelationen zwischen ihnen zu tun hat, die zum Teil in recht unterschiedlicher Weise als 'Träger', als 'Subjekt', als 'Klasse' des sozialen Geschehens angesprochen werden: gleichwohl in gesellschaftlicher Wechselwirkung agierende menschliche Individuen sind.

Schon die Bedeutungsanalyse des Begriffs 'Notwendigkeit' und die Phänomenologie der sozio-ökonomischen Gesetzmäßigkeit, die in der Marxschen Geschichtsauffassung eine ganz erhebliche Rolle spielen, stellen jede 'Bedingungsanalyse' (E. Bloch) vor eine wichtige Aufgabe: das finale Moment in dem jeweils vorhandenen sozialen Determinationszusammenhang herauszustellen. Viele Sozialwissenschaftler betonen mit einem ungeheuren Nachdruck dafür die angebliche oder tatsächliche 'Objektivität' sozialer Gesetzmäßigkeiten bzw. historischer Notwendigkeiten, d.h. ihre Unabhängigkeit vom 'Willen' und vom 'Bewußtsein' der Menschen, so daß letzten Endes darüber wieder die Frage nach dem Menschen: als dem historischen Subjekt bzw. nach der jeweiligen Klasse, die diese angeblichen oder tatsächlichen sozioökonomischen Gesetze ausformuliert und im wahrsten Sinne des Wortes praktiziert, verloren geht bzw. aus dem Blick zu geraten droht.

Da soziale Gesetze, wie auch immer ihre Inhalte beschaffen sein mögen, stets Korrelationen im Felde menschlicher Handlungen, *ihrer* Motive, Ziele, Mittel und Resultate sind, kann es gar nicht anders sein, als daß sie einen finalen Kontext entweder direkt einschließen oder doch wenigstens voraussetzen. Soweit es sich dabei um Gesetze der fortschreitenden Entwicklung der Gesellschaft und speziell um Gesetze einer zukünftigen sozialistischen Gesellschaftsformation handelt, tragen auch sie und erst recht sie *immer noch den Charakter hypothetischer Imperative.* Mit anderen Worten: Alle derartigen Gesetze sagen etwas über Bedingungen aus, die erfüllt sein müssen, *wenn* ein bestimmtes

Ziel, ein bestimmter Effekt erreicht bzw. anvisiert werden soll; entscheidend jedoch ist, daß sie dies nicht schon vorweg *notwendig tun müssen*. Weil die alten Verhältnisse für Marx ein Hindernis für die weitere Entwicklung der Gesellschaft zu mehr Emanzipation seiner Bürger darstellten, und dies ist empirisch konstatierbar, ergab sich für Marx die Notwendigkeit der Klärung bzw. der Aufhebung des Widerspruchs durch die entschlossene Herstellung neuer Produktionsverhältnisse bzw. -bedingungen durch ebenjenes »historische Subjekt«, das Proletariat, das nach Marx' Annahme den gesellschaftlichen Fortschritt zu transformieren berufen war. In jeder Hinsicht fungierte so die sozio-ökonomische Umgestaltung als »notwendiges« Mittel zur Verwirklichung des oben angegebenen Postulats und als »notwendiges« Mittel zur Verwirklichung eines obersten Zwecks: der weiteren Fortentwicklung der Gesellschaft hin auf eine humane.

*9.*

Warum habe ich mich so lange und relativ ausführlich noch einmal bei dem vorangegangenen Thema aufgehalten? Antwort: In Vergegenwärtigung gerade der Marxschen Geschichtsauffassung ist es m.E. wichtig und notwendig, endlich aus der leider heute immer noch vorhandenen Vorstellung einer Zwangsläufigkeit des historischen Prozesses herauszukommen. Um das bewerkstelligen zu können, scheint mir heute nichts dringlicher zu sein, als immer wieder auf die existenziale Bestimmung des Wesens des Menschen im Sinne Heideggers zurückzukommen, da m.E. nur von dieser 'Position' aus einsichtig gemacht werden kann, worin sich die Geschichte des Menschen von einem angenommenen naturgeschichtlichen Prozeß unterscheidet. Davon abgehoben, wenn auch weiter auf ihn bezogen, läßt sich erst die Zwangsläufigkeit einer historischen Ereignisreihe empirisch in eine konkrete Analyse der jeweiligen historischen Situation einbringen. Daraus aber schon einen naturhistorischen Prozeß, gar eine Art naturhistorische Notwendigkeit: losgelöst vom Menschen, zu konstruieren, ist allein schon deshalb absurd, da in jedem Falle die Arbeiterklasse, nach Marx das historische Subjekt des Geschichtsprozesses, aufgrund ihrer Erfahrungen erst allmählich dahin gelangen muß, eine überlegene Kraft für die Realisierung der faktischen Notwendigkeit des Sozialismus durch alle Siege und Niederlagen hindurch aufzubieten. Das wird aber nur dann geschehen, wenn die Einsicht in die Notwendigkeit des Neuen für die betroffenen Menschen evident geworden ist und wenn sie die Notwendigkeit bestimmter Mittel, etwa des revolutionären Kampfes, zur politischen Durchsetzung dieses Zieles und Zweckes auch einsehen. In diesem revolutionären Kampf liegt schließlich der 'notwendige' gesellschaftliche Fortschritt, über dessen Sieg und Niederlage dann wiederum in einem Geflecht real vorhandener Bedingungen die Entscheidungen fallen.

Um es unmißverständlich deutlich zu machen: einem Geschichtsdeterminismus (ob nun mit einer eingebauten Widerspiegelungs- bzw. Abbildtheorie oder nicht, das lasse ich dahingestellt sein) folgen heißt, daß bei der Analyse sozialer Gesetzmäßigkeiten, trotz Marx, immer noch nicht radikal genug gedacht und gefragt, daß mit anderen Worten hier immer noch nicht »bis zur Wurzel« vorgedrungen wird. Diese ist nach Marx der Mensch, mit Heidegger der Mensch als geschichtliches Wesen, das in die Wahrheit des Seins, will sagen: in die Offenheit des Seins 'hinaussteht' und darin *vom* Sein, *von der sich zeitigenden Zeit,* durch alle Machtansprüche hindurch, *herausgefordert wird.* In der Sprache von Marx heißt das, den Anteil des Menschen als des »historischen Subjekts« an der Konstitution der historischen Gesetzmäßigkeit zu klären; von Heidegger her gedacht heißt das, den ontologisch-metaphysischen Implikationen des »historischen Subjekts« entschieden weiter nachzufragen, da sonst die 'Verhältnisse' und ihre 'Gesetze' zum absoluten Seinsprinzip und das eigentlich tätige Subjekt dann doch wieder nur zu einem bloßen Prädikat erklärt wird.

Dem Menschen als dem 'Subjekt der Geschichte' kommt bei Marx keineswegs eine ausschließlich exekutive Funktion zu. Wenn dieses Mißverständnis vermieden werden soll, dann muß angegeben werden, was an der jeweiligen Geschichte 'objektiv', d.h. von den menschlichen Subjekten, ihrem Willen und ihrem Bewußtsein »unabhängig« genannt werden soll, dann muß aber auch gesagt werden, in welchem Sinne der soziale Prozeß, d.h.: die Gestaltung und Umgestellung der gesellschaftlichen Verhältnisse und Beziehungen zwischen den Menschen eine »objektive« oder eine von »objektiven Gesetzen« bestimmte zwangsläufige Ereignisfolge darstellt.

Um der Gefahr von Fehlschlüssen zu begegnen, muß sich der Geschichts- bzw. Sozialwissenschaftler daher immer wieder der Tatsache bewußt werden, daß auch die geschichts- bzw. sozialwissenschaftliche Erkenntnislogik in jenem neuzeitlichen paradigmatischen *Seinsverständnis* gründet, das dieser Erkenntnislogik a priori vorausgeht, so daß die von Heidegger provokativ ins Spiel gebrachte *Seinsfrage* auch den eigentlichen Sprengsatz enthält, der das neuzeitliche paradigmatische Seinsverständnis sowohl für die Natur- als auch für die Geschichts- bzw. Sozialwissenschaft radikal in Frage stellt. Gerade sie verwehrt es dem Natur-, Geschichts- bzw. Sozialwissenschaftler immer wieder, seine Erkenntnisse auf eine Ontologie hin zu verallgemeinern. Dabei ist die Verbindlichkeit der Seinsfrage, wenn sie, wie Heidegger sagt, in aller Strenge festgehalten wird, gegenüber der Frage nach 'Natur und Geschichte' von höherer Gültigkeit als die jeder Wissenschaft, denn sie *»läßt das Sein sein«* und setzt es eben *nicht* wieder als das Objektive der Subjektivität oder als das Produkt eines Subjektaktes, wie wir es bislang gewohnt sind, an.

In dem Maße erst, in dem unser gegenwärtiges und in vielerlei Hinsicht wissenschaftlich eindimensionales Denken im Anhalt an die hier noch einmal in den Mittelpunkt des Denkens gerückte Seins- bzw. Zeitfrage überwunden wird (und das kann vermutlich nur geschehen, wenn die heute uns beherrschende spezifische Produktionsweise, will sagen: die Bedingungen, von denen die Seinsfrage in ihrer heutigen Vergessenheit überwunden wird), wird auch erst die wesentliche Einheit des Ganzen, in der sich die Gegenwart der Zeit heute für uns alle zeigt, und die keineswegs in die heute so emphatisch beschworene Freizeit-Vorstellung von Natur-, Geschichts- bzw. Sozialwissenschaft schon aufgeht, denkbar.

Diese wesentliche Einheit kann aber auch erst erblickt, wahrgenommen, ja erst begriffen werden, wenn die Grenzüberschreitung vom metaphysischen Denken her in das von Heidegger inaugurierte Seinsdenken vollzogen wird. Das ganze Verhältnis bzw. die Einheit des Ganzen, die der Logik der Naturwissenschaft und Sozialwissenschaft vor aller Erfahrung, a priori, *vorausliegt* und insofern stets »reicher« ist als das, was sich die Naturwissenschaft und Sozialwissenschaft unter Natur und Geschichte vorstellen, ist dabei nun einmal nur *aus der Dimension der Wahrheit des Seins* heraus zu denken, auch wenn dem philosophisch interessierten Geschichts- bzw. Sozialwissenschaftler dieses Denken noch so schwerfallen mag.

Heisenbergs 'Jahrhundertwissenschaft' hat uns wie kaum eine andere Wissenschaft gezeigt, daß sich im Grunde das Sein (physis, die natura naturans) den Versuchen letztgültiger kategorialer Bestimmungen 'entzieht'. Ganz offensichtlich ist, wenn wir erfahren wollen, was es mit dem Sein auf sich hat, eine »Erklärung«, eine »Begründung«, ja ein »Beweisen«-wollen *unangemessen*, da, wie Heidegger gezeigt hat, das »Erklären«, »Begründen« und »Beweisen«-wollen des Seins von vornherein schon eine abgeleitete Weise der Auslegung und Entdeckung des Seienden ist und nicht dazu beitragen kann, das Sein, die Zeit *unverstellt* zu erfahren. Ganz im Gegenteil: »Alle Erklärung, wenn wir von Naturerklärung sprechen, ist dadurch ausgezeichnet, daß sie sich (heute) im Unverständlichen aufhält«, so daß man sagen muß, daß »Erklären (heute) [...] das Auslegen des Unverständlichen« ist. Das darf aber wieder nicht so verstanden werden, »daß dieses Auslegen des Unverständlichen verstanden würde, sondern es bleibt grundsätzlich unverständlich.« Heidegger geht hierzu noch einen Schritt weiter, wenn er sagt: Die »Natur ist das prinzipiell Erklärbare und zu Erklärende deshalb, weil sie prinzipiell unverständlich ist«; und: »sie ist das Unverständliche [...], weil sie die entweltlichte Welt ist, sofern wir Natur in diesem extremen Sinne des Seienden nehmen, wie es in der Physik entdeckt ist.« Das, fährt Heidegger nun fort, hängt wiederum damit zusammen, »daß in dieser Erklärungs- und Entdeckungsart der Welt als Natur diese lediglich auf die Präsenz des Seienden in ihr [...] erforscht und befragt« und daß »das Seiende« hier wiederum nur zugelassen wird, »insofern es durch Bewegungsgesetze bestimmt ist, die invariant, unverändert immer dieselben gegenüber jeder möglichen Betrachtungsart und Hinsicht bleiben, unter die die Betrachtung von Natur (durch die Naturwissenschaft) gestellt wird.« Heidegger spitzt dann seine These noch einmal zu, wenn er schreibt, daß bei diesen Überlegungen zu betrachten bleibt, »daß zwar alle Sätze und alle Beweise, die in der Physik oder Mathematik gegeben werden, als Sätze, als Rede über etwas verständlich sind, aber das, worüber sie sprechen, [...] selbst das Unverständliche« bleibt.[158] Diese These Heideggers trifft sich auf ganz andere Weise mit Gedankengängen, die Erwin Chargaff in einem aufregenden, wenn leider bisher auch wenig beachteten Buch äußert; er schreibt: »Es mag allerdings nur meiner Einfältigkeit zuzuschreiben sein, aber ich wurde erst spät in meinem Leben der Trennung der Naturwissenschaften von der Natur gewahr.«[159]

Sofern man hier um einiges vorausdenken will, wird man im ständigen Vordenken der Seinsfrage im Heideggerschen Sinne diese Seinsfrage vorerst einmal *im Fragwürdigen halten müssen,* um nicht den zweiten Schritt vor dem ersten Schritt zu vollziehen. Dieser besteht im Ernstnehmen des Marxschen Seinsprimats, will sagen: des Erfragens jener gesellschaftlichen und ökonomischen Bedingungen *vor* dem Bedingten, das sich von dem Gedanken eines Andersseinkönnens der Gesellschaft, in der wir leben, leiten läßt und das insoweit bereits eine radikale Entzauberung der bestehenden metaphysischen Wahnbilder in einem Ausmaß vornimmt, das von vornherein den gegenwärtig noch vorherrschenden Sinn der Geschichte verändern wird.

Dazu gehört jedoch die Fähigkeit des langen Atems, dem standzuhalten, d.h. Widerstand zu leisten, was uns angesichts der gegenwärtigen Situation jeden Tag immer wieder weiszumachen versucht wird: daß ein richtiges Leben durchaus im falschen möglich und lebenswert sei. Es scheint, schrieb Max Born, daß der Versuch der Natur, auf dieser Erde ein denkendes Wesen hervorzubringen, offensichtlich gescheitert ist. Und in der Tat: Angesichts der Welt der wissenschaftlich-technischen Experimente mit der Natur scheint die abstrakt-kulturpessimistische These, daß sich die Grundkraft für das, was man Entwicklung oder Fortschritt nennt, heute in einem teuflischen Zerstörungswillen zeigt, so daß die Kategorien der Humanität so weit außer acht gelassen werden, daß man Heideggers Wesensbestimmung des Menschen als eines Hüters des Seins zum Kalauer machen konnte. Mit diesen Intelligenzleistungen wird der Globus ständig weiter geplündert, die ausschließlich industriell-wissenschaftlich-technische Natur ständig weiter vergewaltigt und es werden forciert Gesellschaften aufgebaut, die sich auch weiter lebens- und menschenfeindlich zeigen.

Das sichtbarste Syndrom dieser Entwicklung ist die inzwischen aufgetürmte militärisch-atomare Vernichtungskapazität, die für jeden einzelnen von uns 16 t Sprengstoff bereithält, so daß sich in der Tat der Satz: daß »der Mensch der Hüter des Seins« ist, zur gegenwärtigen Stunde umgekehrt in den Satz: daß sich der im »Gotteskomplex« (H.E. Richter) verhaftete Mensch anschickt, zum radikalsten Zerstörer seines Da-seins zu werden.

## 8. Natur und Geschichte unter dem Herrschaftsanspruch des Willens zur Macht

*1.*

Wir schlossen das erste und das zweite Kapitel des I. Teils dieser Untersuchung mit zwei entscheidenden Aussagen ab: (1.) daß im Insistieren auf die »Grundelemente« der 'Natur', will sagen: des Energie- bzw. Materiegeschehens, schon einer bestimmten Fragestellung gefolgt und damit auch eine ganz bestimmte Richtung eingeschlagen wurde, die nicht ohne Einfluß auf den Grundcharakter der von dieser Fragestellung und Fragerichtung abhängigen Physik geblieben sei. Und (2.) daß die Frage zu beantworten noch offenbleiben müsse, welche Kräfte es seien, die die mathematisch-physikalische Erkenntnis in diese und keine andere Fragestellung und -richtung hineingedrängt haben, wobei diese Kräfte wohl kaum, und wenn, dann nur höchst bedingt, selbst mathematisch-physikalischer Natur sein könnten.

Ich werde in diesem abschließenden Kapitel der Untersuchung zeigen, daß die hier zitierten Kräfte auf ein Wesensgesetz des abendländischen Denkens zurückzuführen sind, das in dem von Nietzsche erörterten 'Willen zur Macht' bis in die unmittelbare Gegenwart hinein seinen zum Teil schon verheerenden Ausdruck gefunden hat. Bevor ich dem aber nachgehe, möchte ich noch einige Gedanken wiederholen, die wir schon erörtert haben.

So stellten wir u.a. mit einem gewissen Erstaunen fest, daß wir sowohl in der astrophysikalischen als auch in der Elementarteilchenforschung stets von Spekulationen metaphysikalischer Art ausgehen und in ebensolchen Spekulationen wieder enden. Das gleiche fiel uns auch bei den biophysikalischen Fragen auf. Wir unterstrichen in der Folge dann den offensichtlich stark hypothetischen Charakter sowohl der 'Natur'- als auch später der 'Geschichts'-Wissenschaft und damit zugleich auch die Tatsache, *daß sowohl die natur- als auch die geschichts- bzw. sozialwissenschaftliche Betrachtungsweise zu keiner Zeit schon die volle Wirklichkeit sowohl des Natur- wie des Geschichtsgeschehens zur Darstellung bringen kann,* wobei wiederum die damit verknüpften wissenschaftlichen Fragen von solchen in Bewegung gehalten werden, *die offenkundig dann nicht mehr ausschließlich wissenschaftlicher Natur sind.* Dazu gehört u.a. die Frage nach dem zentralen Motiv der mathematisch-physikalischen Naturwissenschaft, die die Natur eben nicht beschreibt und erklärt, so wie sie 'an sich' ist, sondern sich gerade heute der

Tatsache bewußt ist bzw. allmählich sich der Tatsache bewußt wird, daß ein Wechselspiel zwischen der Natur des Naturwissenschaftlers und dem Naturwissenschaftler in *einer bestimmten Beobachtersituation stattfindet,* in der die Natur, will sagen: die natura naturans, der Fragestellung und Methode des Naturwissenschaftlers *ausgesetzt wird,* um sie sich *verfügbar zu machen* und auch unter ständiger *Verfügbarkeit zu halten.*

Das gilt erst recht, wenn wir dem Ziel des mathematisch-physikalisch formulierten Grundprinzips folgen sollen, da durch diese Zielvorstellung bereits eine *fundamentale Einschränkung* gegenüber dem unendlichen Reichtum der natura naturans erfolgt, die, kaum einmal in die Welt gesetzt, offensichtlich nicht wieder rückgängig gemacht werden kann.

In jedem Falle, so haben wir gesagt, schöpfen die mathematisch-physikalischen Naturgesetze – und um sie allein geht es uns hier – die Natur nicht aus. Denn, so sagte ich, nicht was wirklich ist, sagen uns die Naturgesetze, sondern nur das, was unter den vorgegebenen methodischen Bedingungen möglich ist; sie stecken mit anderen Worten lediglich den Spielraum für das ab, was der Fall sein kann, aber nicht notwendig schon der Fall sein muß. In diesem Sinne verstehe ich auch die 'Logik der Forschung' von Karl Popper, die die ewige Fehlbarkeit und ständige Vorläufigkeit unseres Wissens lehrt. Mehr noch: Eine aus der Wirklichkeit gewonnene wissenschaftliche Aussage – und das gilt auch für die geschichts- bzw. sozialwissenschaftliche Forschung – ist von dem Zeitpunkt an völlig untauglich, sobald sich eine widersprechende Tatsache oder ein logischer Fehler im vorgezeichneten Konzept gezeigt hat; sobald dies eintritt, ist ihre Falschheit erwiesen, ist sie falsifiziert. Infolgedessen lehrt die 'Logik der Forschung' Poppers, daß es keine Wahrheit, sondern nur ständige Widerlegungen von Irrtümern in der Forschung gibt. So läßt sich auch niemals beweisen, ob eine Erkenntnis wahr ist; denn zu keinem Zeitpunkt sind widersprechende Erfahrungen und andere gedankliche Erklärungen auszuschließen. Was sich demgegenüber aber beweisen läßt, ist: daß eine natur- bzw. geschichtswissenschaftliche Erklärung falsch ist; ist sie es nicht, kann an ihr auch so lange festgehalten werden, bis ihre Falschheit erwiesen wird. Das aber heißt, daß es auch kein ehernes Grundgesetz der Geschichte gibt, die Geschichte also keine Sinn mit sich führt, den wir wissenschaftlich überhaupt dingfest machen könnten und wir demzufolge auch keine gesellschaftlichen Entwicklungen, wie häufig sozialwissenschaftlich vertreten, voraussagen können. Keine Theorie kann Endgültigkeit beanspruchen; sie liefert immer nur vorläufige Formulierungen und Hypothesen, die in kritischer Diskussion ständig überprüft und verbessert werden müssen. Gleichwohl bleibt aber auch jetzt nicht weniger wichtig, darauf hinzuweisen, daß sowohl die natur-, als auch die geschichts- bzw. gesellschaftswissenschaftlichen Annahmen *An*-nahmen über eine *zuvor* bereits vergegenständlichte Natur bzw. Geschichte sind, die der Bearbeitung durch die Wissenschaft *von* der Natur bzw. *von* der Geschichte *unterworfen werden.*

Auf diesen *Unterwerfungscharakter der neuzeitlichen Wissenschaft,* zu dem nach meinem Verständnis auch die 'Jahrhundertphysik' Heisenbergs gehört, möchte ich infolgedessen in diesem Kapitel noch einmal zurückkommen. Denn diesem Unterwerfungscharakter der neuzeitlichen Wissenschaft ist die *Uniformierung*, die *Funktionalisierung*, die *Subjekt-Objekt-Polarisierung*, die *Berechnung*, *Durchsetzung* und *Herrschaft*, die *Herstellung* und *Bearbeitung der Natur und der Geschichte* eigen, wobei dieser *Unterwerfungscharakter* seinerseits offenkundig, wie Heidegger gezeigt hat, auf das schon zitierte Wesensgesetz des *abendländischen Seinsgeschicks* zurückgeht, in dem sich eine permanente Ermächtigung der Macht zu ihrer Übermächtigung vollzieht, dessen Opfer wir offensichtlich heute sind.

## 2.

Ich habe schon darauf hingewiesen, daß auch nach dem heute bestehenden Erkenntnis*ideal* vornehmlich der Naturwissenschaft stets nur das als gesichert gilt, was meßbar und zu messen möglich ist, so daß letzten Endes über das, was man *nicht messen und nicht berechnen kann,* geschwiegen werden muß. Dabei verstehen wir mit Heidegger das 'Berechnen' wieder nicht in dem meist gebräuchlichen und verengten Sinne von Operieren mit Zahlen, sondern sehen darin alle Vergegenständlichungsversuche der Wissenschaft, in denen es, einschließlich der Geschichts- bzw. Sozialwissenschaft, um ein 'Rechnen mit', ein 'in Betracht ziehen', 'auf etwas rechnen', das heißt 'in Erwartung stellen' geht: mag diese nun »kausalerklärend den Erfolgen von Ursachen nachsetzen, mag sie sich morphologisch über die Gegenstände ins Bild setzen, mag sie einen Folge- und Ordnungszusammenhang in seinen Gründen sicherstellen« – in jedem Falle geht es um ein »Rechnen, das überall den Ausgleich von Ordnungsbeziehungen und Gleichungen *in ihre Erwartung stellt.*« In diesem Sinne stellt das Mathematische schon eine bestimmte Aneignungsform nicht nur der 'Natur', sondern auch der 'Geschichte' dar, *über die verfügt werden soll*, die aber vor allen Dingen in diesem Sinne

»berechenbar« sein bzw. berechenbar gemacht werden soll, um sich auf sie *dauerhaft verlassen zu können.*

Das aber setzt voraus, daß sowohl die 'Natur' als auch die 'Geschichte' *zuvor* zu jeweils *berechenbaren Objekten* eines wissenschaftlichen Aneignungsprozesses ge-*macht* und insoweit auch den Perspektiven des neuzeitlichen *Macht*willens unterworfen werden können. Indem sie auf diese Weise beide aber dem Unterwerfungswillen *verfügbar gemacht* werden, werden sie vor allem unter dem Absolutheitsanspruch des neuzeitlichen Menschen, d.i. des homo faber und seiner omnipotenten Zielsetzung *funktionsfähig gemacht,* was im Blick auf die Geschichts- bzw. Sozialwissenschaft heißt: die 'Geschichte' »bewältigt« zu haben bzw. endgültig bewältigen zu können, was immer das im einzelnen heißt. Am Ende werden sowohl die 'Natur' als auch die 'Geschichte' *beliebig herstellbar, bearbeitbar* bzw. zum *beliebig verfügbaren Material,* d.h. *Bestand der menschlichen Arbeitskraft* und insofern schließlich auch zum *Verbrauchs-* und *Tauschwert der real-kapitalistischen wie real-sozialistischen Produktionsweise* definiert, wobei heute offensichtlich beiden Gesellschaften zu Bewußtsein kommt, daß diesen 'Mechanismen' natürliche Grenzen gesetzt sind. Bis dahin jedoch hängt die Formbestimmtheit sowohl der 'Natur' als auch der 'Geschichte' von jenem neuzeitlichen Paradigma eines Seins- bzw. Wirklichkeitsverständnisses ab, das alles das, was ist bzw. sich 'zeigt', in die *totale Verfügungsgewalt* der *industriell-wissenschaftlich-technischen Machtsicherung* zwingt.

Dem voraus geht der neuzeitliche Vergegenständlichungswille des erkennenden, handelnden und wertsetzenden Menschen, der sich gegenüber der 'Natur' und der 'Geschichte' be-*wahrheitet.*

Das aber heißt, daß im deutlichen Gegensatz zur Antike und zum Mittelalter das Verhältnis von Sein und Welt, d.i. Wirklichkeit, Sein und Denken, d.i. Bewußtsein, schließlich Sein und Wahrheit, d.i. Wissen, nicht mehr in sich und um ihrer selbst willen, sondern bezogen allein auf die Erkenntnis des Menschen fragwürdig ist, des Menschen, der sich in seinem neuzeitlichen Selbstbewußtseinswillen heute so weit abzusichern versucht, daß er alles und jedes, dessen er 'hab'-haft werden kann, *unter seinen grenzenlosen Machtwillen zwingt.*

Mit dieser Fundierungsbewegung der neuzeitlichen Wissenschaft, darauf haben wir im 1. Teil wie auch im 2. Teil dieser Untersuchung schon abgehoben, ist der Name Descartes aufs Engste verbunden. Seine Philosophie stellt eine Antwort auf die bereits von der griechischen Metaphysik gestellte Frage dar: welches das Sein des Seienden ist, das im Sinne des ens certum das wahrhaftige Sein für das Ganze des Seins ist. Sie lautet: die Gewißheit des Selbstbewußtseinswillens, die damit auf jenen 'archimedischen Punkt' abhebt, von dem aus und zu dem hin die Welt in ihren gesamten Wirklichkeitsbezügen »klar« und »sicher« erkannt werden soll.

Mit dieser Antwort wurde der Mensch in den Bereich der Subjektivität im Sinne jenes schon zitierten *Bemächtigungswillens der Welt* gerückt, der, folgen wir weiter Descartes, inzwischen zur *maß*-gebenden und *wert*-setzenden Form der Wahrheit wurde.

Gemäß der Definition des Seins als Selbstbewußtseinswille sind dann die Gehalte des Bewußtseins selbst bloß noch Modifikationen des Bewußtseins: das 'Ich' als die unmittelbare, nicht bloß durch die Adäquationswahrheit vermittelte Identität. Das 'Ich' als reines Denken und das 'Ich' als reines 'Sein' liefert schließlich, zur Substanz hypostasiert, den konstruktiven Aufbau und damit die Wiedergewinnung der im Glaubenszweifel zerdachten neuzeitlichen Welt: als Festigung und Sicherung des 'Ganzen', einschließlich des geschichtlich-gesellschaftlichen Wandels. Da sich das Selbstbewußtsein im Anspruch des ihn leitenden neuzeitlichen Machtwillens *finden will,* spricht es sich schließlich auch sein Urteil über sich selbst aus, so daß sich die darin jetzt endgültig zum Zuge kommende Metaphysik des Subjektivismus – und zwar in Fortführung ihrer aristotelischen Tradition – mit jenem *Machtwillen* verbindet, der in Nietzsches *Übermenschen* dann seine adäquate anthropologische Kennzeichnung gefunden hat. Mit anderen Worten: Der Wille zum Fortschritt der wissenschaftlich-technischen Industriegesellschaft ist, folgen wir der Linie Aristoteles – Descartes – Nietzsche – der Ausdruck jenes einzigartigen Machtwillens, der sich inzwischen zu seinem eigenen Prinzip ermächtigt hat, indem er in der ewigen Wiederkehr des Gleichen stets nur noch sich selbst will, um schließlich auch noch die 'Zukunft', d.i. die zukünftige Zeit als »Größe«, ständig verfügbar zu machen bzw. ständig zur Verfügung zu halten.

Dieser in der Tat unheimliche Vorgang erfährt vornehmlich unter dem Pathos des industriell-wissenschaftlich-technischen Fortschritts, unter Beiziehung entsprechender Zitate u.a. aus der 'Jahrhundertphysik Heisenbergs' heute geradezu eine ideologische Verklärung. Er wäre aber undenkbar ohne die dualistische Metaphysik und die davon abgeleitete Anthropologie Descartes, die jene »Rationalisierung der Zeitlichkeit« zum Ausdruck bringt, über die weder in der Natur-, noch gar in der Geschichts- bzw. Sozialwissenschaft entschieden genug nachgedacht wird. In der cartesianischen Metaphysik werden, um auch das zu unterstreichen, zwei Substanzen mit entgegengesetzten Attributen bestimmt, wobei die eine von ihnen, die ausgedehnte, den Gegenstand der reinen Mathematik ausmacht, mit deren Hilfe die nun schon mehrfach zitierte metaphysische Daseinsgewißheit gewonnen wird. Mit diesem ganz wesentlichen, von Descartes vollzogenen Schritt, verfestigte sich dann die uns jetzt nun schon vertraute mathematisch-physikalische Erkenntnisweise zur *maß*-gebenden Erkenntnisweise für die Selbstauslegung des menschlichen Daseins, so daß, was wir schon wissen, von der mathematisch-physikalischen Erkenntnisweise, aufgrund ihrer rein geist-ideellen Wesenheit, schließlich die welthafte Repräsentation der Wahrheit schlechthin übernommen wurde.

Wenn ich von der anderen Seite aus den gleichen Vorgang zu begreifen versuche, dann besteht, wieder anthropologisch formuliert, jetzt die Substanz des Menschen im Denken des Selbstbewußtseinswillens, von dem aus und zu dem hin die sich ihm gegenüberstehende Gegenstandswelt durch ebenden Plausibilitätsgrund der Mathematik bzw. des Mathematischen begriffen wird, da nur sie, wie wir inzwischen auch schon wissen, eine 'sichere' und 'klare', in jedem Falle aber jederzeit 'berechenbare' Erkenntnis garantiert. Damit aber wurde der Mensch als subiectum noch einmal zur herausgehobenen Bezugsmitte des Seienden im Ganzen verfestigt, von der her auch das Sein, die Seiendheit des Seienden, »als Vorgestelltheit des (jederzeit) Herstell- und Erklärbaren begriffen« wurde und auch weiterhin begriffen wird.[160]

Entscheidend ist, daß dieser gerade eben beschriebene *methodisch gesicherte »Weg zur Wahrheit«* das von Anfang an *Macht*-bezogene Denken *über* die 'Natur und Geschichte' und das berechnende Vorgehen *gegen sie* heraufführte und so erst die Möglichkeit sowohl der Natur- als auch der Geschichts- bzw. Sozialwissenschaft und ihre Fortschrittsideologie schuf. Der Begriff des cartesischen Satzes, der als 'Grundprinzip' und 'erste Gewißheit' ge-*setzt* ist, wurde nach dem Willensprinzip der uns heute bewegenden Neuzeit schließlich verdrängt, um dann keineswegs mehr als sogenannte »unbewiesene Voraussetzung«, sondern als unbezweifelbarer Vorrang des von Anfang an maß-gebenden Willens angesehen zu werden: des Seienden im Ganzen wirklich gewiß zu werden und sich seiner auch ständig weiter noch zu vergewissern.

Immer wieder beginnt und endet so die Fundierungsbewegung der neuzeitlichen Wissenschaft *im* menschlichen Subjekt und seinem Bewußtseinswillen, so daß sich in der Tat, wie Heisenberg schrieb, auch in der Quantenphysik der

Mensch immer nur wieder selbst begegnet. Denn die Welt und deren Wahrheit werden hier nur immer wieder nach dem Maß des neuzeitlichen Menschen bestimmt, der auf dem Wege der Methode, genauer: ihres *Vorrangs*, die Welt durch die Wissenschaft *ausmißt* bzw. *bemißt*, *auslotet* bzw. *kalkuliert*, um dem Menschen so zu seiner ungeahnten Machtentfaltung zu verhelfen.

Sein Daseinsvollzug hat sich damit *vorrangig* zum Wissen-Wollen des letzten Endes (jedenfalls vom Anspruch her gesehen) über sich selbst verfügenden Subjekts vom Wahrheitsanspruch etwa der christlichen Verkündigung abgesetzt und in eine Welt hinausbegeben, die ihres eigenen, bislang noch nicht herausprozessierten Geschichtsgrundes »habhaft« zu werden versucht.

Diese 'neue' Welt, die Welt der Neuzeit, folgte, um auch das noch einmal zu unterstreichen, einer Bestimmung der Wahrheit dessen, was ist, im Sinne der Gewißheit und jener von uns jetzt endgültig herausgestellten Unterwerfung der gesamten habhaften Gegenstandswelt, einschließlich des Menschen, seiner Vergangenheit wie seiner Zukunft. Mit Descartes kam die Welt so in den Zugriff der wissen-wollenden Gewaltsamkeit des vorausplanenden Menschen, der alles das, was ist, jetzt vor und auf sich zurückstellt, sich aber andererseits in der die Welt verändernden Dynamik dieser Welt-*ausmessung* und *-rechnung* gezwungen sieht, 'Grundsätze des Denkens' aufzustellen, um sich vor dem nicht voraussehbaren Geschick zu sichern und in das Gefüge seiner Metaphysik der Subjektivität endgültig hineinzunehmen.

Es war vor allem Nietzsche, der der gelehrten Welt seiner Zeit und uns zu Bewußtsein brachte, daß wir Menschen es selbst sind, die der Welt außerhalb von uns permanent »ästhetische Menschlichkeiten« antragen, die Welt uns also vermenschlichen, indem wir sie uns so oder so 'entwerfen' oder 'entworfen' denken, um sie von einem solchen Entwurf her dann auch zu »verstehen«, ja zu »begreifen«. In unserem ständigen Streben, so Nietzsche, nach 'Wahrheit', 'Gewißheit' und 'Sicherheit' im Erkennen von Natur und Geschichte versuchen wir unentwegt, seit undenklichen Zeiten, die Welt nach unseren ästhetischen und moralischen Urteilen zu bewerten und uns darauf letzten Endes dann auch einzustellen. Was wir uns fast schon aus Bequemlichkeit kaum mehr vergegenwärtigen, ist dann die Tatsache: daß wir es einst waren und nach wie vor sind, die unseren Denk- und Verhaltensstil in die Welt, in das, was wir gemeinhin Natur und Geschichte nennen, *hineinprojeziert* haben, um am Ende dann wieder unser Erstaunen darüber zu zeigen, daß weder die Natur noch die Geschichte den von *uns* verfolgten

Vorstellungen wirklich und dauerhaft entspricht. Immer wieder zwingen wir die Natur und Geschichte unter *unsere* Botmäßigkeit, ohne uns bewußt zu machen, daß wir im Grunde damit gegen Windmühlenflügel ankämpfen: denn sowohl die Natur (die natura naturans) als auch die Geschichte (in ihrer Ur-sprünglichkeit) entziehen sich in Wahrheit gerade diesen Versuchen, so daß Nietzsche formulieren konnte: daß die Welt, die wirkliche Lebenswelt, am Gelingen des menschlichen Daseins völlig uninteressiert ist. Das aber heißt selbstverständlich auch, daß sich die Kategorien, mit denen der Wissenschaftler die Welt anzusprechen und zu begreifen versucht, bei näherem Hinsehen als paradigmatische Anthropomorphismen, kurzum: als alles überwältigende Projektionen unseres Machtwillens im Unfaßlichen des Weltganzen, in dem wir leben, erweisen. Das aber heißt dann auch, daß immer dann, wenn die Grundverfassung der »objektiven Welt« heute überhaupt noch be-»greifbar« werden soll, wir im Grunde auf uns selbst zurückgeworfen sind, auf unser subjektives Vermögen oder Unvermögen, die Welt, ihre Wirklichkeit und ihre Wahrheit verstehen und begreifen zu wollen. *Wir selbst begegnen uns so ständig in unserer eigenen machtbesessenen Wahrheit wie in einem Spiegel, ohne daß wir bisher begreifen, daß wir es selbst sind, die sich ständig selbst bespiegeln. Wir Menschen und nur wir Menschen sind es, die alles das, was wir in Natur und Geschichte als 'Realität' zu begreifen versuchen, auf das von uns aus praktischen Erwägungen heraus formulierte Gesetz der Identität und des Widerspruchs und schließlich damit auf eine Ordnung festzulegen bemüht sind, um gegen alle durchaus »objektiven« Widerstände doch noch das Ziel zu erreichen: die stets wandelnde Welt zum Bleibenden hin sicherzustellen und dingfest zu machen.* Nietzsche konnte gerade in der 'Fröhlichen Wissenschaft' zeigen, daß unter dem Schlachtruf »Wissen ist Macht« sowohl die Natur als auch die Geschichte permanent nicht nur von den Politikern, sondern auch und erst recht von den Wissenschaftlern besiegt wird, indem sie die dem menschlichen Da-sein eigentümliche Zeitlichkeit permanent rationalisieren und damit zugleich einem Schema *unterwerfen*, das dieses Dasein eindimensionalisiert und damit seiner Lebensvielfalt *beraubt*. Dieser Rationalisierung der dem Menschen eigentümlichen Zeitlichkeit und der damit aufs Engste verbundenen Eindimensionalisierung der Wirklichkeit fällt dabei die Aufgabe der von uns schon erörterten »Erzeugung« von natur- und geschichts- bzw. sozialwissenschaftlichen Tatsachen zu, wobei uns häufig gar nicht mehr in den Sinn kommt, daß diese Tatsachen selbstverständlich stets nur in bezug auf den in diesem Sinne Wissenschaft betreibenden Menschen gelten können.

Es war aber auch Nietzsche, der seine Zeitgenossen und uns über Beobachtungen und Analysen hinaus ständig darauf hingewiesen hat, daß die von den Wissenschaften so lautstark beschworenen 'Gesetzmäßigkeiten' und 'Prozesse' sich unter einer merkwürdigen »Triebökonomie der Arterhaltung« vollziehen, für die Nietzsche aber nun nicht mehr nur den einzelnen Menschen, sondern sein Gesamtschicksal verantwortlich machte, unter dem sich auch das einzelne Schicksal mit geradezu eherner Notwendigkeit vollzieht. Dieses Schicksal sah Nietzsche unter der Grundperspektive des Willens zur Macht in der ewigen Wiederkehr des Gleichen sich vollziehen, wobei diese Grundperspektive eine – wenn in der Tat uns heute auch alle beherrschende – Perspektive zum Ausdruck bringt, die – so Nietzsche – durchaus auch noch andere Möglichkeiten in sich berge, diese aber bisher nicht freigesetzt habe, so daß wir über unsere Zukunft auch nur vage Vermutungen anstellen könnten.

*3.*

Thema des 2. Teils dieser Untersuchung war die Herausstellung des *durchgängigen Unterwerfungscharakters der neuzeitlichen Natur- wie Geschichts- bzw. Sozialwissenschaft.* Dieser Unterwerfungscharakter ist, wie gezeigt, begründet in der durchgängigen Funktionalisierung, der Subjekt-Objekt-Polarisierung, der Berechnung, des Durchsetzungsvermögens und der Herrschaft, der Herstellung und Bearbeitung: sowohl der Natur als auch der Geschichte, wobei der genannte Unterwerfungscharakter auf ebendieses, im vorigen Abschnitt erneut herausgestelltes Wesensgesetz des vornehmlich *europäischen Seinsgeschicks,* des Willens zur Macht in der ewigen Wiederkehr des Gleichen in dem von Nietzsche erörterten Sinne, zurückgeht: in dem sich eine permanente Ermächtigung der Macht zu ihrer derzeitigen Übermächtigung vollzieht, ohne daß dies von der 'Jahrhundertphysik' Heisenbergs oder von der gegenwärtigen Geschichts- bzw. Sozialwissenschaft in ausreichendem Maße wahrgenommen, geschweige reflektiert wird. Dabei geht es, folgen wir jetzt wieder Heidegger, darum, diesen Machtwillen *aus der Grundbewegung vornehmlich des europäischen Denkens heraus* zu begreifen. Danach ist sowohl die Natur- als auch die Geschichts- bzw. Sozialwissenschaft eine *Gestalt dieses Machtwillens,* in der die Natur (die natura naturans) und die Geschichtlichkeit der Geschichte der Wissenschaft ausgeliefert wurden.

Geleitet von diesem Machtwillen operiert insbesondere wiederum die neuzeitliche mathematisch-physikalische Naturerkenntnis, wie wir jetzt längst wissen, mit einer Idee von der Natur, die sie ausschließlich unter mathematisch-physikalischen Gesichtspunkten zu be-»greifen« versucht, d.h. mit Hilfe eines vorausberechenbaren Zusammenhangs von Kräften, die in überschaubaren Folgen zur Darstellung gebracht werden. Diese mathematisch-physikalische Erkenntnis vertraut darauf, daß die Natur *einfach*, um nicht zu sagen: *einförmig* ist, stets *ein ehrliches Spiel* mit ihr treibt und *sich unter gleichen Bedingungen auch immer wieder an die gleichen Gesetze hält.* Insoweit geht die mathematisch-physikalische Erkenntnis davon aus, daß sie sich auf die so von ihr vorgestellte Natur auch ständig *verlassen kann.* Zu Ende gedacht heißt das, daß sich die mathematisch-physikalische Erkenntnis die Natur als ein mehr oder weniger in sich harmonisches, in jeder Hinsicht aber *berechenbares technisches Gebilde* vorstellt, sozialökonomisch als einen Gebrauchs- und Tauschwert, als eine Ware, die schließlich den gesellschaftlichen Verwertungsbedingungen und -mechanismen anheimgegeben ist: ohne daß die Wissenschaft ihrerseits jetzt noch nach den sozialen, ökonomischen und politischen Regeln und Mechanismen fragt, die die Natur, die natura naturans, permanent eben zu diesem 'Gebrauchs- bzw. Tauschwert', zur 'Ware' *de*-naturiert, wir können auch sagen: *herabgewürdigt* hat.

Es war Heidegger, der nicht zuletzt den heutigen Naturwissenschaftlern, insbesondere Heisenberg, immer wieder zu Bewußtsein zu bringen versuchte, daß in dieser Entwicklung das Wesen der Natur, ja auch die Geschichte zu ärmlich und zu unbedeutend angesetzt wurde und nach wie vor angesetzt wird, wobei sowohl die Natur als auch die Geschichte durch ebendiese *vereinseitigte Erkenntnisweise* permanent vergewaltigt und ihrer Eigenart beraubt, schließlich zu einem bloßen Bestand für die industriell-wissenschaftlich-technische Bearbeitung und Herrschaft zugerichtet wurde und nach wie vor auch noch zugerichtet wird; eine Entwicklung, die, wenn sie nicht ernst genommen wird, zu einer ökologischen Katastrophe unabsehbaren Ausmaßes führen muß. Denn was das industriell-wissenschaftlich-technische Denken und seine konkrete alltägliche Praxis bislang geflissentlich übersahen und immer noch übersehen, ist die heute wohl kaum noch zu leugnende Tatsache: daß auch zu dieser Denkpraxis stets schon ein *Mehr* an Sein gehört als dieses *ein*-seitige Denken zu begreifen in der Lage ist. Heidegger klagte damit nicht die Wissenschaft als solche an, sondern nur die heute vorherrschende spezifische Besinnungslosigkeit ihrer Betreiber im Hinblick auf das, was sie tagtäglich tut bzw. anrichtet. So fragte Heidegger ständig: Was geschieht, wenn wir weiterhin die Wissenschaft – und hier dachte er vornehmlich an die Naturwissenschaft – unkontrolliert sich selbst überlassen? Antwort: Nichts Geringeres als die Selbstzerstörung des Fundaments, auf dem die Existenz des Menschen beruht. Aufgrund welcher Voraussetzungen geschieht das?, so fragte Heidegger weiter. Antwort: Weil der neuzeitliche Mensch vor allem sich nicht zuletzt in der Wissenschaft selbst ständig als das *maß*-gebende Subjekt ansetzt, für das das erforschbare Seiende, alle Dinge – ja nicht nur alle Dinge, sondern in erster Linie die Erde selbst und der Himmel, die Menschen und die Götter – zu ausschließlich industriell-wissenschaftlich-technischen Produkten der macht- bzw. profitgierigen industriell-wissenschaftlich-technischen Verwertungsgesellschaft eingesetzt werden, ohne daß ihn heute offensichtlich noch irgendeine andere Macht daran hindern könnte.

Sehen wir noch einmal für wenige Augenblicke von der Geschichte ab, dann gewinnt eine Meldung wie diese, daß der Superbeschleuniger HERA jetzt für die 'Weltformel' bereitstünde bzw. »einsatzfähig« sei, eine geradezu erschreckende Bedeutung. In fünf Jahren, so heißt es, sollen durch diesen Tunnel kleinste Atomteilchen, Protonen und Elektronen gejagt werden, die von riesigen, auf der Bahnlänge verteilten Magneten auf Geschwindigkeit nahe der maximal erreichbaren Lichtgeschwindigkeit gebracht werden. Von der Kollision dieser Teilchen erhoffen sich die Physiker schließlich mehr Aufschlüsse über die elementaren Bausteine der Materie als bisher.

Die Frage stellt sich, ob wir hier heute nicht mit Kanonen, d.h. den riesigen Beschleunigerringen, auf Spatzen schießen oder, was die Dimension noch eher trifft: mit Interkontinentalraketen auf Mücken, ohne daß noch einsichtig gemacht werden kann, warum noch herausgefunden werden muß, ob es im Atomkern nicht doch noch das vermutete sechste Quark gibt.

Gerade an diesem Beispiel läßt sich überzeugend zeigen, in welchem Maße sich die heutige Wissenschaft – auch die neue 'Jahrhundertphysik' – von der Aufgabe gelöst hat, die Eingebundenheit des Menschen in die Natur und den Kosmos zu erkennen. Stattdessen hat sie die geradezu verhängnisvolle Funktion übernommen, in der Natur, wie ich in den vorangegangenen Kapiteln aufzeigte, die Ansatzpunkte für ihre industriell-technische Beherrschung zu finden, der letztlich auch die 'Weltformel', von der Heisenberg zum Ende seines grandiosen Forscherlebens sprach, dienen sollte. Diese Formel sollte zusammenfassen, nach welchen Grundgesetzen die elementaren Teilchen in Wechselwirkung zueinander stehen. Wenn es zutrifft, daß in der Tat Wissen Macht ist, und auf dieses Thema komme ich im nächsten Abschnitt noch einmal zurück, dann wäre, wenn diese Weltformel glückte, diese Weltformel notabene der theoretische Schlüssel zur *Weltphysikerherrschaft*: von der Atomphysik über die Chemie, die Biologie bis hin zur Astronomie – vorausgesetzt natürlich, die 'Weltformel' wäre wirklich umfassend und die Teilchen, auf die sie sich bezieht, wären wirklich die letzten Teilchen – und vorausgesetzt, daß sich natürliche Zusammenhänge mit dem streng logischen und hierarchisch orientierten Denken überhaupt erfassen lassen. Noch aber beunruhigt die Physik eher jene schon erwähnte Tatsache, daß bisher nicht alle vorausgesagten sechs unterschiedlichen Quarks nachgewiesen werden konnten. Folglich wird auf die Auffindung dieses Teilchens inzwischen ein wahrhaft beachtlicher Preis in Form von Milliardenbeträgen ausgesetzt, wobei bei der internationalen Fahndung nach diesem und anderen Teilchen die Formel zum Erfolg denkbar einfach ist: Je größer der Bescheunigerring, desto größer die Energie der aufeinanderprallenden Teilchen, desto größer die Wahrscheinlichkeit, bisher noch nicht dingfest gemachte Teilchen auffinden zu können.

Heidegger wurde daher – gerade in seinem Dialog mit Heisenberg – nicht müde, darauf hinzuweisen, daß sich die heutige Welt der Mathematiker und Physiker dadurch auszeichne, daß sie die Natur in einer seltsamen *Seinsblindheit* nicht mehr *sein lassen,* so daß sie heute auch keinen eigentlichen Zugang mehr zur wirklichen, nicht mathematisch-physikalisch verstandenen Welt hätten. Zugänglich seien nur noch die Berechenbarkeit und der Effekt, so daß, nach den Worten Heideggers, Heisenberg zu guter Letzt auch noch etwas völlig Unhaltbares angesichts dieser Situation versucht habe, nämlich zu zeigen, daß das, worauf die Physik heute hinaussteuere, dem Urphänomen Goethes oder den platonischen Ideen entspreche. Daß eine mathematische Formel, betont Heidegger, auch wenn sie noch so einfach sein sollte, etwas grundsätzlich anderes sei, als Goethes Urphänomen, das hätte Heisenberg dabei völlig übersehen, wenn nicht völlig mißverstanden. Die Not Heisenbergs sei im Blick auf den angesprochenen Weltbezug daher auch weit größer gewesen als viele seiner Adepten heute anzunehmen gewillt seien. Diese Adepten koppelten daher ihre Wissenschaft jetzt mit ihrem jeweiligen Glauben zusammen[161], andere wieder, so darf ich gleich ergänzen, identifizieren sie – wie Capra – mit den Grundeinsichten des Zen-Buddhismus, ohne sich aber noch viel darum zu scheren, daß die Atomphysik in einem geradezu grenzenlosen

Machtanspruch die Natur und damit den Menschen überrennt und gerade *nicht* zu seiner Selbstbefreiung führt.

## 4.

Ich habe in dieser Untersuchung immer wieder aufzuzeigen versucht: Der neuzeitliche Mensch erschafft sich *unter dem Diktat des Willens zur Macht* heute seine eigene neue Welt, seinen eigenen neuen Menschen und seinen eigenen neuen Gott, wobei zuzugeben ist, daß gerade dies bisher seine größte Selbstlosigkeit war. Aufgrund dieser Selbstlosigkeit bewunderte und betete er sich an, ohne sich schließlich noch der Tatsache bewußt zu sein, daß er es war und ist, der sich seine Natur und seine Geschichte schuf bzw. heute weiter schafft, um sich seiner eigenen grenzenlosen Bewunderung anheimzugeben. Das heißt aber noch konkreter gefaßt: Nicht Gott ist das ens creatum, sondern allein wir sind es, die die Welt, in der wir leben, schaffen, permanent neu schaffen – und damit auch und erst recht die jetzigen Zustände und Verhältnisse. Dabei bleibt es unsere Aufgabe, ständig weiter darüber nachzudenken, wie dieser Weltzustand noch weiter verbessert werden kann und wie vornehmlich die Erziehungsanforderungen an den Menschen beschaffen sein müssen, um sowohl die Natur als auch die Geschichte noch besser in der Griff bekommen zu können, um am Ende nicht doch noch vor dem Gemachten in die Knie gehen zu müssen. Denn eines wissen wir heute schon: wo diese Utopie des homo faber an Kraft verliert, greift eine völlig neue Angst um sich – die vor der selbstgemachten Geschichte und der Natur[162]. Diese Angst steigt, wie wir heute verfolgen können, inzwischen schon in dem Maße bis zur Unerträglichkeit an, in dem wir der von uns selbst hervorgebrachten Wahnwelt verfallen sind.

Wenn daher heute erneut von einer Krise der Geschichtswissenschaft gesprochen wird, die identisch mit der Krise der Geistes- und Sozialwissenschaft sei, so zeigt sich diese Krise vornehmlich darin, daß es in ihr (analog zur Naturwissenschaft) immer wieder darum geht, ihre Herrschaft *über* die Dinge und Tatsachen zur Geltung zu bringen, statt: *sie selbst sprechen zu lassen.* Die Geschichte, die Historie, soll dieser neuzeitlichen Logik entsprechend gleichwohl in jederlei Hinsicht für die verschiedensten Zwecke und Interessen, die selbstverständlich auch Moden mit einschließen, »nutzbar« und »verwertbar« gemacht werden, wobei die Geschichte vom Historiker bzw. Sozialwissenschaftler als ein historisch-gegenständlicher Prozeß, noch präziser: als ein historisch-gegenständliches Prozeßgeschehen begriffen wird, in dem sowohl der Mensch seine eigene Geschichte *macht* als auch von ihr getrieben wird, ohne daß er angeben könnte, warum er so und nicht anders vorangetrieben wird. In dieser Perspektive spiegelt sich noch einmal das neuzeitliche Verhältnis des Menschen zur geschichtlichen Wirklichkeit wider, ja in ihr kommt noch einmal seine spezifische Neugier und sein schrankenloser Herrschaftsanspruch über die Objektwelt zum Ausdruck, wie wir sie bzw. ihn schon im Hinblick auf die Heisenbergsche 'Jahrhundertphysik' verfolgen konnten. Der nächste Schritt, den wir im Grunde schon getan haben, lautet: Welche Grundbedingungen müssen gegeben sein, damit wir Menschen, insbesondere wir Wissenschaftler, überhaupt die Frage nach der Geschichte (und ich ergänze jetzt gleich noch einmal: die Frage nach der Natur) stellen können, wobei offensichtlich diese nur uns Menschen eigentümliche Möglichkeit mit Heidegger heute *weit ursprünglicher* anzusetzen ist als alle wissenschaftlichen Auseinandersetzungen mit ihr.

An dieser Stelle beziehe ich mich auf Heideggers Analytik der Geschichtlichkeit des menschlichen Da-seins, die, um gleich wieder in der Sprache von 'Sein und Zeit' zu sprechen, die existenziale Grundstruktur anspricht, aufgrund der das Dasein geschichtlich leben und demzufolge auch erst Geschichte verstehen kann. Über die Zeitigungswesen 'Vergangenheit', 'Gegenwart' und 'Zukunft' kann nach Heidegger erst das Dasein die geschichtlichen Möglichkeiten dagewesenen Daseins übernehmen und wiederholen, wobei das hier angesprochene Existenzial der Geschichtlichkeit letztendlich in der noch weit ursprünglicher zu erfahrenen Zeitlichkeit erblickt werden muß.[163]

Die in dieser Abhandlung schon häufiger zitierte *Zeitlichkeit* weist mit anderen Worten in eine Zeitdimension, die noch *vor* jeder objektiven oder subjektiven Zeitlinie liegt. Sie wird abgegrenzt gegen das uns allen vertraute Zeitverständnis, in dem sich, wenn auch auf verborgene Weise, jene von Heidegger erörterte Zeitlichkeit zeigt. Um in der traditionellen Sprache zu sprechen: Geschichtlichkeit benennt die transzendental-ontologische Struktur, die in der Zeitlichkeit gründet. Aus ihr entspringt die Weltgeschichte und die Möglichkeit, daß 'Geschichte' *wissenschaftlich* angegangen, wissenschaftlich bearbeitet und u.a. entweder national oder universalhistorisch angeeignet werden kann. Nur weil wir Menschen herausstehen *aus dem Seienden* (ek-sistieren), so steht es in 'Sein und Zeit', und zugleich *innestehen im Sein,* können wir uns überhaupt erst zu unserer eigenen Geschichtlichkeit und damit u.a. auch objektivierend zu unserer Natur und Geschichte verhalten. Dieses Faktum geht, um es gleich noch einmal zu betonen, allen uns bekannten 'Natur'- und 'Geschichts'-Interpretationen erkenntnistheoretisch wie auch durchaus praktisch *voraus* und kann demzufolge auch weder von der Marxschen Geschichtsinterpretation noch von der Heisenbergschen Naturinterpretation eingeholt oder gar überholt werden.

Dabei dürfen wir wieder den Menschen, d.h. *uns*, nicht, wie schon im Hinblick auf die naturwissenschaftliche Erkenntnis erörtert, als verabsolutiertes Subjekt interpretieren, auch nicht als eine erst vom Denken erkämpfte 'Position', von der her dann die 'Geschichte' eingeholt werden müßte. Wir haben vielmehr, wenn wir 'Sein und Zeit' folgen, jetzt endgültig zu begreifen: das Sich-befinden inmitten der Geschichte gehört a priori zur geschichtlichen Struktur unseres Daseins und ist davon nun einmal nicht abzutrennen. Diese unsere wesensmäßige Geschichtlichkeit ist mithin auch keine Qualität in dem Sinne, daß wir sie »haben«, »besitzen« oder nicht »haben« oder nicht »besitzen«; die Geschichtlichkeit ist vielmehr mit jenem »Zeitraum« identisch, *in* dem wir uns schon immer bewegen, *bevor* wir überhaupt damit beginnen, »nach der Geschichte« und »nach der Natur« zu fragen; sie selbst bleibt die einzige ratio cognoscendi für die Erkenntnis.

## *5.*

Wir können also nur nach 'Natur und Geschichte' fragen, weil wir geschichtliche Wesen sind. Sofern wir nach beidem fragen, fragen wir *kategorial*, sofern wir auf uns selbst zufragen: *existenzial.* Denn wenn wir nach 'Natur und Geschichte' fragen, taucht früher oder später selbstverständlich auch wieder die Frage auf, *wer* das ist, der hier nach der Natur und Geschichte fragt. Mehr noch: Wenn Heisenberg zu dem Schluß kommt, daß sich in der gegenwärtigen mathematisch-physikalischen Naturerkenntnis der Mensch ständig selbst begegnet, dann trifft das Gleiche aufgrund der vorherrschenden neuzeitlichen Logik selbstverständlich auch auf die Geschichts- bzw. Gesellschaftswissenschaft zu; oder anders formuliert: indem wir eine Antwort suchen auf die Frage, was 'Natur' und was 'Geschichte' von ihrem Ursprung (als vorgestellte Natur bzw. vorgestellte Geschichte) her gesehen ist, suchen wir im Grunde schon eine Antwort auf die sicher wohl aufregendste Frage zu finden: *wer wir selbst sind.*

Nachdem in der Nachfolge des deutschen Idealismus im 19. Jahrhundert ein Typus positivistischer Tatsachensammlung das Feld der Geschichtsforschung beherrschte, begann um die Jahrhundertwende im Neukantianismus Rickerts und Windelbands schon ein radikales Zurückfragen hinter den Komplex historischer Daten nach den erkenntnistheoretischen und methodischen Grundlagen historischer Erkenntnis selbst. In dem Maße jedoch, in dem eine solche Radikalisierung in der eingenommenen Fragestellung erfolgte, in dem Maße wurde auch die Frage nach dem Wesen des Menschen, der so insistierend nach der Geschichte fragt, aktuell: einmal bei Dilthey als des »Geschichtsträgers«, schließlich bei Heidegger in der Frage nach der »geschichtlichen Verfassung des menschlichen Daseins«, will sagen: der Seinsverfassung des Menschen, die es ihm erlaubt, nach der Geschichte (und der Natur) fragen zu können. Descartes ließ einst die 'Natur'-Erkenntnis als zwingende Erkenntnis gelten, so wie Vico dies dann nur für die Geistes- und darin eingeschlossen für die Geschichtswissenschaft gelten lassen wollte.

Diese bis heute geschichtsträchtige Trennung wirkte dann weiter bei Pascal: dem unendlichen Universum stehe die ganze Verlorenheit jener durch das Bewußtsein unendlich überlegenen Existenz gegenüber, so daß die Geschichte bei ihm ein Übergewicht erhielt. Nur bei Schelling und Hegel wurde noch einmal eine Synthese beider versucht. Im übrigen blieb die Trennung bis heute bestehen. Wo die Natur dann im Sinne der 'Natur'-Wissenschaft interpretiert wurde und wird, trat und tritt auch heute noch der Historismus, will sagen: das geschichtliche Bewußtsein, d.h.: das jede Erkenntnis bestimmende Bewußtsein der Gewordenheit alles dessen, was ist, hervor. Aus dieser Perspektive heraus wird für uns Heutige schließlich verständlich, daß der Mensch, durch die neuzeitliche kopernikanische Wende bzw. durch das dann folgende kopernikanische Welt- und Geschichtsbild bedingt, sich immer wieder aus dem Zentrum der Natur herausgerissen fühlte und auch heute erst recht herausgerissen fühlt: als ein mehr oder weniger zufälliges Produkt des Universums, dem er durch Hypothesen insistierend, wie wir im Kapitel 1 gesehen haben, nachfragt; die Erfahrung seiner eigenen Zufälligkeit wurde ihm dabei zum zunächst impliziten, dann aber expliziten Prinzip seines ihn jetzt leitenden Selbst- bzw. Seinsverständnisses.

Bei Nietzsche unternahm nun schließlich das inzwischen völlig selbstmächtig gewordene Subjekt gewissermaßen noch einmal den äußersten Versuch, durch einen Akt eigener Souveränität das entfremdete Universum in den geschichtlichen Horizont zurückzuholen. Die Natur in ihrer zweckfreien Unschuld, das kosmische Gesetz der ewigen Wiederkehr aller Dinge, wurde jetzt das vom menschlichen Willen, vom geschichtlichen Subjekt in seiner höchsten Gestalt »eigentlich« *Gewollte*; die Trennung der Fakultäten blieb bestehen.

Hinter der Position Nietzsche steht die als fundamental zu bezeichnende Seinserfahrung des Willens zur Macht als *die* zentrale Herausforderung, der sich, um gleich wieder auf unser Thema einzugehen, weder die mathematisch-physikalische noch die geschichtlich- bzw. sozialwissenschaftliche Erkenntnis so ohne weiteres entziehen kann wie es die Versuche namentlich der New-Age-Philosophen, allem voran Friedjof Capra, beabsichtigen. Gerade die 'Jahrhundertphysik' Heisenbergs wurde und wird ständig von diesem Machtwillen eingeholt, ist sie doch letzten Endes, wie ich von den verschiedensten Gesichtspunkten aus zu zeigen versuchte, selbst Ausdruck und Gestalt dieses fundamental wirkenden Machtwillens. Es war Heidegger, der in Auseinandersetzung mit dem Spätwerk Nietzsches zeigen konnte, daß wir alle auch dann noch diesem Willen zur Macht schicksalhaft ausgesetzt sind, wenn wir mit ihm heute das Sein in seinem nicht-metaphysischen Verständnis wenigstens erst einmal in seiner 'Morgenröte' zu begreifen versuchen.

Heidegger fragt: Ist unser heutiges wissenschaftliches Erkennen – und hierbei bezog er sich selbstverständlich auch auf die Geschichts- bzw. Sozialwissenschaft – möglicherweise in sich schon ein *Befehl*, dem gewissermaßen vom Wissenschaftler schon entsprochen wird, wenn er sich auf seinen spezifischen Erkenntnisweg begibt? Oder anders herum gefragt: Denken und handeln wir alle bewußt oder unbewußt heute schon unter einem spezifischen *Imperativ*, der gewissermaßen unabhängig von unseren Wünschen, ob wir wollen oder nicht, unterschwellig wirkt und gerade darum so mächtig ist. Dann aber wäre »nicht die (heute) vielberedete Atombombe [...] als diese besondere Tötungsmaschine (so sehr) das Tödliche«, sondern vielmehr jenes »Unbedingte des bloßen Wollens im Sinne des vorsätzlichen Sichdurchsetzens in allem«[164], d.h. also der Wille zur Macht, der seinerseits nichts weiter will als stets, d.h. *immer wiederkehrend, nur sich selbst.* Insofern ist nach Heidegger jede theoretische Erkenntnis in sich selbst heute schon industriell-wissenschaftlich-technischer Natur und die Weise, wie sich uns heute sowohl die Natur als auch die Geschichte 'zeigt': Ausdruck ebendieses Willens. Heidegger denkt diesen Grundgedanken Nietzsches, wie in den vorangegangenen Kapiteln und Abschnitten schon angedeutet, als die entscheidende Grundbewegung des europäischen Seinsgeschicks, wobei in dieser Grundbewegung Sein und Werden, Aktion und Reaktion, in einer ursprünglichen Einheit zusammengedacht, nein, bereits zusammengefügt, erfahren werden. Das heißt, wenn wir Heideggers Auslegung folgen: Nietzsche fragt entsprechend der europäischen Tradition zum einen »nach der Verfassung des Seienden«, zum anderen »nach seiner Weise zu sein« und gibt »im Blick auf das Seiende im Ganzen dabei zwei Antworten: (a) das Seiende im Ganzen *ist* Wille zur Macht und (b) das Seiende im Ganzen *ist* ewige Wiederkehr des Gleichen«, wobei diese Antworten, wie gesagt, für Heidegger zusammengehören, wörtlich: »Das Seiende im Ganzen 'ist' Wille zur Macht heißt: das Seiende als solches hat die Verfassung dessen, was Nietzsche als Wille zur Macht bestimmt«, und »das Seiende im Ganzen 'ist' ewige Wiederkehr des Gleichen heißt: das Seiende im Ganzen ist als Seiendes in der Weise der ewigen Wiederkehr des Gleichen«, mithin: »Die Bestimmung 'Wille zur Macht' gibt (uns) Antwort auf die Frage nach dem Seienden in Hinsicht auf seine Weise zu sein«; er folgt damit jener Leitfrage der europäischen Philosophie, von der auch heute noch nicht abgelassen wird.

Nach Heidegger schließt sich mit der Antwort Nietzsches nicht zuletzt jener Ring, den das griechische Denken zu Beginn seiner Frage nach dem Seienden bestimmt habe[165]: wenn auch Nietzsche die Philosophie in ihrer damaligen Gestalt keineswegs bloß wiederholte. Bei Nietzsche sei sie vielmehr jetzt in verwandelter Gestalt zum Vorschein gekommen, indem, wie schon kurz skizziert, das Seiende als Werden und das Seiende als Bestandteil jetzt in Eins zusammenschieße.[166] Das heißt: Das Sein bzw. in Nietzsches Sprachgebrauch das Leben: *ist* Wille zur Macht in der ewigen Wiederkehr des Gleichen, wobei alle Erkenntnis, also, um wieder auf unser Thema zu sprechen zu kommen, sowohl die mathematisch-physikalische als auch die historisch- bzw. sozialwissenschaftliche Erkenntnis im Dienst ebendieses Willens als *»eine einzigartige Herrschaft des Seins 'über' das Seiende im Ganzen«*[167] dahingehend zum Stehen kommt, daß es sich selbst gewissermaßen eine ständige Steigerung *verordnet* und nur so überhaupt *sein kann.*

Wenn ich damit noch einmal auf die mathematisch-physikalische Erkenntnis zu sprechen komme, dann wird auch sie in einem ursprünglich zu begreifenden Vergegenständlichungsprozeß durch diesen Machtwillen beständig vorangetrieben, so daß diese Erkenntnisform sich im Grunde auch nur ständig selbst hervorbringt, produziert und reproduziert. Um es vielleicht noch präziser zu sagen: Die hier stattfindende Produktion stellt die stetige und uns heute fast alle verschlingende Reproduktion der Macht dar, ohne daß unter dieser Perspektive heute schon für uns alle ein Ausweg, geschweige denn eine Alternative sichtbar wird. So schreibt Ekkehard Frantzki in seiner bisher leider wenig beachteten Studie über den 'mißverstandenen Marx', wie ich meine zu Recht, daß sich der Mensch in allen wichtigen Hinsichten seines Lebens heute ständig im Horizont der *Macht*-bestimmten Vergegenständlichung bewege, was für sein Schicksal deshalb so fatal sei, weil er sich damit geradezu zwanghaft in diesem Horizont bewege. Frantzki: Nur ein Wissen um das aber, was es mit diesem Vergegenständlichungsprozeß, ich darf gleich ergänzen: unter der Generalperspektive des Willens zur Macht, auf sich habe, könne den Menschen möglicherweise heute noch aus diesem Zwang befreien und das Sein selbst in seiner ungeheueren Fülle wieder zur Sprache bringen. Um dies aber tun zu können, sei daher ein ständiger Rückgang auf die Herkunft dieses Prozesses, d.h. eine Besinnung auf den innersten Wesenszug der europäischen Seinsgeschichte, will sagen: seines Seinsgeschickes vonnöten[168], in dem ganz offenkundig die alte Seinsfrage sich fast ausschließlich zur Frage nach der Machbarkeit von Natur und Geschichte mit der Folge verkehrt hat: daß nicht mehr das Sein, d.i. das Leben, *sein gelassen,* sondern jetzt einer ungeheueren, vom Willen zur Macht vorangetriebenen Vernichtungskapazität anheimgegeben wird, so daß am Ende der Mensch dann selbst zum Opfer der von ihm befürworteten aggressiven Erkenntnis wird.

*6.*

Ich habe im 2. Teil dieser Untersuchung, in der u.a. das Verschwinden des unverstellten Seins wie der Zeit zugunsten des Willens zur Macht herausgearbeitet werden sollte, gezeigt, daß bereits in Hegels Philosophie die Frage nach dem Sein vorrangig produktionstechnisch gestellt und von Marx dann folgerichtig auch »materialistisch« begriffen wurde. Die Frage, die sich damit stellt, lautet natürlich: ob sich eine Metaphysik heute überhaupt noch halten kann, wenn sie als eine vom Subjekt »produzierte« bereits durchschaut wird?[169] Ich kann auch mit Günter Seibold die Frage stellen: ob nicht spätestens dann, wenn einmal erkannt worden ist, daß unter dem neuzeitlichen Erkenntnisdiktat das Sein nicht mehr in seiner Autonomie, in seiner Eigen- und Selbstheit zur Erscheinung kommt, stattdessen zum bloßen Material der industriell-wissenschaftlich-technischen Herrschaft verdinglicht wird, im Grunde genommen schon eine 'Kehre' in »Ansätzen« sichtbar wird, die auf einen »neuen Anfang«, um wieder mit Heidegger zu sprechen, hinweist?[170] Die natürliche Natur sei dabei um vieles älter als die Natur im Sinne des Gegenstandes der neuzeitlichen Naturwissenschaft, betont Heidegger. Die Natürlichkeit der Natur, von den alten griechischen Denkern 'physis' genannt, die natura naturans, sei jenes Auf- und Untergehen im Sinne des Mondes und der Sterne, das die auf diesem Erdplaneten wohnenden Menschen unmittelbar anspräche, indem es ihnen das Geheimnisvolle der Welt zuspräche.[171] Heidegger führt deshalb die heutige *Seinsblindheit* auf die derzeitige *physis-Blindheit* zurück, die das kopernikanische Weltgebäude[172] mit der natürlichen Natur verwechselt, deren heutige Macht wir aber schon deshalb nicht unterschätzen dürften, weil sie namentlich in der Öffentlichkeit immer noch »für die eigentlich und allein Sehenden« gilt.[173] Was jedoch einige heute schon klarer sehen würden, sei die Tatsache, daß jeder menschlichen Erkenntnis bereits eine vom Menschen *nicht machbare bzw. herstellbare Lichtung bzw. Offenbarkeit dessen vorausgeht, die das Seiende,* einschließlich 'Natur' und 'Geschichte', *in dem bestimmt, was es ist und wie es sich uns 'zeigt'* – so heute, wie ich in dieser Untersuchung deutlich zu machen versuchte, vorrangig »im Licht und im Schatten der Metaphysik des Willens zur Macht.«[174]

Wir können auch sagen: Sowohl die 'Natur'-Wissenschaft als auch die 'Geschichts'- bzw. 'Sozial'-Wissenschaft vollziehen ihre Forschungen, trotz der Einsprüche der New-Age-Philosophen, heute immer noch im Rahmen des »blicklosen Rechnens«, dem sich das Heideggersche Denken aber widersetzt, indem es in geradezu manischer Weise ein An-Denken an das Zeitsein versucht, will sagen: an jene unverfügbare Wahrheit und Offenbarkeit des Zeitseins, dem sich bisher noch jedes Denken »verdankt, d.h. hinnehmend ausgesetzt bleibt«[175], ohne daß es sich dieser Tatsache ständig bewußt geblieben ist.

Auch in Zukunft wird die Wissenschaft notwendigerweise weiterhin in den Kategorien der Berechenbarkeit handeln müssen, um ihre Aufgabe: Natur und Geschichte beherrschbar zu machen, erfüllen zu können. Eine Sprache aber, die sich der darin zum Ausdruck kommenden Willensmetaphysik zu entziehen versucht, fragt *weit ursprünglicher* noch als die notwendigerweise *eingeschränkte* wissenschaftliche Sprache dem Bereich bzw. der Dimension nach, die u.a. auch die wissenschaftliche Sprache trägt. Diese offenbart sich heute immer noch als die des Willens zur Macht. Dieser Wille zur Macht beherrscht, wie nun schon mehrfach betont, nach wie vor den Menschen der Gegenwart, einschließlich den Wissenschaftler und saugt ihn, wie Heidegger in einem Festbeitrag für Ernst Jünger schrieb, dermaßen aus, daß er (wie Heisenberg) »meinen kann, er begegne nur noch sich selbst. In Wahrheit jedoch ist [...] (das hier von Heisenberg bezeichnete) Selbst nichts anderes mehr als der Verbrauch seiner Ek-sistenz in die Herrschaft dessen«, was Ernst Jünger den totalen Arbeitscharakter genannt hat[176] und in dem sich wiederum das Anwachsen des unbedingten Machtwillens manifestiert. Heidegger: »In der Schrift 'Über die Linie' nennen Sie als ein Hauptkennzeichen der nihilistischen Strömungen (der Gegenwart) 'die Reduktion' [...] Was sagt dies anderes als: die Bewegung zum Immerweniger an Fülle und an Ursprünglichem innerhalb des Seienden im Ganzen wird durch ein Anwachsen des Willens zur Macht nicht nur begleitet, sondern bestimmt«.[177] Und trotzdem – und darin sieht Heidegger heute eine Chance – wächst, wenn auch erst allmählich, die Einsicht, daß wir weder das Sein noch die Zeit Ich-haft in Besitz nehmen können und daß, wo dies trotzdem heute noch in Letztbegründungsexperimenten versucht wird, sich sowohl das Sein wie die Zeit entziehen und die gekennzeichnete Wahnwelt ihre Triumphe feiert.

Wenn wir dies alles und vor allem die Hinweise Heideggers bedenken, dann bewegen wir uns in der Tat heute an einer deutlich sichtbaren zwei-, wenn nicht mehr-deutigen *Grenzlinie*. Zum einen befinden wir uns im Hinblick auf die vorhin zitierte Natürlichkeit der Natur, der physis bzw. der natura naturans, in einer geradezu unheimlichen Zerstörungsphase unserer ökologischen Nischenexistenz aufgrund des durch Nietzsche gekennzeichneten Willens zur Macht, die sich u.a. auch in der Vergötzung des im Grunde ruinösen industriell-wissenschaftlich-technischen Fortschritts zeigt, zum anderen in der damit zusammenhängenden Situation, *dagegen* schwerlich wieder mit den Mitteln angehen zu können, die uns der Wille zur Macht gewissermaßen ständig zur Verfügung hält.

Über die hier bezeichnete *Grenzlinie* hinauszugehen, könnte nur bedeuten, daß wir uns des Willens zur Macht zugunsten jener von Heidegger explizierten Grundmetrik *entwöhnen* , die den Menschen als *Bewahrer* und *Hüter* des *unverfügbaren Seins* anerkennt, was bedeuten würde, daß der Mensch, *d.h. wir,* endgültig von der gegenwärtig geradezu wahnhaft betriebenen imperialistischen 'Weltausrechnung', 'Weltbemächtigung' und 'Weltherstellung' Abschied nehmen müßte.

Was wir also brauchen und wohin offensichtlich auch die Entwicklung seinsgeschichtlich hingeht, ist eine gänzlich neue Sicht und eine gänzlich neue Einschätzung der Wissenschaft, insbesondere auch der 'Jahrhundertphysik' Heisenbergs vor dem Hintergrund der Verwindung des nach wie vor seinsmächtigen Willens zur Macht. Bis heute hat die Wissenschaft, vorweg die naturwissenschaftliche, nur blindlings ihren Fortschritt betrieben, *ohne* jedoch genau *zu wissen,* was sie tut. Es muß zum heutigen Bewußtseinsstand gehören, daß alles das, was die neuzeitliche Wissenschaft an Segensreichem hervorgebracht hat, in ihrem Macht-besessenen Wahn zu einer äußerst kritischen Situation im Leben dieses Planeten geführt hat, so daß nur ein radikaler *Paradigmawechsel* hier Abhilfe schaffen kann, der die onto-theo-ego-logische Basis, auf der die Wissenschaft bislang beruhte, mit einbeziehen muß, wenn man von einem wirklichen Wechsel, einschließlich einer 'grundliegenden' Veränderung des Denkens sprechen will. Dabei kann uns auch keine noch so phantasievolle »Rückkehr zur Natur« helfen. Sie würde nur wieder jene Angst zum Ausdruck bringen, sich dem Unbekannten zu stellen und im Altbekannten Zuflucht zu suchen. Um mit Günter Altner zu sprechen: Die heute notwendige »Begründung von angemessenen Wertmaßstäben für einen *ausbeutungsfreien Fortschritt* hängt von unserer Fähigkeit ab, ob wir uns und den Dingen der Natur Zeit – ihre Zeit – lassen können, ob wir unser Stehen in der Zeit aushalten und als die Chance für ein neues Miteinander begreifen und so zu einer *elementaren Schöpfungsfrömmigkeit in der Vieldimensionalität der Zeit* hinfinden,« – was nach meiner Überzeugung aber nur dann durchschlagend gelingen kann, wenn wir, um es einmal so auszudrücken, auf jede Form des Willens zur Macht verzichten und den Machtwillen zugunsten des *unverstellten, unversicherbaren Seins bzw. der Zeit aufgeben.* Altner: »Der Versuch, sich mit den Mitteln der rechnenden Vernunft der Zeit der Natur zu bemächtigen und sich selbst so der Zeitlichkeit der eigenen Existenz zu entziehen, ist gescheitert. Ökologie im Sinne des vielfältigen Zeitlassens und des miteinander in der Zeit Unterwegsseins ist nur möglich unter der Voraussetzung eines Bewußtseins, das weiß, daß es auf Dauer nur aus dem Empfangen, nicht aber aus dem Verfügen existieren kann.«[178]

Auch Heidegger fragt, was uns angesichts der heutigen Situation unter der Grundkonstellation des Willens zur Macht zu tun verbleibt. Heidegger gibt auf verschiedene Weise immer wieder zur Antwort: »*Dagegen* [...] nichts«, im Sinne wiederum der bislang praktizierten Willensmetaphysik. Was wir stattdessen einzuüben hätten, sei u.a. auf jenen Augenblick hin vorzudenken, »da die rechnende Welt in ihrer eigenen (heutigen) Ödnis zusammenbricht und des (weiteren) Fortschritts überdrüssig wird.« Heidegger aber fragt sich gewissermaßen selbst wieder, ob dies nicht utopisch sei und gibt zur Antwort: »Ich denke: nein; sondern die Endlichkeit des Daseins des Menschen, die sich freilich nur der Langmut des *wartenden Denkens*« erschließe, könnte eine Chance darstellen, den Weg aus der Gefahr zu finden. Was daher nötig sei, sei das Wecken und die Pflege der Überlieferung eben eines solchen *Wartens* unter bewußtem Verzicht auf Pläne, Moden und auf das bloß Operative, einschließlich der betriebenen Informationsanhäufungen, ohne recht zu wissen, was damit eigentlich anzufangen ist.

In dieses *Warten* und in diese Pflege der Überlieferung eines solchen Wartens, das sich des Willens im genannten Sinne »entwöhnt« und »das außerhalb der Unterscheidung von Aktivität und Passivität« liegt, weil diese Art von Gelassenheit »*nicht* in den Bereich des Willens gehört«[179], gehöre die ständig zu übende *Aufklärung* der in dieser Untersuchung erörterten, häufig verschwiegenen Voraussetzungen der unter dem extremen Willensdiktat einer »*Aufrüstung* gegen das Unerforschliche« stehenden Wissenschaft, die immer noch vorgibt, uns Menschen das Heil bringen zu wollen. Heidegger verweist darauf, daß eher das Gegenteil der Fall sei: als »Weltausrechnung, Weltbemächtigung (und) Weltherstellung« ist sie vor allem unter der Herausforderung der militärischen Aufrüstung und der offensichtlichen grenzenlosen Profitgier der hochkarätigen wirtschaftspolitischen Machteliten *un-heimlich* geworden, obwohl sie doch einst die Welt heimisch machen sollte; »sie wurde (inzwischen) unheimlich [...] sie wollte das Schicksal aufklären, jetzt ist sie Schicksal. Das Unerforschliche, das (ursprünglich) erforscht werden sollte, heißt nunmehr: die Forschung«, die nichts anderes mehr verheißt als eine *Schlinge*, ja inzwischen ein *ökologisches Verhängnis,* das Heidegger sogar zu der Formulierung veranlaßt: daß kein Gott je so zornig war wie heute ohne jeden Zweifel die moderne, d.h. durch und durch *Macht*-besessene Wissenschaft.

Dabei sei die Wissenschaft heute nicht einmal Herr ihres eigenen Schicksals, obwohl sie doch gerade dies sein wollte: »sie wollte [...] die Verläufe, die Zukunft in ihre Gewalt bringen, *untertan machen;*« sie wollte die »Geschichte festlegen, (die) Zukunft lenken, (selbst) Weltlenker sein.« Am Ende stellt sich eine einzigartige *Weltkatastrophe* heraus, wenn wir an die inzwischen unzähligen ökologischen Katastrophen der letzten Jahre und die auf uns in den nächsten Jahren zukommenden denken, wobei diese Katastrophen Heidegger zufolge heute wieder den Blick auf jene Übermacht freigeben, die nach den Worten Nietzsches hier wirkt und offensichtlich – das macht die *Zwei*-deutigkeit unserer heutigen ökologischen Grenzsituation aus – noch weiter um sich greift. Wieder fragt Heidegger, ob sich die diesem geradezu unheimlichen Geschehen zugrunde liegende Moira heute noch als ein »allwaltendes Garnichts«, wie von vielen Zeitdiagnostikern gewünscht, abtun läßt? Oder ob gerade sie nicht viel eher die Macht darstellt, der sich offensichtlich »die moderne Weltzivilisation und ihre Gesellschaft beugt und dies (wie wir alle wissen) in einem Maße, das wir (eben gerade) *nicht* abschätzen können«.[180] Darum optiert Heidegger für jene schon mehrfach zitierte Einübung in jenes »Warten« bzw. in jene »Gelassenheit«: bei gleichzeitig ständiger Vergegenwärtigung des fundamental Fragwürdigen des gegenwärtig betriebenen industriell-wissenschaftlich-technischen Fortschritts, wobei Heidegger gerade in dieser *Übergangssituation*, in der die Gefahr besteht, »daß auch die (hier geforderte) Gelassenheit noch innerhalb des Willensbereichs« – sprich: unter der Herrschaft des Willens zur Macht – »gedacht werden kann«[181], die zentrale Schwierigkeit sieht, den Weg aus der Gefahr zu finden. Aber auch jetzt verfiel Heidegger nicht dem Pessimismus, wenn er schon 1967 zu der Feststellung kam, daß sich gegen die scheinbar unaufhaltsame Übermacht des gegenwärtigen ruinösen industriell-wissenschaftlich-technischen Fortschritts »überall 'Zellen' des Widerstands bilden werden, die unauffällig die Besinnung wachhalten und die Umkehr vorbereiten (werden), nach der 'man' eines Tages, wenn (wie gesagt) die allgemeine Verödung unerträglich geworden ist, schreien wird.«[182] Diese *Minderheiten* werden es sein – und sind es in der Tat auch heute – die eine stumme Entmachtung der jetzigen Wissenschaft[183] und damit ein wirkliches Umdenken betreiben werden, deren Konturen, weil eine andere Art des Seins hier vonnöten ist, folgerichtig auch erst allmählich hervortreten können. Wesentlich bleibt: »das eigens übernommene Sichöffnen des Daseins für das Offene«[184] von Zeit und Sein und der *Verzicht, über* das *Sein* und die *Zeit* Macht-voll herrschen zu wollen: »der Verzicht nimmt nicht. Der Verzicht gibt.«[185]

# Anmerkungen

1 Vgl. jetzt u.a. auch Martin Heidegger, Zollikoner Seminare. Protokolle – Gespräche – Briefe. Hrg. von Medard Boss. Vittorio Klostermann Verlag, Frankfurt a. Main 1987, S. 310.

2 Otto Pöggeler, Der Denkweg Martin Heideggers. Verlag Günther Neske, Pfullingen 1963.

3 Emil Kettering, Nähe. Das Denken Martin Heideggers. Verlag Günther Neske, Pfullingen 1987.

4 Günter Seubold, Heideggers Analyse der neuzeitlichen Technik. Verlag Karl Alber, Freiburg/München 1986.

5 Carl Friedrich von Weizsäcker, Der Garten des Menschlichen. Beiträge zur geschichtlichen Anthropologie. Carl Hanser Verlag, München 1977, S. 404 ff.

6 Martin Heidegger, Die Frage nach dem Ding. Zu Kants Lehre von den transzendentalen Grundsätzen. GA Bd. 41. Vittorio Klostermann Verlag, Frankfurt a. Main 1962.

7 Werner Heisenberg, Grundlegende Voraussetzungen in der Physik der Elementarteilchen; in: Martin Heidegger zum siebzigsten Geburtstag. Festschrift. Verlag Günther Neske, Pfullingen 1959, S. 291 – 297.

8 In: Dem Andenken Martin Heideggers. Zum 26. Mai 1986. Vittorio Klostermann Verlag, Frankfurt a. Main 1977, S. 45.

9 A.a.O.

10 Armin Hermann, Die Jahrhundertwissenschaft. Werner Heisenberg und die Physik seiner Zeit. Deutsche Verlags-Anstalt, Stuttgart 1977.

11 Martin Heidegger, Seminare. GA Bd. 15. Vittorio Klostermann, Frankfurt a. Main 1986, S. 283. Ergänzungen und Hervorhebungen von mir.

12 Martin Heidegger, Unterwegs zur Sprache. GA Bd. 12.

Vittorio Klostermann Verlag, Frankfurt a. Main 1985. S. 198. Hervorhebungen von mir.

13 Ebenda, S. 198. Hervorhebungen und in Klammern Gesetztes von mir ergänzt.

14 Karl R. Popper/Konrad Lorenz, Die Zukunft ist offen. Piper, München 1985, S. 49, S. 50, S. 65. Hervorhebungen und in Klammern Gesetztes von mir ergänzt.

15 Ebenda.

16 Martin Heidegger, Zollikoner Seminare; a.a.O., S. 74.

17 A.a.O., S. 74 f. In Klammern Gesetztes von mir ergänzt.

18 Vgl. u.a. Das Tao der Physik. Die Konsequenz von westlicher Wissenschaft und östlicher Philosophie. Scherz Verlag, Bern/München/Wien 1988.

19 Martin Heidegger, Zollikoner Seminare; a.a.O., S. 177. In Klammern Gesetztes von mir ergänzt.

20 Martin Heidegger, Schelling: Vom Wesen der menschlichen Freiheit (1809). GA Bd. 42. Vittorio Klostermann Verlag, Frankfurt a. Main 1988, S. 57.

21 Werner Kutschmann, Der Naturwissenschaftler und sein Körper. Die Rolle der 'inneren Natur' in der experimentellen Naturwissenschaft der frühen Neuzeit. Suhrkamp Verlag, Frankfurt a. Main 1986.

22 Ebenda, S. 15.

23 Ebenda, S. 164.

24 Ebenda, S. 165.

25 Joachim-Ernst Berendt, Nada Brahma. Die Welt ist Klang. Insel Verlag, Frankfurt a. Main 1983.

26 Joachim-Ernst Berendt, Das Dritte Ohr. Vom Hören der Welt. Rowohlt Verlag, Hamburg 1985.

27 Werner Kutschmann, Der Naturwissenschaftler und sein Körper. A.a.O., S. 387.

28 Ebenda, S. 388.

29 Hartmut Böhme/Gernot Böhme, Das Andere der Vernunft. Zur Entwicklung von Rationalitätsstrukturen am Beispiel Kants. Suhrkamp Verlag, Frankfurt a. Main 1983.

30 Carl Friedrich von Weizsäcker, Der Garten des Menschlichen. A.a.O., S. 408.

31 Martin Heidegger, Logik. Die Frage nach der Wahrheit. GA 21. Vittorio Klostermann Verlag, Frankfurt a. Main 1976, S. 198.

32 Werner Heisenberg, Der Teil und das Ganze, in: Ges. Werke, Abt. C, Bd. 3. Piper, München/Zürich 1985, S. 224.

33 Werner Heisenberg, Die Plancksche Entdeckung und die philosophischen Grundfragen der Atomlehre; in: Ges. Werke, Abt. C, Bd. 2. Piper, München/Zürich 1984, S. 206.

34 Werner Heisenberg, Die Plancksche Entdeckung und die philosophischen Probleme der Atomphysik; in: Ges. Werke, Abt. C, Bd. 2. A.a.O., S. 237.

35 Ebenda, S. 248.

36 Werner Heisenberg, Physik und Philosophie; in: Ges. Werke, Abt. C, Bd. 2. A.a.O., S. 56.

37 Hervorhebungen von mir.

38 Werner Heisenberg, Physik und Philosophie; a.a.O., S. 67.

39 Werner Heisenberg, Der Teil und das Ganze; in: Ges. Werke, Abt. C, Bd. 3. Piper, München/Zürich 1985, S. 133.

40 Ebenda, S. 124 f.

41 Carl Friedrich von Weizsäcker, Die Einheit der Natur. Studien. Carl Hanser Verlag, München 1971, u.a. S. 192.

42 Ebenda, S. 425.

43 Ebenda, S. 133.

44 Werner Heisenberg, Sprache und Wirklichkeit in der modernen Physik; in: Ges. Werke, Abt. C, Bd. 2. A.a.O., S. 297.

45 Werner Heisenberg, Die Abstraktion in der modernen Naturwissenschaft; in: Ges. Werke, Abt. C, Bd. 2. A.a.O., S. 320.

46 Werner Heisenberg, Die Plancksche Entdeckung und

die philosophischen Grundfragen der Atomlehre. A.a.O., S. 211.

47 Werner Heisenberg, Grundlegende Voraussetzungen in der Physik der Elementarteilchen; in: Martin Heidegger zum siebzigsten Geburtstag. Festschrift. Verlag Günther Neske, Pfullingen 1959, S. 297.

48 Werner Heisenberg, Philosophische Probleme in der Theorie der Elementarteilchen; in: Ges. Werke, Abt. C, Bd. 2. A.a.O., S. 417.

49 Werner Heisenberg, Physik und Philosophie. A.a.O., S. 53.

50 Ebenda, S. 56.

51 Martin Heidegger, Wissenschaft und Besinnung; in: Vorträge und Aufsätze. Verlag Günther Neske, Pfullingen 1954, S. 60.

52 Ebenda, S. 58 f.

53 Martin Heidegger, Die Grundprobleme der Phänomenologie. GA Bd. 24. Vittorio Klostermann Verlag, Frankfurt a. Main 1975, S. 457. In Klammern von mir Gesetztes von mir ergänzt.

54 Martin Heidegger, Die Frage nach dem Ding. Zu Kants Lehre von den transzendentalen Grundsätzen. GA Bd. 41. Vittorio Klostermann Verlag, Frankfurt a. Main 1984, S. 67.

55 Ebenda, S. 68.

56 Ebenda, S. 68.

57 Martin Heidegger, Brief über den Humanismus; in: Wegmarken. GA Bd. 9. Vittorio Klostermann Verlag, Frankfurt a. Main 1976, S. 324.

58 Martin Heidegger, Wissenschaft und Besinnung. A.a.O., S. 62.

59 Ebenda, S. 62. In Klammern Gesetztes von mir ergänzt.

60 Martin Heidegger, Phänomenologische Interpretation von Kants Kritik der reinen Vernunft. GA Bd. 25. Vittorio Klostermann Verlag, Frankfurt a. Main 1977, S. 18.

61 Werner Heisenberg, Das Naturbild der heutigen Phy-

sik; in: Ges. Werke, Abt. C, Bd. 1. Piper, München/Zürich 1984, S. 406.

62 Werner Heisenberg, Der Teil und das Ganze; in: Ges. Werke, Abt. C, Bd. 3. Piper, München/Zürich 1985, S. 326.

63 Martin Heidegger, Sein und Zeit. GA Bd. 2. Vittorio Klostermann Verlag, Frankfurt a. Main 1977, S. 77.

64 Ebenda, S. 81.

65 Ebenda, S. 83.

66 Martin Heidegger, Zollikoner Seminare. Protokolle – Gespräche – Briefe. Vittorio Klostermann Verlag, Frankfurt a. Main 1987, S. 122.

67 Carl Friedrich von Weizsäcker, Der Garten des Menschlichen. Beiträge zur geschichtlichen Anthropologie. Carl Hanser Verlag, München 1977, S. 404.

68 Martin Heidegger, Seminare. GA Bd. 15. Vittorio Klostermann Verlag, Frankfurt a. Main 1986, S. 292.

69 Ebenda, S. 357. In Klammern Gesetztes von mir ergänzt.

70 Kazuo Tamazaki, Über Heisenbergs Bemühen um eine Theorie der Elementarteilchen; in: Denken und Umdenken. Zu Werk und Wirkung von Werner Heisenberg. Hrg. von Heinrich Pfeiffer, Piper, München 1977, S. 142.

71 Werner Heisenberg, Physik und Philosophie; in: Ges. Werke, Abt. C, Bd. 2. Piper, München/Zürich 1984, S. 91.

72 Jacques Monod, Zufall und Notwendigkeit. Philosophische Fragen der modernen Biologie. R. Piper Verlag, München 1970.

73 Manfred Eigen/Ruth Winkler, Das Spiel. Naturgesetze steuern den Zufall. R. Piper Verlag, München/Zürich 1975, S. 11.

74 Ebenda, S. 18, Hervorhebungen von mir.

75 Ebenda, S. 14.

76 Werner Heisenberg, Physik und Philosophie. A.a.O., S. 41 f.

77 Francis Crick, Das Leben selbst. Sein Ursprung, seine Natur. Piper, München 1983.

78 Fred Hoyle/Chandra Wickramasinghe, Evolution aus dem All. Über den Ursprung irdischen Lebens. Ullstein – Verlag, Berlin/Ffm/Wien 1983.

79 Francis Crick, Das Leben selbst. A.a.O., S. 18

80 Ebenda, In Klammern Gesetztes von mir ergänzt.

81 Werner Heisenberg, Gedanken zur 'Reise der Kunst ins Innere', in: Ges. Werke, Abt. C, Bd. 3. Piper, München/Zürich 1985, S. 537.

82 Ebenda, S. 538.

83 Ebenda, S. 538.

84 Max Delbrück, Wahrheit und Wirklichkeit. Über die Evolution des Erkennens. Rasch und Röhring Verlag, Hamburg/Zürich 1986, S. 334.

85 Ebenda, S. 138.

86 Martin Heidegger, Phänomenologische Interpretation von Kants Kritik der reinen Vernunft. GA Bd. 25. Vittorio Klostermann Verlag, Frankfurt/Main 1977, S. 31.

87 Ebenda. In Klammern Gesetztes von mir ergänzt.

88 Martin Heidegger, Hegels Phänomenologie des Geistes. GA Bd. 32. Vittorio Klostermann Verlag, Frankfurt/Main 1980, S. 209.

89 Jacques Monod, Zufall und Notwendigkeit. Philosophische Fragen der modernen Biologie. Piper Verlag, München 1971, S. 211.

90 Martin Heidegger, Phänomenologische Interpretation von Kants Kritik der reinen Vernunft. A.a.O., S. 32.

91 Ebenda, S. 38.

92 Martin Heidegger, Die Frage nach dem Ding. Zu Kants Lehre von den transzendentalen Grundsätzen. GA Bd. 41. Vittorio Klostermann Verlag, 1984, S. 51.

93 Werner Heisenberg, Vorwort zum Briefwechsel Albert Einstein/Max Born. 1916-1955. Nymphenburger Verlagshandlung, München 1969, S. 12 f.

94 Ilya Prigogine, Vom Sein zum Werden. Zeit und Komplexität in den Naturwissenschaften. R. Piper Verlag, München 1979.

95 Martin Heidegger, Phänomenologische Interpretation von Kants Kritik der reinen Vernunft. A.a.O., S. 47. In Klammern Gesetztes von mir ergänzt.

96 Martin Heidegger, Seminare. GA Bd. 15. Vittorio Klostermann Verlag, Frankfurt a. Main 1986, S. 295.

97 Carl Friedrich von Weizsäcker, Die Einheit der Natur. Studien. Carl Hanser Verlag, München 1971, S. 315.

98 Ebenda, S. 306.

99 Ebenda, S. 160.

100 Ebenda, S. 366. In Klammern Gesetztes von mir ergänzt.

101 Kurt Hübner, Zur Kritik der wissenschaftlichen Vernunft. Karl Alber Verlag, Freiburg 1986. S. 160 f.

102 Werner Heisenberg. Der Teil und das Ganze; in: Ges. Werke, Abt. C, Bd. 3, Piper, München/Zürich 1985, S. 133 f.

103 Werner Heisenberg, Physik und Philosophie; in: Ges. Werke, Abt. C, Bd. 2. Piper München/Zürich 1984, S. 45.

104 Ebenda, S. 45 f.

105 Ebenda, S. 47.

106 Harmonie der Materie. Ein Gespräch mit Professor Werner Heisenberg und dem Mitarbeiter der Neuen Stadt, M. Terzona; a.a.O., S. 390.

107 Ebenda, S. 392.

108 Rolf Kreibich, Die Wissenschaftsgesellschaft. Von Galilei zur High-Tech-Revolution. Suhrkamp-Verlag, Frankfurt/Main 1986.

109 Martin Heidegger, Unterwegs zur Sprache. GA Bd. 12. Vittorio Klostermann Verlag, Frankfurt/Main 1985, S. 198.

110 S. 297.

111 Martin Heidegger, Seminare. GA Bd. 14. Vittorio Klostermann Verlag, Frankfurt/Main 1986, S. 293.

112 Ebenda, S. 355, Hervorhebungen von mir.

113 Ebenda, S. 354.

114 Ebenda, S. 356. In Klammern Gesetztes von mir ergänzt.

115 Ebenda, S. 357.

116 Karl Marx, Thesen zu Feuerbach. MEW Bd. 3, S. 5.

117 Martin Heidegger, Seminare. A.a.O., S. 369.

118 Ebenda, S. 388. In Klammern Gesetztes von mir ergänzt.

119 Ebenda. Hervorhebungen von mir.

120 Werner Heisenberg, Der Teil und das Ganze. Gespräche im Umkreis der Atomphysik; in: Ges. Werke, Abt. C, Bd. 3. Piper, München/Zürich 1969, S. 9.

121 Ernst Bloch, Das Materialismusproblem, seine Geschichte und Substanz. GA Bd. 7, Suhrkamp Verlag, Frankfurt/Main 1972. S. 41.

122 Ebenda, S. 43.

123 Friedrich Engels, Zur Geschichte der Natur. MEW Bd. 20, S. 313.

124 Ebenda, S. 314.

125 Ebenda, S. 335.

126 Ebenda, S. 552.

127 Ebenda, S. 318.

128 Ebenda, S. 332.

129 Karl Marx, Das Kapital. MEW Bd. 1, S. 192.

130 MEW Ergänzungsband. Schriften bis 1844, 1. Teil, S. 58.

131 Karl Marx, Kritik des Gothaer Programms. MEW Bd. 19, S. 15.

132 A.a.O., S. 577.

133 Ebenda, S. 516.

134 Ebenda, S. 516.

135 Karl Marx, Grundrisse der politischen Ökonomie, Dietz Verlag, Berlin 1974, S. 231, S. 389, S. 391, S. 229.

136 Ebenda, S. 265 f.

137 Ebenda, S. 389.

138 Ebenda, S. 265 f.

139 MEW Bd. 23, S. 192.

140 Ebenda, S. 376 f, S. 384, S. 396.

141 Ebenda, S. 393.

142 Otto Pöggeler, Hegels Idee einer Phänomenelogie des Geistes. Karl Albert Verlag, Freiburg/München 1973, S. 383.

143 Werner Heisenberg, Das Naturbild der heutigen Physik; in: Schritte über Grenzen. Ges. Reden und Aufsätze. R. Piper Verlag, München 1971, S. 120 f. Hervorhebungen des Satzes von Heisenberg.

144 Ebenda, S. 121. Hervorhebungen des Satzes von Heisenberg.

145 Martin Heidegger, Die Zeit des Weltbildes; in: Holzwege. GA Bd. 5. Vittorio Klostermann Verlag, Frankfurt/Main 1977, S. 72.

146 Martin Heidegger, Vorträge und Aufsätze. Verlag Günther Neske, Pfullingen 1954, S. 61.

147 Ebenda. Hervorhebungen und in Klammern Gesetztes von mir.

148 39/1942, S. 35 – 40.

149 Martin Heidegger, Die Herkunft der Kunst und die Bestimmung des Denkens; in: Distanz und Nähe. Reflexionen und Analysen zur Kunst der Gegenwart. Hrg. von Petra Jäger und Rudolf Lüthe. Königshausen und Neumann 1983, S. 16 f.

150 Martin Heidegger, Parmenides. GA Bd. 54. Vittorio Klostermann Verlag, Frankfurt/Main 1982, S. 232.

151 Martin Heidegger, Die Herkunft der Kunst und die Bestimmung des Denkens. A.a.O., S. 18.

152 Ebenda.

153 Martin Heidegger, Sein und Zeit. GA Bd. 2. Vittorio Klostermann Verlag, Frankfurt/Main 1976, S. 59.

154 Ebenda, S. 60.

155 Ebenda, S. 27. In Klammern Gesetztes von mir ergänzt.

156 Martin Heidegger, Prolegomena zur Geschichte des Zeitbegriffs. GA Bd. 20, Vittorio Klostermann Verlag, Frankfurt/Main 1979, S. 273.

157 Martin Heidegger, Sein und Zeit. A.a.O., S. 32.

158 Martin Heidegger, Prolegomene zur Geschichte des Zeitbegriffs. A.a.O., S. 299. In Klammern Gesetztes von mir ergänzt.

159 Erwin Chargaff, Das Feuer des Heraklit. Skizzen aus einem Leben vor der Natur. Klett – Cotta Verlagsgemeinschaft, Stuttgart 1979, S. 157.

160 Martin Heidegger, Nietzsche. Zweiter Band. Verlag Günther Neske, Pfullingen 1961, S. 24.

161 Martin Heidegger, Zollikoner Seminare. Protokolle – Gespräche – Briefe. Hrg. von Medard Boss. Verlag Vittorio Klostermann, Frankfurt/Main 1987, S. 269.

162 Rüdiger Safranski, Schopenhauer und die wilden Jahre der Philosophie. Eine Biographie. Carl Hanser Verlag, München/Wien 1987, S. 171.

163 Martin Heidegger, Sein und Zeit, GA Bd. 2. Verlag Vittorio Klostermann, Frankfurt/Main 1977, S. 512.

164 Martin Heidegger, Holzwege. GA Bd. 5. Verlag Vittorio Klostermann, Frankfurt/Main 1977, S. 271.

165 Martin Heidegger, Nietzsche. Erster Band. A.a.O., S. 464.

166 Ebenda, S. 468.

167 Ebenda, S. 495. Hervorhebungen von M. Heidegger.

168 Ekkehard Fräntzki, Der mißverstandene Marx. Seine metaphysisch – ontologische Grundstellung. Verlag Günther Neske, Pfullingen 1978, S. 263.

169 Rüdiger Safranski, Schopenhauer. A.a.O., S. 440 f.

170 Günter Seubold, Heideggers Analyse der neuzeitlichen Technik. Verlag Karl Alber, Freiburg/München 1986.

171 Martin Heidegger, Aus der Erfahrung des Denkens 1910 – 1976. Verlag Vittorio Klostermann, Frankfurt/Main 1983, S. 145.

172 Ebenda.

173 Martin Heidegger, Wegmarken. GA Bd. 9. Verlag Vittorio Klostermann, Frankfurt/Main 1976, S. 264.

174 Ebenda, S. 390.

175 Martin Heidegger, Zollikoner Seminare. A.a.O., S. 96.

176 Martin Heidegger, Wegmarken. A.a.O., S. 407.

177 Ebenda, S. 412 f. In Klammern Gesetztes von mir ergänzt.

178 Günter Altner, Die Überlebenskrise in der Gegenwart. Aufsätze zum Dialog mit der Natur in Naturwissenschaft und Theologie. Wissenschaftliche Buchgesellschaft, Darmstadt 1987, S. 200.

179 Martin Heidegger, Aus der Erfahrung des Denkens 1910 – 1976. A.a.O.. Hervorhebungen von M. Heidegger.

180 Martin Heidegger/Erhart Kästner, Briefwechsel 1953 – 1974. Hrg. von Heinrich W. Petzet. Inselverlag, Frankfurt/Main 1986, S. 122. In Klammern Gesetztes von mir ergänzt.

181 Martin Heidegger, Aus der Erfahrung des Denkens 1910 – 1976. A.a.O., S 41 f.

182 Martin Heidegger, Zollikoner Seminare. A.a.O., S. 352. In Klammern Gesetztes von mir ergänzt.

183 Ebenda, S. 358.

184 Martin Heidegger, Aus der Erfahrung des Denkens 1910 – 1976. A.a.O., S. 90.

185 Ebenda, S. 90.